本丛书得到韬奋基金会资金资助

"十一五"国家重点图书出版规划项目

书林守望丛书

文学编辑纪事

王仰晨 等著

首都师范大学出版社

图书在版编目(CIP)数据

文学编辑纪事 / 王仰晨等著 . 一北京 : 首都师范大学出版社,
2010.12

(书林守望丛书/吴道弘主编)

ISBN 978-7-5656-0248-1

Ⅰ.①文… Ⅱ.①王… Ⅲ.①编辑工作-中国-文集
②王仰晨(1921~2005)—生平事迹 Ⅳ.①G232-53②K825.42

中国版本图书馆 CIP 数据核字(2010)第 244034 号

书林守望丛书

WENXUE BIANJI JISHI

文学编辑纪事

王仰晨 等著

项目统筹:张 巍
责任编辑:来晓宇   责任设计:张 朋
责任校对:李佳艺   责任印制:沈 露

首都师范大学出版社出版发行
地 址 北京西三环北路 105 号
邮 编 100048
电 话 68418523(总编室) 68982468(发行部)
网 址 www.cnupn.com.cn
北京嘉实印刷有限公司印刷
全国新华书店发行
版 次 2010 年 12 月第 1 版
印 次 2010 年 12 月第 1 次印刷
开 本 787mm×1 092mm 1/16
印 张 19.75
字 数 300 千
定 价 43.00 元

做文化的守望者

——《书林守望丛书》总序

柳斌杰

　　文化是每一个民族赖以生存的根基和灵魂，而出版事业和出版物，是民族文化的结晶，是民族精神的物质承载者，是衡量一个国家和民族文明程度的重要标志。从事这项伟大事业的出版人，不仅是出版活动的实践者，而且是人类文化创造、积累、交流、传播的组织者和参与者，是文化产品的生产者、民族精神的护卫者和时代精神的弘扬者。任何时代，治书修史者都肩负着神圣的历史责任、文化责任、社会责任，在我国，这种传统一直延续了几千年。但是，目前受名利诱导和网络快餐文化的影响，出版界跟风炒作、追求市场效应一夜成名而不顾文化品位等现象时有耳闻。在种种浮躁的背后，反映出来的是出版从业者文化品格的缺失。唯其如此，为繁荣学术和民族文化而坚守文化天职、恪守社会责任的职业精神和文化追求，尤其值得在出版界大力弘扬。

　　出版人是文化薪火的传承者，具有坚守文化自信的历史责任。众所周知，出版是人类文明薪火相传的重要依托，一个国家民族科学文化的传播和传承，有赖于它的出版事业。中华文明之所以历经五千年而一脉不绝，就在于中国历代政治家、著作家、出版家、藏书家接续几千年文明发展进程中形成的尊崇历史、珍惜古籍、编修文献、善待图书、重视典藏的优良传统，他们将中华文化的精髓融入历代出版物之中，一代一代地传之后世，肩负起了将一个时代的科学文化及思想智慧真实地记录下来、传承下去的历史责任，使中华民族的文化根基与时俱丰、愈加巩固。作为新时期文化创新和文化传播的主体，当代出版工作者更加需要继承传统、关注时代，一方面自觉承担起对民族文化传统的保存、整理、

001

批判、传承的责任，保持中华文化的统一性、延续性；另一方面推动文化创新和发展，弘扬和培育符合时代要求的民族精神，在增强民族的凝聚力、创造力以及同世界其他文明进行对话的文化自信力方面作出贡献，使中华民族独立于世界民族之林的文化根基更加坚韧。

出版人是文化创新的推动者，具有坚守文化本性的特殊责任。作为一种文化生产的基本业态，出版既有产业的属性，又有意识形态的属性，必须通过创新来保持文化的独特品质和内容的先进性。从这个意义上说，创新是出版工作者的不竭动力和显著特征，不仅是文化积累和产品制造的组织者，而且也是文化内容的选择者和把关者，当然应当是新知识领域的开拓者和新成果的发现者、催生者。一方面，知识的保存、生产和应用，文化和技术的传承、生产和原创，都是以出版活动为基础的。历史上重要的思想创新、科学发现和技术进步主要是通过出版物得以传承和发展的。另一方面，从造纸术、印刷术到当代激光照排系统、计算机王码汉字处理系统以及数字技术的应用，出版人率先将新成果引进出版业，引发出版形式和内容的不断创新。在文化传播过程中，出版人通过传承优秀民族文化、吸收外国文化精华、把握时代需要，促进着社会文化的不断进步。而现代出版史上鲁迅发现大批文学青年、叶圣陶对巴金处女作的慧眼识珠、巴金对曹禺作品的琢璞为玉的佳话，也反映了出版人所必备的发现新人新作的创新品质。在当前的创新型时代、创新型国家建设的过程中，人民群众的伟大创造，已然成为文化创新取之不尽、用之不竭的源泉，迫切需要出版工作者发现、认识、扶持、推广，进而铺垫中华民族元气深厚的文化创新的阶石，培育中华民族根深叶茂、神韵独具的文化创新的活力。

出版人是时代思潮的引领者，具有坚守文化领土与文化阵地的社会责任。出版的本质不仅在于积累文化、创造新知，不断推出更优秀的文明成果，而且还在于按照一定的价值目标对社会现实文化作出评价，通过选择、把关实现对社会风气、学术思潮、文化倾向的引导。古代中国知识分子正是借助"竹帛长存"所构成的社会认知体系和社会规范体系，才唤起了"见贤而思齐"的文化自觉和道德自律。"五四"时期以《新青年》为中心凝聚的一大批知识青年的出版传播活动，将"科学"与"民主"汇聚成了思想解放的伟大潮流。在当今政治多极化、经济全球化、文化多元化、新技术日新月异的国际背景下，在经济社会急剧转型、社会文化事业和文化产业发展不平衡的国内背景下，承担着建构社会主义和谐社会及传播先进文化的神圣使命的出版工作者，其选择、把关进而引导大众的责任更加重大，需要通过对精神生产加以规划与组织，对精神产品进行鉴别与加工，对文化遗产作出选择和整理，对社会信息予以筛选和传递，打造传承主流文化和主流价值观的精品力作，不断巩固主流文化阵地。这就要求当代出版工作者必须深深植根于中国特色社会主义伟大实践，敏锐把握时代变革的风气之先，不随波逐流，不跟风炒作，不断提高辨别真善美和引导大众文化、传播主流文化和主流价值观的能力，致力于弘扬民族精神和时代精神，为中国的改革开放和现代化建设事业提供有力的思想保证、精神动力和智力支持。

历史已经证明，出版业作为文化传承和文化创新的核心，如果没有文化理想和文化追求，便失去了发展的根基。而出版工作者的文化价值取向、人文素养、文化责任、文化运作能力和学术品评能力，又直接影响到出版物的文化含量。从这个意义上说，对于文化的坚守，不仅是一种出版理念，也是一项出版实践。在竞争日益激烈的世界文化市场中，能否坚持文化本位，能否坚守文化责任，对新时期的出版从业者来说，无疑是一种严峻的考验。《书林守望丛书》的问世，为我们提供了一部关于新中国出版人的精神文化启示录。其中反映出的经过沉淀而彰显的文化品格，尤其应该成为新时期出版工作者的精神支柱。这套丛书的作者，是一群深深地钟情于出版事业的文化守望者，他们在"书荒"时代辛勤耕耘，在"书海"时代坚持方向，恪守文化的尊严，组织、规划、策划、编辑、出版过一大批反映时代精神、民族精神及具有学术价值、文化品位的标志性工程，主持、主编过一大批科学、人文、经济、教育等方面为广大读者喜闻乐见的知识读物，为全社会提供优秀的精神食粮作出过重要贡献。在他们身上体现出来的勇于开拓、后启来者的创新精神和坚守精神家园、淡泊名利的文化风骨，堪称典范。希望通过这套丛书的出版，使新时期的出版工作者形成一种更加清醒的文化自觉，在文化与产业协调发展的道路上走得更加坚定，产生更多让世界为之惊喜的拥有自主知识产权的民族文化品牌，再现中华民族宏大的文化气魄。

当前，出版业的发展同政治、经济、社会、文化的发展一样，要在世界范围内的大对话、大交流、大竞争、大角逐中，把握机遇，迎接挑战，创造新的辉煌，需要一大批具有真才实学且能开阔视野、崇尚科学、追求真理、尊重创造、包容多样的新型复合型出版人才，来担当中国特色社会主义文化建设的推动者。《书林守望丛书》汇集的新中国成立六十年来成长起来的十几位出版家在长期为人作嫁的职业生涯中的思想火花、书坛掌故，集中反映了新时期出版工作者的精神风貌，不仅抓住了时代的新变化，也深刻把握了出版职业的新要求。这套丛书的作者，或者长于出版规划，或者长于鉴赏加工，或者长于经营管理，但都有将丰富的实践经验升华为理论的深沉思考。将这些经过实践检验的理论总结汇集起来，转化为鲜活的历史智慧和生命依托，对于未来的新型出版人才，无疑具有深远的精神哺育作用。我希望这套丛书的出版，能够吸引更多才华横溢、富有创造力的新军投身我们的出版事业，使中国出版人的文化守望薪火相传，为推动社会主义文化大发展大繁荣建功立业。

2009 年 7 月

目 录

第三部分　编辑生活剪影及其他

海客甲

代 序
编辑家的风采——我的怀念 ①

吴道弘

【前记】《书林守望丛书》中有编辑家王仰晨先生的著作一种，由海客甲先生负责编集整理工作。现在我有机会读到海客甲编辑的原稿，使我更加深切地感受到仰晨先生编辑一生的平凡又伟大。如果说，仰晨一生真诚淡泊、谦虚谨慎是他人生观的集中体现，那么他亲自参与责编现代文学大师鲁迅、巴金、茅盾的"三大全集"（还有《巴金译文全集》）的编辑出版工程则是他编辑事业的光彩亮点，有着感人的故事和宝贵的经验。至于他与巴金几十年间的交往与友谊，应该就是编辑与作家关系的典范。巴老在给王仰晨的信中曾说："我的书橱里有不少朋友的信件，其中有一大叠上面用圆珠笔写满了蓝色小字，字越写越小，读起来很费力，但也很亲切。不用说这是你的来信，我生活忙乱，常常把信分放在几个地方。我有一种奇怪的感觉，那里好像有什么东西在发光。这不是什么幻想，这闪光是存在的。我明白了。它正是我多年追求而没有达到的目标：生命的开花。是你默默地在给我引路。"（《巴金全集》第二十二卷代跋）读着巴老的话："它正是我多年追求而没有达到的目标：生命的开花。是你默默地在给我引路。"不仅看出他们之间的友谊，而且也是对编辑工作的热情赞美。

关于历史人物的传记书籍，除了自传、评传、年谱等，传主的日记、通信等也是传记的重要研究资料。由于编者的努力，本书中不仅收录仰

---

① 　本文原题目为《编辑家的风采——怀念仰晨兄》，曾收入《王仰晨编辑人生》（人民文学出版社 2007 年版）一书。

晨先生的自述、有关编辑手记和通信，以及年表等传记资料，而且集中了部分评述和怀念的文字，这就使王仰晨的编辑思想、风格与成就，以及他的人生道路和精神世界，呈现得更加丰满清晰。读过本书，我甚至认为这就是仰晨的第一本传记书。并且有助于读者对我国现代文学编辑出版史的了解与认识。

我的这篇短文——《编辑家的风采——我的怀念》，承蒙编者选用作为该书的代序，因补写读后感言——"前记"，尚祈读者指正。（2009 年 11 月）

著名编辑家王仰晨同志在一年半以前匆匆走了。那年的五一节，我本来是为《出版史料》杂志的事想去拜访他的，不知什么原因竟然拖延了。然而噩耗竟来得如此突然，以至成了我追悔的憾事，除了心头沉重，就是痛感失去一位值得尊敬、可以请益的名编辑、老朋友。

在三联书店北京老同志联谊会里，仰晨是我最早认识的一位亦师亦友的老同事，我对他一直心存尊重。1950 年 8 月，我从上海三联调到北京三联总管理处。那时的心情很复杂，一个年轻人北上千里，离开故乡的山水和垂老的母亲，总有惜别之情。然而在西总布胡同 29 号这座前后四进的老四合院里，紧张的工作，活跃的生活，感受到同志之间的热情和真诚，像是一股暖流在流淌着。那时候年轻人多，即使在解放前参加进步出版工作的老同志，多数也只是三十不到的青年。平时工作虽很紧张，业余时间就很放松。工间操时间，有打乒乓球有下棋的，或者三三两两到院子里活动的。我和仰晨都在后院北屋工作，那时仰晨的身体就不大好，跟大家接触并不多。他的夫人吴圣湖同志就显得开朗，跟大家有说有笑的。仰晨则是做事认真，性格平和，待人诚恳谦逊，给人留下美好的印象。我是在上海解放后在学校加入青年团的，记得三联总处的团支部一次进行爱国主义教育，曾经请史枚、仰晨给大家做过有爱国主义内容的传统教育报告。

上世纪 50 年代初，实行出版、发行分工和出版专业化的体制以后，三联书店的人员就陆续分散了。1958 年人民出版社从东总布胡同 10 号迁到朝内大街 166 号的五层新楼，人民文学出版社也同时迁进大楼，从此两家出版社在同一座灰楼里，各据一方，合署办公了。我与仰晨见面的机会多了，知道他忙于鲁迅著作的编辑出版工作。即使没有更多的接触深谈，但年轻时的情谊，已经彼此深深地埋在心底了。

　　"文革"以后迎来的是大地回春、万紫千红的春天，出版界出现欣欣向荣的局面。1979年中国出版工作者协会成立。之后设立了出版界的最高荣誉奖"中国韬奋出版奖"，以纪念邹韬奋对出版事业的卓越贡献，表彰和鼓励有重大贡献的出版工作者。首届韬奋出版奖于1987年颁奖，群星璀璨，传为一时之盛。仰晨是首届获奖者之一，记得我向仰晨表示祝贺时，他只是淡淡地笑一笑。我体会到这是他从不张扬自己的一种习惯表示。

　　我清楚地记得，2001年《出版史料》杂志在北京重新出版以后，曾经几次去拜访过仰晨。那时明显感到他目力不济，晚年多病，但精神状态很好，还在不断地看稿编书。他年轻时肺部就不好，身体一直很弱。现在说起话来更加低声细气，然而我依旧感觉到一种发自内心的真诚和亲切。那天谈话确也引起他不少回忆。我几次提到请他写稿，他说至今还保存着在大连工作时留下的一些书刊，可能找到过去发表的旧作。那天吴圣湖同志特地加了菜，家宴招待我。他们很关心我的生活和健康，使我心里感到特别温暖。

　　仰晨的公子小平写过《爸爸是扇门》一文，有如下的一段文字："爸爸有个久已有之的心愿，就是把自己写过的东西也编成一本小书。因为各种原因，这个愿望到他去世也没有实现。……只有家人知道，他还是有小小的而又执拗的不甘心，他就带着这种不甘心离开了世界，终身只是一名编辑。"我读了不觉一怔。

　　我知道仰晨从青年时代起就爱好文学，读书很勤奋，早年写过散文作品，文笔清新。上世纪50年代初，主持编辑三联书店的《店务通讯》时，已经熟练地掌握了编辑、校对和排印的全过程。更不要说此后几十年间，还留下不少饱含编辑经验、与作家交流的文字，以及叙述出版历史的篇章等等，这些宝贵的文字就不能出书吗？我有点惘然了。难道是仰晨谦虚谨慎的性格使然。我宁愿不相信他性格上的弱点是主要原因。但是我相信仰晨的编辑人生本身，就是一部博大丰硕的编辑学出版学的教科书，值得做编辑的人们去研究和学习的。

　　我对仰晨的道德人品是很崇敬的。他为人处世从来就不愿意为别人增添麻烦，似乎只知道为他人着想，乐于助人。可是对待子女却是十分严格的。这里我要再次提到《爸爸是扇门》文中的一段话："上世纪末，我有过短期出国的安排。行前曾把自己的若干小文留给他，……五年后回来问起，他答说还没有看过。……这次整理他的遗物，赫然见到一只牛皮纸口袋，熟悉的笔迹注明是我的文稿，里面一页也没有动过。"读到这里我觉得这就是仰晨的性格。仰晨夫妇自然是热爱子女的，也同样有做父母的"望子成龙"之心。但他们的教育方法是启发式的，身教重于言教，尊重子女，用的是榜样的力量。这是值得学习的。

　　一位文学编辑为我国现代文学的出版事业呕心沥血，付出毕生的精力。特别是他编辑出版了我国现代文学三位文学大师鲁迅、茅盾、巴金的全集，以及《巴金译文全集》等作品，这是极其难得的历史机遇，更是巨大的历史贡献。在我国现代出版史上是极其光彩夺目的一页。斯人已去，王仰晨同志的编辑人生，充实了共和国文学出版事业的宝库，他的编辑道德和编辑修养是编辑的光辉榜样，并将载入出版优良传统的史册。我在缅怀仰晨时，受到了心灵的净化！

　　　　　　　　　　　　　　　　　　　　2007 年 1 月 20 日

第一部分

编辑工作文丛

新版《鲁迅全集》编印散记

王仰晨

1980 年年终的前三天，新版《鲁迅全集》第十五卷终于如期发了稿，这使我不由地深深吐了一口气，随而也就想到《鲁迅研究百题》编者早在几个月以前的约稿，因为他已催促过我多次了。

时间既已十分窘迫，原曾约略想过要说的，也有别的同志说过了，我还说些什么好呢？

想不出。那就随便说一些吧，——聊以塞责而已。

毫无疑问，1958 年版《鲁迅全集》（十卷本）曾为我国的学术文化作出了不可磨灭的贡献。但时隔多年，不少情况有了新的变化，因而对它进行修订增补，重编一套稍近理想的《全集》确已很有必要。因此早在 1974 年上半年我们就开始了着手这项工作，但从其后经历的曲折道路看，想在"四人帮"统治时期实现这样的愿望，只是反映了我们在政治上的幼稚和天真。

尽管这样，由于当时曾动员了大量的人力和物力（"大兵团作战"，协作系统遍及十三个省、市、自治区一些高等院校的中文系和一些研究单位），参与其事者又大都全力以赴，因此在调查研究、积累资料等方面都取得了不容低估的成果——当时还吸取了一些工农兵参加这项工作，这种（在特定历史条件下的）做法虽不足取，但于这些同志的接近、认识和学习鲁迅，应该说还是起了很大的推动作用。

1975 年冬，我们开始印出了鲁迅著作单行本的征求意见本，除《书信》、《日记》因篇幅太大未印外，其他的后来都陆续印出了（共二十六种)。意见本都是铅字排印,大三十二开本,有如正式出版物。在这些意见本中,吸收了调查研究的新成果,并对每篇文章写作的时代背景及文章的主要含义等试作了"题解"。"题解"既要力求准确,行文又必须极度凝炼。这是难度大于写注释稿数倍的工作,参与注释工作的同志在这上面不知耗去了多少脑汁。由于担心它们将束缚或限制读者的思考和理解,特别是担心它们或未能准确地表达以至歪曲了作者的原意,因此考虑再三,在正式出书时终于把这些"题解"都"割爱"了。

细心的读者如果以意见本与1958年版以及和这次的新版《全集》相对照,就不难看出意见本是如何地起了桥梁作用,也不难看到注释者在这项工作中所付出的艰巨劳动。

意见本每种都只印数百册,不消半个世纪以后,也许它们就都会成为稀世珍本了。

鲁迅著作如浩瀚的大海,上下古今、内外中西几乎无所不包。它们的写作年代,远则相去已七八十年,近则亦将半个世纪。由于这些年来的战乱和人事变迁,资料亡佚已多,但要做好注释工作,又非尽可能多地掌握第一手资料不可。在实践中,参与注释工作的同志深感随着时间的推移,若干年后再做这项工作,其难度必将数倍于今日,因此在调查、访问(包括函调)等方面,总是千方百计,不遗余力。因时隔久远,有些资料的寻觅,确实有如大海捞针,在工作中,他们有过"踏破铁鞋无觅处"的苦恼,也有过"得来全不费功夫"的喜悦。

粗略统计,这次新版的注释共近23000余条(较1958年版约增298%),近240万字(较1958年版约增346%)。这不能不说是个相当可观的数字。

注释除了应力求准确、翔实(又必须做到高度凝炼)外,对历史事件等更要求严格地以历史唯物主义的科学态度,作出公正、客观的介绍(访日归来的同志转告我们,关心这项工作的日本友人希望我们注意这次注释的稳定性——这也是我们的初衷)。毋庸讳言,在注释工作中我们遇到过一些"尖端"(或称为"敏感")问题,特别是30年代左翼文艺界的一些论争。这些条目稿都经过我们反复推敲和讨论,而后送请中央有关领导同志审定,取得一致意见才定稿的。即使我们的工作与理想尚有距离,但每条注释从初稿到定稿,修改都决不会少于六七次。

004

《全集》以单行本的形式于 1979 年春开始陆续出版时，较成熟的注稿还只有前面的三数卷，后面不少卷注释的工作量还相当大，如《集外集拾遗补编》、《中国小说史略》、《汉文学史纲要》、《古籍序跋集》、《译文序跋集》以至《书信》、《日记》等，当时有的连初稿都还拿不出来，它们何时可以定稿，实在心中无数；大家虽在毫不懈怠地工作着，也想在鲁迅诞生百周年时出版这套《全集》，但从工作难度和工作量来看，却对届时出齐全书未敢奢望，——能出五六卷也就于愿足矣。

但随着时间的推移，大家越来越觉得这样不行。鲁迅是世界的，百周年诞辰时在他的故土拿不出整套《全集》，无论对国内，对国外，对前人，对后人，都将难以交代。于是下定决心，无论如何要在百周年纪念时将它出齐，毫不含糊。

其时已是 1979 年的夏末秋初了，于是立刻重新部署人力。我们自己的编辑同志只六七人，因而只得向曾参与注释工作的一些单位借调人员；有的单位原本人力已很紧张，但也毫不犹豫地给我们以热情的支持。经过短短一个时期的"调兵遣将"，工作就全面铺开了。

不仅各有关部门在人力上给以支持，中央有关领导同志也在百忙中给了我们具体的指导和帮助，细致地审读我们的注稿；社会上一些专家、前辈和研究者，或则给我们以热情鼓励，或则向我们提供资料、照片，或则以他们可贵的时间和精力，不嫌其烦地为我们解决疑难问题，国外的友好人士也曾给过我们热情的帮助。而无论借调的或我们自己的同志，工作中大都勤奋忘我，无论昼夜。凡此种种，无不都是完成这项任务的重要因素，它也充分体现了集体的力量。

"全盛"时期，投入这工作的同志多达三十余人。以卷为单位，我们组成了几个四五人或五六人不等的定稿小组；每组都在各自的斗室里（真是斗室，两张三屉桌和两张单人床，几乎就把它占满了；椅子不够用，就只好坐在床上，床位和桌上一样都满摊着书刊资料），逐字逐句地进行讨论。

讨论中自不免有分歧，有争论，有时甚至为一个标点的使用也会费去不少唇舌，真是一片热气腾腾。但所有分歧或争论，最后都能在尊重事实，服从真理和服从《全集》统一要求的原则下，比较顺利地得到了解决。

借调的同志无不把这看作是共同的事业，他们不仅毫无主客之分，还总是抢挑重担。对不少同志来说，加班至深夜已是常事。这是个团结友爱、融洽无间的战斗集体。因此当这工作告一段落相互告别时，几乎都是不胜依依，而且都在各自心头留下了这段愉快、紧张的工作和生活的美好记忆。

新版《全集》的注释虽有1958年版《全集》作基础（这是十分重要的），又有"征求意见本"作参照，而且还正式出版几种新注的单行本，但总的说来，这工作的准备工作做得还很不充分，仍应说是仓促上马的。我们曾制订了较详尽的"注释体例"，可是实践中总不免出现各式各样的新问题，因此它未必就能"无往而不利"，幸而我们一般掌握得都比较好，还不曾过多地出现"百花齐放"的现象。

还有，由于我们来不及制作一套较完整的卡片，因此同一注条，有过你已查过资料，我还去跑图书馆；你已字斟句酌地定了稿，我还在对遣词造句反复推敲等情形。而由于时间紧迫，往往是解决一卷发一卷，也就难以在发稿前作全面、统一的检查；由此留下的痕迹，大致是不难发现的。因此，"慢工出细活"的话看来是有道理的。自然，这与"磨洋工"是根本不同的两码事。

与1958年版的《全集》一样，这次仍还只收鲁迅自己写作的作品，辑录、校勘的古籍未收，译文也未收。以前我们曾编印出版过《鲁迅译文集》十卷，今后如何出法还未及考虑，古籍部分（如《会稽郡故书杂集》、《嵇康集》、《小说旧闻钞》、《唐宋传奇集》等）的编校出版工作，拟尽可能在近期内着手进行。

这次增收了1958年以来新发现的鲁迅佚文五十五篇（编入第八卷《集外集拾遗补编》，未经考证确凿者未收）。据《鲁迅日记》，鲁迅书信至少当在三千五百封以上，如今收入《全集》的一千四百五十六封，尚未足40%。时隔数十年，要找全这些书信自然也不可能，但如多有热心人士关注这工作，再陆续发现一些却是完全可能的（1976年我们印出《鲁迅书信集》以后，就陆续发现了四十二封，而就在这次定稿讨论中还增加了七封）。我们极希望多有热心人士，提供未曾发表过的鲁迅书信（或佚文）的复制件或提供线索。

与 1958 年版《全集》相较，新版不仅在内容上有了变化(如增补了佚文，古籍、译文序跋，编入了书信、日记并全部作了注释等)，在版面设计和装帧设计等方面也有了一些变化。旨在改进而未臻理想，即使在现在，也已感到和发现一些原是可以也应该避免的缺陷；因目前第一卷即将出版，而整套书的形式必须统一，是好是坏就都得向它看齐，缺陷也就无法补救了。作了"事后诸葛亮"的懊丧、疚悔之情真是莫可名状；但事已至此，只有待诸异日了。

如果说，1958 年版《全集》为这次新版奠定了很好的基础，那末，毫无疑问，新版同样为今后的版本提供了相当不错的基础。

1958 年以后的二十年中，我们没有设立机构或指定专人注意并积累鲁迅研究领域的新成果，以致这次展开工作时，除了 1958 年旧版《全集》外，我们几乎是"一穷二白"。工作开始后又一直忙忙碌碌，因而很可能某些已解决了的问题却未能在新版中得到反映，甚或还作为悬案。如今鲁迅研究正日趋活跃，并相继成立了一些研究机构，新的研究成果将会不断出现；今后也不致像这次一样地抢时间，因而有条件将注释作得更充实、更细致和更到家一些。特别是那时也有条件做到整套书的一次发稿，从而自内容到形式的质量上的划一，可以得到充分的保证。

我们知道有些同志正在编纂《鲁迅大辞典》，这是一件大好事。今后如能编出一部完备的大辞典，则排印一套不带注释的，校勘精细，永远稳定的《鲁迅全集》，也将不是没有意义的。

由此想到，鲁迅对文字学的造诣也极深，对于一般关心汉字的演变、发展，并对此有兴趣的读者，从鲁迅著作中本可得到不少这方面的知识和启发；改用简化字后，这样的功能几乎也消失净尽(影印的部分手稿及书信、日记等，在这方面是作了贡献的)，因此以后如有条件时，印一套按鲁迅生前发稿的单行本(不只用繁体字，封面、版式等亦悉按原貌)，也会很有意义。这次由于我们曾据各旧版作过一番较全面的校勘，对此的感受也就益深。

考虑到曾购有 1958 年版的《全集》或单行本，以及 1973 年版《全集》或单行本(无注释)的读者的需要，将这次新版《全集》的全部注释另行编印成集也许有其必要，我们已决定这样做。

这次《全集》的印制工作安排在上海。为了保证如期出书，我们和上海方面订立了合约，合约规定自 1980 年 3 月份开始陆续发稿，到年末发完十五卷。应该说，合约对我们的工作起了相当的促进作用。尽管某些卷的发稿或退校期限曾略有推迟，但大体上仍符合规定的进度。十六卷《全集》排、校、印、装等等的工作量相当大，质量要求高，时间又十分急迫，在一些校次中我们的改动还相当不少，但终于做到了如期出版，因此我们对上海有关方面领导的热情支持，特别是经办这项工作的同志以及各有关印刷厂的同志为此付出的艰辛劳动，应该给以很高的评价。

因为几乎是"等米下锅"，完成一卷发一卷，十个月内，发稿将近六百万字，所以尽管我们主观上尽了努力，但粗疏以至错误仍是难免，唯愿不会出现太大或过于严重的错误。许广平同志在 1938 年版《全集》的《编校后记》中曾说，"会不会因我们工作之粗率，妨害先生精神的传达呢？我们惭愧着，惴惴着；……"但三八年版全部只是鲁迅著译(虽然那次同样时间紧迫，工作量也极其浩繁)，这次却有将近二百四十万字的注释，因此对我们来说，自然益发将"惭愧着"和"惴惴着"了。

这次有机会重读了鲁迅著作的大半，仍不能不惊叹鲁迅伟大和崇高的人格力量以及他的博大精深。这固然有赖于他的天赋，更重要的则无疑来自他的勤奋。作为伟大的思想家和革命家，作为没有丝毫的奴颜和媚骨的空前的民族英雄，则根植于他对祖国、对人民的深沉的爱和高度的责任感。

如果读他后期的著作(特别是后期的书信)，我们几乎可以看到在字里行间的移动着的他那苍老、瘦弱的身影，看到他一面吐着血，一面无休止地，依然一丝不苟地进行着编、校、著、译的各式各样的劳作。对他来说，无所谓自己或别人，分内或分外。每天还少不了要写三五封信，在不少信中还可以看到他怎样地袒露自己的全部真诚和倾注自己的全部心血，为了祖国和民族的未来。

除此而外，他还要面对日益严重的白色恐怖，对付反动派的形形色色的"围剿"，与此同时，还不能不以大量的精力应付正面、背面或侧面的敌人，以至同一营垒中的种种矛盾。……

"要赶快做"，他一直这样策励自己。——那时他的体重只有七十来斤了。

鲁迅逝世时才五十六岁，按今天的情形看还正当壮年。假使他再多活十年二十年，那又将为我国的精神文化宝库增添多少财富，为我们伟大的中华民族增添多少光辉！

我曾不止一次地想：假如我们有两个、三个鲁迅，那将会是怎样的局面；假如我们都有鲁迅的二分之一、哪怕三分之一的干劲和对国家、民族的未来的责任感，我们的"四化"建设又将是个怎样的局面？我想起了在什么地方看到的"鲁迅以后，无数鲁迅"的话，遗憾的是至今它还只是个美好的愿望。

《鲁迅全集》的第一版是在 1938 年出版的，第二版是 1958 年，到这次的新版，其间相隔恰巧都是二十年光景；如依此类推，第四个版本的问世当在 2000 年前后了。那时将会是怎样的情景呢？

前两个间隔中，我们的祖国都曾出现过震撼世界的变化。如今我们正亲身参与并以热烈的期待创造着第三个间隔的伟大、艰困、然而又是无限美好的变化。

公元 2000 年——

"后之视今，亦犹今之视昔"。当我重读许广平同志为 1938 年版《鲁迅全集》写的《编校后记》、冯雪峰同志为 1958 年版《全集》手订的"注释体例"等材料，想到他们和不少前辈们都已先后作古时，实在不能不兴起万般惆怅的感喟。

我还该说些什么呢？言止于此吧。

1981 年 3 月 1 日于北京

标题原为《新版〈鲁迅全集〉的编注工作是怎样进行的？》，收入《鲁迅研究百题》，湖南人民出版社 1981 年出版。

鲁迅著作出版工作的十年

（1971～1981）

王仰晨

1983 年 11 月，中国出版工作者协会在广西阳朔举行首届出版研究年会期间，赵家璧同志曾嘱我写一篇有关新版《鲁迅全集》编辑出版情况的文章。由于种种原因，当时我很有些犹豫，但觉得这是件有意义而且是我该做的事，所以还是同意了。

因为懒散和手头的事较多，以致迟迟不曾动笔，一搁竟是三个多年头过去了。其间家璧同志曾多次催询，我亦每以失信而自责，只因手头工作愈益增多而一再拖延，直至今年 5 月我才下了决心，开始搜索记忆和查找资料，随时作些札记。当动手写时，我决定提前为自 1971 年开始和采用"大事记"的形式，这一方面因为那时开始的工作实质上即可视为新版《全集》的酝酿阶段，另方面也为的是这样写较为方便。

时作时辍地到 8 月下旬才完成初稿，因为没有时间修改便把它放下了。不久前请陈早春、李文兵同志为我看了一遍并提些意见，经断续作些修改就这样缴卷了。

我未能将它写好，却也只能止于此了。好在有不少同志曾参与过这项工作，希望能得到他们的补正。

1987 年岁暮

1971 年

"文革"期间，人民文学出版社被谥为"黑染缸"、"毒品制造所"；所出版的图书则都被判为"名洋古"和"封资修"的"黑货"或"毒草"；我们的工作人员大都被视为"放毒犯"。1969年国庆前夕，出版社终于被"连锅端"，当时除极少数几个侥幸者外，无论老弱都被送往一千多公里外的"广阔天地"，去接受"再教育"了。

那时，人民文学出版社的招牌也不存在了，它已附属于人民出版社；也还出书，但除了"样板戏"就是"样板戏"，而且翻来覆去不断地印，什么"普及本"、"综合本"、"简谱本"、"总谱本"之类，不问需要情况，不惜工本，越印越多，越印越豪华。……

这年6月，我和孙用、陈早春等六七人，侥幸地自"干校"首批"复员"回到了北京。

那时的作家们或则已入"牛棚"，或则也在接受"再教育"。"作家"已是个可怕的头衔，所以几乎已没有什么人写作品，出版社也根本不可能进行组稿活动，偶尔有一二部来稿，也大多不成样子；"毒草"自然不能再版，因此几乎无书可出。上海方面倒是陆续有些"新创作"出版，而且被誉为"三结合"、"三突出"、"三……"的"样板"的，但找来观摩一番，却又往往难以卒读。

恰好国务院召开的"全国出版工作座谈会"(1971.3.15～7.22)提出的《第四个五年计划期间全国图书出版工作设想(草案)》在那时下达了。其中的"文学艺术读物"一节说到鲁迅著作：

(四)鲁迅著作。鲁迅全集、鲁迅日记、鲁迅书信、鲁迅译文集、鲁迅整理的古典作品等，需要重新整理、增补出版。争取两三年内完成。同时，对回忆鲁迅和研究鲁迅著作的作品，宜应适当整理和出版。

1958年版的《鲁迅全集》(以下简称"十卷本")，是以冯雪峰为首的五六位老专家辛勤劳作的成果。他们在短短的几年里，广征博引地作了大量的注释工作(全部约五千八百余条，五十四万余字)，这些注释，不仅极大地帮助了读者对鲁迅作品的理解，它们本身就具有很高的学术价值，因此受到了广大读者和国内外学术界的好评。

但"文革"以后，"四人帮"却在《鲁迅全集》的注释上大做文章，使它不明不白地成了禁书，遭到了和"封资修"、"名洋古"同样的命运，在书店里绝迹了。

根据国务院召开的座谈会的精神，我们准备着手鲁迅著作的整理、出版工作了。我们认为，十卷本虽然具有不可低估的成就，但随着时间

011

的推移，却也逐渐显出了它们的某些不足，在注释方面则有的过繁，有的过简；有的学术气息较重，普及性不足；有的因当时未能查得资料而应注未注；有的略有舛错等等。此外，1958 年后曾陆续发现了一些鲁迅佚文，应予补入；大量的书信及日记等似亦应编入等等。因此有必要对有关这类的问题进行一番研讨。

8 月间，我们邀请了当时在京的学术界一些同志如唐弢、曹靖华、王冶秋①、魏建功②等以及国务院的吴庆彤③、"出版口"的龙潜④等同志作了一二次座谈，也分别向一些有关的文化单位和学校、工厂等作了些调查和征询意见，而后据以草拟了一份《关于重印鲁迅著作的报告》，送给当时的"出版口"领导小组，报告中包括对重新编注《鲁迅全集》的一些设想，也说到了拟先行编印附有注释的《鲁迅杂文书信选》和《鲁迅创作选》等。

但报告送出后久无下文。在等待期间，我们约请了唐弢同志及以李何林同志为首的南开大学中文系和鲁迅博物馆的叶淑穗等同志，先行编就了《鲁迅杂文书信选》一册，收杂文五十六篇，书信七十三封，为适应当时形势的需要，二者都稍侧重于战斗性较鲜明和较强烈的后期作品。对每篇作品还都作了包括阐明写作的时代背景及中心思想等的题解和较详尽的注释。

1972 年

1 月 13 日，我们再次草拟了《关于重版鲁迅著作几个问题的请示报告》，其中提出了重版鲁迅著作的全面规划，同时也提及已编就的《鲁迅

---

① 王冶秋，又名野秋，安徽霍丘人。建国后历任文化部文物局副局长、局长，国家文物局局长、顾问。

② 魏建功(1901～1980)，江苏海安人。字天行，笔名健攻、山鬼、文狸等。北大中文系教授，语言文字学家、教育家。

③ 吴庆彤，河北蠡县人。历任国务院秘书厅秘书处长、秘书室主任，国务院办公室主任，国务院副秘书长、参事室主任。

④ 龙潜，湖南人，曾任中山大学党委书记、中国历史博物馆馆长等职。"文革"中是出版口的负责人。

杂文书信选》拟即付印，可望于近期内出版等等。这次报告送出只一周，就由姚文元"批复"了。

先提一个意见，其它待研究。第四页（按指我们报告的第四页）《鲁迅杂文书信选》，杂文以同书信分开为好，即单独编一本《鲁迅杂文选》，大体编好之后，请送我一阅，当再提出一些具体意见。此事在主席前议过。另上海也要出类似选集，似以协商出一种为宜。

这"批示"使我们犹如挨了一闷棍，而正待开印的《鲁迅杂文书信选》也不得不撤下了。为了争取及早成书，我们又动员了一些力量，根据"分开为好"的"精神"，夜以继日地重新编注了一本《鲁迅杂文选》。除原收的杂文五十六篇外，又增选了四十三篇，共九十九篇，近四十万字（其中注释即达十三万字）。在工厂的支持下很快就完成了排校工作并于 3 月 20 日打出清样送姚审阅。但送出后又杳无消息，虽经多次催询，对方都不予置理。11 月 21 日，我们又将编选注释的《鲁迅创作选》（共四十四篇）打出清样送姚，并催询《鲁迅杂文选》的审阅结果。这次倒是很快，12 月 2 日就"批"下来了。对上述的两种选集，他这样"批"道：

我的意见，不必再选了。鲁迅的著作可以出单行本，如《呐喊》、《彷徨》、《故事新编》、《野草》四种创作集都可以出鲁迅自己编定的单行本，以省注释之繁。其它杂文集亦然。

江青也在文上"批"了一笔：

《阿 Q 正传》也应出单行本。像《药》、《孔乙己》等短篇小说，应合起来出版。

次日，"出版口"又转来了姚文元的电话"指示"：

除批件上已指出四个单行本外，再加一个《朝花夕拾》，其它按江青同志批示办。

他们的"批示"，我们都认为不足取（江青的"批示"更有些不伦不类），因为它们并不符合我们编选这两个集子的初衷。鲁迅曾说过"我的文章，未有阅历的人实在不见得看得懂"的话，姚文元自然不是不知道；张春桥在其后的一次"批示"中则说"应该相信工农兵是能够读懂鲁迅的书的嘛"，以及什么"注释要简单，不要搞烦琐哲学，不要把注释搞成专案"等等的奇谈怪论。

在他们的这些"批示"下，我们的注释本一一被扼杀，花费的心血尽付流水。但他们在上海的"写作班子"注释的这样那样的选本却一种又一种地接连出版。个中原因，其实是十分清楚的。

2月，美国总统尼克松来华访问，总理要送给他一套《鲁迅全集》作为礼物，为此总理办公室曾多次派员来出版社要我们设法解决。但十卷本当时已被认作是"禁书"，自然不能送给外宾，要送就只能送1938年版的二十卷本。这套《鲁迅全集》有纪念本和普通本两种（纪念本又分甲、乙二种），我们资料室没有纪念本，只有两套拿不出手的残旧的普通本；经多方探寻，终于想到了鲁迅博物馆，后来就请他们从库藏的两套纪念本中选出较好的一套"捐献"了。

作为国家的文学出版社，连鲁迅这样一个大作家的《全集》都拿不出来，这很使我们感到震悚，更觉得是一种耻辱。书店里一片荒芜，连鲁迅著作也不可得，也使我们感到无以对读者。新版《全集》的编注重印看来又非朝夕间事，由此我们想到不妨将1938年版无注释的二十卷本先重印一版。9月初，我们又为此写了一份请示报告。12月初，被批示同意了（由姚文元请示总理后，经总理同意的）。

为了节约人力、物力，自然最好是利用原纸型，但那副纸型下落何方，却怎么都查不出来（1947年东北解放区印的一版，是照相制版的），万般无奈，只得决定重排新版。

新版异于旧版者主要为：一、蔡元培作《鲁迅先生全集序》落款的"民国二十七年六月一日"删去了；二、在第五卷《伪自由书·王道诗话》的文末，对《全集》中所收瞿秋白文十二篇作了说明；三、改用了简化字。为了方便读者，我们力求使新版的页码与旧版相一致，因此除改正旧版中的错字（请孙用同志据其所积累的资料作了认真的校勘）外，每面的字数和排式等都一如其旧：直排、双面装（即每行的左侧排人名、地名和书名线，右侧排标点）；切口上角排书眉，下角排页码；各卷的插图也都保持原貌。

这一年中，我们还据中央指示，按十卷本原貌（包括正文和注释），排印了大字（二号长宋）线装本《全集》五百套（每套十函）。为非卖品。

1973 年

为了满足读者的需要和缓解一下当时的严重书荒，年初，我们在发排二十卷本《全集》的同时，还据"以省注释之繁"的"精神"，将鲁迅著作单行本二十四种经孙用同志校勘后，陆续发稿重排并先后出版。这些书出版后受到了读者的普遍欢迎，外地一些出版社也纷纷租型造货，这为当时的出版发行业和读书界带来了一些新的生机（但有的出版社因印刷数量过大，后来造成了一些积压）。这一年和 1974 年间，我们曾先后编印《鲁迅批孔反儒文辑》、《鲁迅批孔作品选读》、《鲁迅关于〈水浒〉的论述》各一册，其中的《鲁迅批孔作品选读》只印了试印本，未正式发行。

二十卷本的《全集》是在上海印制的，由中华印刷厂排版，商务、新华印刷厂各分担一部分印刷、装订任务；我们也派人去沪参加组织、调度和校对等工作。在各方面的通力协作下，这套六百多万字，二十大卷的《全集》，在年末就全部（三万四千余套）印装完毕了。这套《全集》的排版、印刷、装帧和用料等的质量，都超过了以往的各版（也在后来的1981 年新版之上），这是由不少因素造成的，而当时一些印刷厂的任务不如现在这样繁重和紧张，则是重要因素之一。

在当时那样的政治条件下印出这样一套华贵典雅的大书，至今我们还感到非常高兴。

1974 年

我们仍念念不忘于《鲁迅全集》的重新编注工作。2 月 5 日，我们重又草拟了一份《关于出版〈鲁迅全集〉注释本的请示报告》，内容包括出版附有注释的《鲁迅全集》和鲁迅著作单行本、出版全部鲁迅书信、注释工作的具体方案及有关组织机构和人员编制等问题。经"出版口"送姚文元。结果仍一样地石沉大海。

我们实在沉不住气了。尽管姚文元已作过"以省注释之繁"的"指示"，但鲁迅著作如不作注释，势必影响普及，而且也将影响学术文化思想的发展。因此从长远看，对《鲁迅全集》的旧注作全面的整理和补充，应属势在必行。这是工程浩繁、颇费时日的工作，不宜无止境地久拖。经反复考虑后，我们觉得姑且不问姚何时能将报告"批"下或怎样的"批"法，不妨先做起来再说，将工作成果预为积累，迟早必有用处。

我们选择了鲁迅早期的《呐喊》和后期的《且介亭杂文末编》作为尝试和探索。当时的编辑工作似乎都必须采取"三结合"的模式，于是我们先后约请了解放军51101部队、北京电子管厂和我们一起，分别开始了《呐喊》及《且介亭杂文末编》的注释工作。稍后又专为《阿Q正传》设了一个注释组，约请了北京汽车制造厂参与这工作。这样，我们就成立了三个注释组，每组各有我们的一位编辑参加，担任讲解并主持撰写注稿。这是三四月间的事。

冯雪峰同志是在1972年自干校返京的，如能由他来主持这项工作，自然最理想不过了，但当时他却被限制于只能做一般资料性的工作，不能参加编选和注释。为了考虑"影响"，也不容许他对外，"可以在家里工作，不必来出版社"等等（他本人对这些都不知道）。孙用同志早已年逾七十，体力、视力都不好，也难以经常来社工作。

解放后根据影印本排印出版的《鲁迅日记》，排校中的错漏较多，断句方面也存在一些错误。2月间，我们请冯雪峰和孙用同志据影印件再进行一次校勘。不久因孙用同志忙于其他一些校勘工作，《日记》的校勘，基本上就由雪峰独力承担了。虽然他也年老体衰，却仍还逐字逐句十分认真地做完了这项工作。

雪峰一直是我们最好的顾问。待后来注释工作全面展开后，他或口头，或书面，不知为我们（包括各地的注释工作者）解决了多少疑难，这曾耗费了他大量的心血。几十年来，他在宣传和捍卫鲁迅方面所作的大量工作，永远值得我们尊敬和怀念。

三个注释组的工作进行得都不很顺利，进度也相当慢。大概从六七月份开始，我们试着和一些高等院校的中文系联系，请他们分担一些注释任务。当时各院校因都还未正式复课，所以大都乐于承担这工作。这样，除《呐喊》、《且介亭杂文末编》已由我们在注释中外，下半年内，我们分出去了《坟》、《彷徨》、《华盖集》等单行本七八种，并根据这一时期的工作实践和体会，拟定了注释体例（草案），分寄各注释单位参照试行。

1975 年

当时我们考虑将这工作分两步走，即先注释和印出单行本，而后再进行全集本的注释。前者着眼于普及，所以注释范围可稍宽泛些，一些较难解的词语、成语等都作注，较冷僻的字还加注汉语拼音；对每篇作品还要求撰写包括写作时的时代背景、主题思想、写作意图以至所产生的社会效果等的题注。《全集》则面对文化程度较高的读者，它的注释应精炼些，要求具有一定的学术价值。这工作可在单行本的基础上进行，因此如完成了单行本的注释，也就等于完成了全集本注释工作的大半。

这年的上半年，各单行本的注释任务由我们陆续分配完毕。全部的分配情形是：

《坟》，北京大学；《热风》，武汉大学；《彷徨》，南开大学；《野草》，扬州师范学院；《朝花夕拾》，杭州大学；《故事新编》，山东大学；《华盖集》、《华盖集续编》，天津师范学院；《而已集》，中山大学；《三闲集》，广西大学；《二心集》，延边大学；《南腔北调集》，河北大学；《伪自由书》，吉林大学；《准风月谈》，辽宁大学；《花边文学》，华中师范学院；《且介亭杂文》、《且介亭杂文二集》，华东师范大学；《集外集》，北京师范大学；《集外集拾遗》，南京大学；《集外集拾遗补编》（上），辽宁师范学院；《集外集拾遗补编》（下），山东师范学院（定稿后，上、下二集合为一集）；《中国小说史略》，复旦大学；《汉文学史纲要》，厦门大学；《古籍序跋集》、《译文序跋集》，福建师范大学；《两地书》，厦门大学；《书信》，北京师范大学、华东师范大学；《日记》，鲁迅研究室、复旦大学。

其中《集外集拾遗补编》、《古籍序跋集》、《译文序跋集》是这次新编定的。《集外集拾遗补编》收十卷本出版后陆续发现的全部佚文。编印十卷本《全集》时，曾将 1938 年后发现的佚文据写作时间补入《集外集拾遗》；这次我们考虑到《集外集拾遗》原系许广平同志生前编定，因此恢复了它的原貌，将十卷本补入的部分抽出，连同 1958 年后发现的佚文（计五十五篇）辑为《集外集拾遗补编》。

《集外集》、《集外集拾遗》在编印十卷本时，只作了极少量的注释；《中国小说史略》、《汉文学史纲要》则未作过注释；《书信》仅对截至 1958 年已集得的部分（十卷本中未全收）作了注释；《日记》原未编入《全集》，亦未作过注释。

因为当时有编辑工作必须搞"三结合"的不成文的规定，所以这些院校又各自物色对象（工厂、部队、公社以至商店等）组成注释组，但自然以学校师生为主力。那些"挂钩"的对象，有的确实出过不少力，做过不少工作（特别在查找资料方面），有的则不然，不仅徒具形式，还为正常工作增加了不必要的负担，这原属意料中事。但由此也使一些从未接触过鲁迅作品的同志读些鲁迅的书，增加一些对鲁迅的认识以至从此爱上了鲁迅著作。尽管在物质（包括时间）上为此付出了相当的代价，可是收获却仍应给以肯定。特别是由于这样的"大兵团作战"速度是显著地加快了。

鲁迅书信是鲁迅著作中极其重要的组成部分，它们不只反映了鲁迅个人的生活、社会关系和思想发展历程，而且对 20 世纪初至 30 年代间我国的社会、政治、历史、文化、艺术等许多方面，广泛地发表过不少精辟的意见，它是一份十分珍贵的文化遗产。

1937 年 6 月，许广平曾以三闲书屋名义，影印出版了装帧精致的《鲁迅书简》一册，收鲁迅书信六十九封。其后抗日战争爆发，这工作未能继续。1946 年，她又将当时已集得的鲁迅书信八百余封（据《鲁迅日记》，鲁迅书信应达五千二百余封），以"鲁迅全集出版社"名义，印成《鲁迅书简》一册。1952 年我们曾以原纸型重印一版。1958 年编印十卷本时，又将 1946 年以后陆续集得的三百余封，连前共一千一百余封，作了注释并编入《全集》。但当排出清样送审时，被以"一般事务性和内容意义不大的不收"为由，砍去了八百余封，以致十卷本《全集》仅收了三百三十四封。

这份一千一百余封书信的清样成了我们工作中的宝贝。因为它是以很薄的有光纸打印的，经过了十多年的时间，纸质已发黄和变脆，极易破碎，但工作中我们又不时需要进行翻阅，我们想仿《鲁迅日记》和其他鲁迅著作单行本例，暂不附注释印行一版，这次印行时，除原有的一千一百余封信外，还可将 1958 年后集得的一并收入，即连同致日本人士的九十六封和若干残缺件，共一千三百八十一封，另有收信人姓名未详的二封及散见于书刊的断片十六则，这样，它将是当时最完备的书信集了。

上年秋，我们即开始着手了这项准备工作；根据原手迹照片全部进行了校勘，将相当一部分尚缺译文的致日本人士信请人进行翻译等等。我们觉得，如这本书信印出后，定将大有助于我们正在进行的工作并可满足广大读者和研究者的需要，同时我们也极想以此纪念鲁迅先生诞生九十五周年和逝世四十周年。

当我们将这考虑向出版局(1974 年 10 月间"出版口"改为国家出版事业管理局了)作了汇报后，却未获得同意，他们仅允许我们印二百册作为工作用书，不得向社会发行。

在那时候，有理便是无理(对某些人来说则反是)，因此同意我们排印已可看作是"皇恩浩荡"了。

我们仍希望能在鲁迅诞生九十五周年前印出。全书共八九十万字，我们要求并经工厂(新华印刷厂)同意我们分批发稿。2 月，发了第一批稿。

各地的注释工作正在紧张地进行着。

成立了这么多的注释组，书信、人员的频繁往还，使我们的工作量大大增加了。

由于经验不足等原因，我们只能在摸索中行进，因而也走过不少弯路。

我们要求各注释组在集体讨论的基础上写出初稿，经打印分发给一些有关单位或个人广泛征求意见并据以修改后，由我们指定专人前往参与讨论后定稿，或由各注释组主要成员三数人持改定稿来京，经我们参与讨论后共同定稿。定稿后，即根据统一格式由各注释组在其所在地排印"征求意见本"。

因为当时还是"闹革命"的时候，一些工厂等生产单位大都未恢复生产，以学校师生为骨干力量的各注释组又大都全力以赴，所以到 10 月间，已有半数以上的注释组完成了注释初稿。

11 月 5 日夜，出版局召集局少数干部和我们出版社的个别同志，传达了周海婴为出版鲁迅著作等事写给毛主席信的大意(但未提及毛主席对此信所作的批示)，并严令"保密"，不得向未参加听这次传达的任何人泄露。在这之后，出版局开始过问了我们从事已久的注释工作。

12 月初，出版局、文物局为出版鲁迅著作调集人员和建立机构等事，联合向中央作了报告，并得到了批准。

12 月中旬，"征求意见本"的第一种《且介亭杂文末编》出版。

1976 年

1 月 31 日，（农历丙辰元旦），冯雪峰同志以肺癌手术后复患肺炎引起并发症，导致心力衰竭，不幸逝世，终年七十三岁。

3 月，我们和社会科学院文学研究所合作，编印《鲁迅言论选辑》，每辑约二三万字，各有个大致的中心。迄 1977 年 5 月，共编印了四辑。

《呐喊》的"征求意见本"于 3 月末出版。其后《彷徨》、《且介亭杂文》、《而已集》等的"征求意见本"相继出书。"征求意见本"除正文、注释外，对每篇作品都作了题解。它们的排式较讲究，封面套色印，不亚于正式出版物；由于每种只印四百册，成本就相当高。我们先后共印出二十七种（最后一种是 1978 年末才印出来的。《书信》、《日记》因字数太多，印制成本过高未印）。

"征求意见本"的分发范围是一些高等院校的中文系和有关的学术单位，专家、学者等。开始时收回的意见还比较多，后来则逐步下降，以至于很难收到几份意见了。

有的同志（如朱正同志）对这工作还是十分重视的，几乎对每一"征求意见本"都认真、仔细地提了意见。这里特别应该提到叶圣老。"意见本"的题解排的是六号字，注释是小五号字。叶圣老的视力不好，他借助放大镜逐字逐句地认真看后还提了详尽的意见；后来累得他眼底出血了，我们才没敢再给他看。他的眼疾是从那时起开始严重起来的，我们至今还常为此深感内疚。

4 月，由出版局主持在济南举行了鲁迅著作注释工作座谈会。参加者除分布于十三个省、市、自治区的各注释组主要成员外，还邀请了这些地区的党委宣传部负责同志及有关的专家、学者等近百人。会议传达并讨论了毛主席关于鲁迅著作出版工作的批示和周海婴的信；对鲁迅著作注释工作的要求及注释体例等重新又作了一些讨论；同时也明确提出要各注释组所在地的党委宣传部门关心和支持这项工作（如审读注释稿并组织讨论，协助解决注释组的人力问题以及差旅费等）。

这次会议曾受到过来自"四人帮"的一些干扰（如他们的一些人曾私下

接见来参加会议的上海"写作班子"某负责人，说什么"北京和你们没有领导与被领导的关系"，北京搞的"你们可以批"，以及什么"要批出威风来"等等），以致未能取得预期的效果，但它对推进其后工作较迅速地开展，还是起了一定的作用。

为了适应工作的需要，特别是为了解决频繁来京查访资料或讨论注释稿的各注释组人员的食宿问题，济南会议后由出版局代我们租用了十多间屋子(迄 1977 年 10 月)。

5 月，根据前一阶段我们和各注释组的实践以及座谈会的讨论结果，对原注释体例(草案)又作了一次修订。修订后的条文如下：

一、单行本注释以相当于初中文化程度的读者为对象，注释要详细一些，力求通俗易懂，尽量避免使用较生僻不常见的字、词及文言语句，《全集》本注释则以中等以上文化程度的读者为对象，注释条目及行文要求更简明、精炼些，资料性适当地强一些。

二、单行本各篇都作简短题解(非特别需要，至多不超过三百字)，题解除介绍作品最初发表的年月和报刊名称及期数外，可视情况需要，扼要说明该篇的历史时代背景、针对性和主题思想，以及当时所产生的作用和影响等。要突出重点，不求面面俱到。同一本书中性质近似的作品，在前面的题解中已作说明的，则可以简略些，但须注意使读者明了其前后呼应的关系。

《中国小说史略》、《汉文学史纲要》可就全书作一总的题解。《两地书》可按三个时期各写一条题解，放在每个时期的第一封信下面。《日记》、《书信》一律不作题解。

《全集》本一般不作题解，如遇必须作题解性说明的个别情况，可作为注一处理。

三、正文的注释范围：《全集》注释应包括人物、事件、社团、典故、文物、典籍、作品、风俗习惯、方言俚语以及文中引文、引语的出处等；单行本注释除上述方面外，还要适当注释难懂的字、词、成语、难句、反语等，其中个别难读而不需释义的字，可在正文中加括号注音，不列为注文。除人物生卒年代外，注文中数字一律用中文。

四、注释人物时，应按其本身的重要性以及在本文中涉及的程度，有选择地注明其生卒年代、别名、朝代、籍贯(外国人国籍)、基本政治倾向、身份、简历、主要著作等,一般应以本文所涉及的时期、与本文有关的情况为重点,如其后有重要变化时,也应略作说明;并不重要、在作品中偶尔出现的人物,可不注。《全集》本中的外国人名字,加注其本国文字,英、法、德、俄以外者,可用拉丁字母拼音。

五、注释引文、引语的出处时,如作品中引文与原文有出入,或作品未引原文、仅述大意时,注文中可引原文,并作必要说明;如作品引用的是一句半语,为使读者了解全貌,注文中可引全原文。

单行本注释中的引文如为过于难懂的文言文,可译述大意,或注明其中特别难懂的字、词。引文原文如属反面材料,注文中可结合作者引用时的原意和具体情况,作适当的批判。

引文应注意语意的完整,并应根据第一手材料仔细核校。《全集》本注释中一般应引用原文,不作撮述。

六、某些通篇用文言写作的作品,单行本注释时为避免过于繁杂,可采取数句一注的办法,一般先译大意,再视必要加注其中特别难懂的字、词。

七、对作者观点有所发展变化的某些问题(如中医、义和团等),注释时应适当介绍作者在其它作品对同一问题的论点,并作必要说明,以供印证、参考,帮助读者了解作者思想的发展;有些见解带有时代局限或作者早期世界观的局限的,也应择要作实事求是的说明。

八、单行本同一本书内,《全集》本同一卷内,不重复同一内容的注。前面已注者,后面可用"参看本书(卷)第×页注×"的方式处理;在个别情况下,如某注以注在后面某篇为宜,也可采取前面参见后面的办法,但宜先作一两句简单介绍,然后再说明参看(或"详见")后面某注。

内容虽同而作者所提角度不同的,可重注。

九、作品中原有的"备考"、"来信"等附录材料,也可作某些必不可少的注释。对其中属于反面材料的附录,注文应体现鲜明的倾向性。

十、一时尚难查考而对理解原文十分重要的问题,在"征求意见本"中可以注明"待查",以便各方面提供材料或线索,待查明后补全;正式出版时这种情况则应尽量减少。

显然,这都侧重于技术性的问题(其中的某些条也反映了当时的一些"时代气息"),对注释时必然会遇到的一些重大的、涉及政治思想等较重大的问题它是解决不了的——在当时的政治条件下，也不可能解决得了。

7月，经校勘后重新排印的《鲁迅日记》(上下二册)出版，共印十一万套。

8月末，新版《鲁迅书信集》(上下二册)也出版了。因为周海婴在给毛主席信中是将出版一部完整的《鲁迅书信集》作为第一项任务提出来的，所以出版局收回了先前限印二百套"工作用书"的指示，通知我们可以自行决定印数，于是我们一下就印了十六万五千余套(其中精装本六万零七百套)。

9月16日，出版局来电话把我们叫了去，指责在《鲁迅书信集》的"出版说明"中没有提到毛主席对鲁迅的崇高评价；没有点刘少奇、周扬的名；没有说明为什么把鲁迅给好人和坏人的信都收了；还指责我们为《致中共中央》作的一条题解①用的是"资产阶级报纸"的语言，竟至"没有提是毛主席、共产党领导的工农红军"等等(真是"歪理十八条"。当时我们眼前就仿佛出现了"文痞"的那副嘴脸)；批评我们造成了"严重的政治错误"。要我们改写"出版说明"，并通知书店立即停售和收回未售出部分；工厂尚未送出的(当时都已包装完毕)则存厂停送。

这真使我们挨了狠狠的一闷棍。

其实这"出版说明"的原稿，我们曾打印分送给当时出版局的几位有关领导同志审阅，其后也催询过他们的意见，他们都迟迟不"表态"(在未得到批复前即付印，应该承认是我们的一个错误)，后来在批评我们时，对我们曾给过他们打印稿却都只字不提。

当时发行所已陆续打包往各地分发，发往国外的也正由国际书店打包待运。这样一来，实在乱了套了。

工厂对此自然颇有意见，他们是全力支持和如期完成了这项任务的。新华厂没有日文字铜模，所以《书信》中的日文信是在外文印刷厂拣字后再送新华厂拼版，这种做法是没有先例的；分批发稿、陆续付型，同样也没有先例。工友们不仅在酷暑中完成任务，而且在7月28日唐山大地

① 那条题解的原文是："此件为鲁迅获悉中国工农红军经过长征胜利到达陕北后发的贺电，是通过美国记者史沫特莱发出的。时间大约在1935年11月间。电文据1947年7月27日《新华日报》(太行版)《从红军到人民解放军——英勇斗争二十年》所引抄存。"

震波及北京，北京一直在地震威胁下的一些日子里，仍还冒着危险从未间歇地为我们赶着装订和包装，结果出现了这样的反复（将近十七万册的换页不能不说是一项巨大的工程），怎能没有意见呢？自然，为此我们对工厂真感到万分抱歉。尽管我们觉得对这"出版说明"的批评和指责是毫无道理的，这样的劳民伤财更是实在冤枉，可是在那种"无理走遍天下"的日子里，又有什么办法呢？

我们是一面改装一面发行。在发行过程中，它受到了读者的广泛欢迎，很快就出现了供不应求的局面。全部改装完毕是在 11 月上旬，但根据读者的需要情况，10 月末，我们就发印了再版。

10 月，猖獗十年、恶贯满盈的"四人帮"终于被逐出了历史舞台而成了"狗矢堆"了。对全国人民来说，这真是一件特大喜事。它无疑也大有利于我们今后工作的顺利推展。

由"征求意见本"向正式发行的版本过渡的定稿讨论，在下半年开始。首先讨论的是《且介亭杂文末编》。这个集子中有些难度较大的问题，特别如《答徐懋庸并关于抗日统一战线问题》篇中，存在一些较敏感的问题（我们称之为"拦路虎"）；几番起落，总是难以解决（主要在于我们的思想不解放——在当时的政治气候下，也谈不到和不可能"解放"），顾虑实在太多。

在各注释组同志的努力下，《华盖集》、《二心集》、《南腔北调集》、《伪自由书》、《且介亭杂文二集》的"征求意见本"在这一年内都已先后发稿；除了以前未注的《日记》、《书信》外，这时其他各单行本的注释初稿，也已大都先后完成。

1977 年

1 月 17 日，揭批"四人帮"阻挠、破坏鲁迅著作出版工作的《投一光辉，群魔毕现》一文（署人民文学出版社鲁迅著作编辑室），于《人民日报》发表。

月末，《鲁迅书信集》再版出书。这次印了二十万零五千套，连前累计共三十七万零七百套。

4 月，出版局领导作了更动，由王匡、王子野同志分任正、副局长。

根据这一时期来的工作情形看，我们的进度还是相当迟缓，如按这样的进度，鲁迅诞辰百周年时新版《全集》的出版恐难以如愿，但又不易找出加速进度的途径。后来我们想到，如注释不分单行本、《全集》本两种而予统一，速度当可增加不少。而就已作的单行本注释看，尽管我们已花费不少精力和时间，但对文化水平偏低、理解能力较差的读者，要读懂它们仍还相当吃力，因而分为两种，实在是利少而弊多。5 月间，我们决定将二者合而为一，不作"两步走"了。

新任出版局领导同志曾数次来我们这里了解工作中存在的问题及进展情形。9 月 11 日，出版局领导又向中央作了《关于鲁迅著作注释出版工作的请示报告》。

"征求意见本"向定稿过渡的讨论，仍在继续进行。当时"四人帮"虽已覆灭，但在我们思想中的条条框框还相当不少，很不解放，"以阶级斗争为纲"几乎还是我们的主旋律；特别是《纪要》①的框框还紧紧地束缚着我们，使我们几乎难越雷池一步，因此这种讨论很少进展。

我们曾集中不少同志对《二心集》进行讨论，试图以之作为"麻雀"来解剖一番，以期找出"突破口"。但这个集子里也同样存在一些尖端性的问题，经过多次的反复讨论，还是因解决不了而只有搁浅了。

这一年，我们除进一步讨论和明确了《书信》、《日记》的注释体例以及确定了《集外集拾遗补编》、《古籍序跋集》和《译文序跋集》的编目外，以较多的时间和精力投入了"征求意见本"的讨论定稿工作，并先后完成了《热风》、《三闲集》、《花边文学》等的注释初稿约十种。

根据出版局给中央的请示报告，中央决定由胡乔木、林默涵同志来领导并主持这项工作，同来的还有秦牧、冯牧等同志。后因乔木同志忙于其他工作，便委托林默涵同志代为主持；冯牧同志因有别的工作未能参加我们的工作。12 月初，林默涵、秦牧同志来出版社后，和我们一起就注释、整理与出版工作中有关方针性的问题以及注释体例等重新进行了反复的讨论，进一步明确了下列一些问题：

（一）注释以具有中等文化程度的读者为对象。以十卷本《全集》的注释为基础，吸收"征求意见本"的有益成果，进行增删和修改。

025

① 指《林彪同志委托江青同志召开的部队文艺工作座谈会纪要》。

（二）注释力求做到简明易懂，不发议论，避免繁琐；特别要注意思想性、科学性、准确性和严肃性、稳定性。对所涉及的人物、事件、社团等，必须坚持历史唯物主义的态度，做到公正、客观，力求还历史的本来面目。在涉及鲁迅进行的斗争和论争时，严格掌握敌、我、友的界限，区别敌我矛盾和人民内部矛盾的不同性质，二者不可混淆。

（三）注释中遇到的一些较重要或较复杂的问题（即前面说到的敏感、尖端的"拦路虎"性质的问题），应特别严格掌握分寸，并将注稿送请上级领导审定。

（四）统一《全集》和单行本的注释，不分两种。

（五）"题解"难以全面、准确地阐明鲁迅作品的思想内容，且难免产生谬误，应予取消。①

（六）鲁迅早期编写的《中国矿产志》、《人生象斁》等不编入《全集》，必要时可印行单行本；辑录的古籍（如《唐宋传奇集》、《嵇康集》等）亦另行辑印，不编入《全集》。

后来我们根据上述精神重新修订了"注释体例"（前已修订过多次了）。12 月 12 日，将这次讨论的情形和结果向胡乔木同志作了请示报告，同月 20 日经批复同意。

此外，经胡乔木同志同意，我们成立了以林默涵同志为首的领导小组（共五人），并聘请周建人等八位同志为我们的顾问。

也就是从这时开始，我们的工作才真正地步入了正轨，开始有条不紊地循序前进了。

鉴于 1973 年在上海印制的二十卷本《全集》达到了较高的质量水平，我们建议新版《全集》仍在上海印制，并得到了出版局的同意。12 月 20 日，出版局首次召集有关《全集》印制工作的座谈会，上海方面的有关人员应邀参加了这次座谈。

---

① 在前一段的工作中我们已感到作"题解"之不妥（虽然这原是我们自己出的主意），因为它不免将我们的观点（理解）强加于人（作者和读者），以致限制了读者的钻研和思考；如我们理解错了，更将贻害读者。我们曾将这考虑向出版局陈述并建议取消题解，但却未被接受。

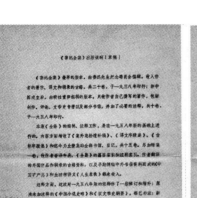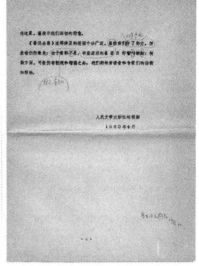

经胡乔木修改的《鲁迅全集》出版说明（草稿），铅笔字是胡乔木手迹。

1978 年

2 月，将林默涵同志主持讨论后对有关《全集》注释工作的一些考虑，通过出版局分别转知各注释单位，并要求各尚未印出"征求意见本"的单位，力争在上半年内印出；同时明确提出《全集》的注释工作统一由我们承担，在定稿讨论时，将邀请各有关注释单位派主要成员来京参加等。

3 月，讨论《全集》索引卷(第十六卷)的内容编序等。

4 月，初步研究有关《全集》的装帧设计及版式等问题。本月起，我们据《全集》和单行本注释统一(不分两种)的原则，对一些单行本的注释开始进行定稿讨论。林默涵同志曾多次主持或参加讨论，因此有些疑难问题可以及时得到解决，进行就较顺利；年内经先后讨论定稿的有《呐喊》、《彷徨》、《朝花夕拾》、《故事新编》、《华盖集》、《伪自由书》等七八种。

尽管各"征求意见本"注释组的同志已尽了极大的努力，所做的工作也完全堪称"成绩斐然"；但以《全集》本的要求来看，其中有相当一部分还只能看作是"粗具规模"。而鲁迅著作又是那样博大精深，上下纵横、中外古今，几乎万象无遗；其中涉及的某些事件，因相去已历半个世纪，要理清它们的脉络，有的确已相当困难。注释不仅要求逻辑严密，文字凝炼、准确和鲜明等等，更要求言必有据，不容丝毫含糊。因此定稿工作的繁重和艰困也就不难想见。

但同志们都能不辞辛劳，夜以继日、认真严肃地对待这工作。秦牧同志是著名作家，年事也较高了，但他放下了写作，倾全力和我们一同工作。陈涌、周振甫同志都是知名的学者和专家，周振甫同志已年近七旬，也同样地全力以赴；年逾花甲的林辰同志是鲁迅研究专家，曾参与过 1958 年版《鲁迅全集》的注释工作，现在也和大家一样忘我地参加定稿讨论工作；已退休的孙用同志也是参加过十卷本注释工作的老专家，在鲁迅著作的校勘方面曾作过不可磨灭的贡献，这时虽已年近八旬，而且患有严重的高血压和白内障，也仍是热情地协助我们的工作，不断地为我们提供资料或解答疑难，并校订了《译文序跋集》。这都是十分感人的（后面将对这方面的情形稍作介绍）。

遇有一些较重要的注条，经反复讨论拟就初稿后，或由林默涵同志审定，或由默涵同志转请乔木同志或其他有关同志审定（偶有什么问题当领导和我们的看法有分歧时，我们也据理力陈己见，务求达到意见的一致）。这样，以前曾一再苦恼过我们的属于"拦路虎"之类的问题，就都能较顺利地逐一得到了解决。由于鲁迅著作的版本较多，有些版本又每有歧异，编印十卷本《全集》时虽曾作过大量的校勘工作，但因较零星而欠系统，所以仍多有疏漏。这次我们设置了有专人负责的校勘组，制订了统一的校勘原则和体例，根据鲁迅生前亲自校订的版本，参照手稿和最初发表的报刊，进行了全面和系统的校勘。对所需校改的问题，都经领导和编校人员审慎研究讨论后决定取舍。

仅以前六卷而论，经这次校勘后的校改即达一千余处（包括标点等），其中有的校改是十分重要的。也还有一些自初版相沿及今的错漏。经过这样的校勘，就使它更多地恢复了鲁迅著作的原貌，这也成为这次新版的重要特色之一。

我们决定某一单行本既经定稿，即先印制发行。单行本除整套的封面设计外，另印入各书的初版封面。7 月 11 日，第一种单行本《呐喊》发稿，其后陆续发了《彷徨》、《野草》、《热风》等多种。

5 月，拟就了有关《全集》出版工作的初步计划，内容大致为：全书共十六卷，1979 年第一季度开始发稿，1980 年底发齐；全部精装，分绸面及纸面绸脊两种，前者另加硬纸封套。还拟定了有关发行工作的一些初步意见。

6 月，出版局第二次召集有关《全集》印制问题的座谈会。

8 月，对"创造社"、"左联"、革命文学和两个口号的论争等问题，重又集中进行了讨论。因为它们产生或形成时的时代背景和涉及的问题等都较复杂，以往我们曾多次讨论而未能定稿，这次讨论后写出了送审的初稿。

从几个单行本的定稿讨论中，我们感到以前拟定的注释条例，对一些技术性的问题所作的规定尚欠完备，以致出现了一些"百花齐放"的现象，为求全书体例的严格统一并作为定稿讨论时的依据，9 月，我们又草拟了《有关注释条例的补充规定》如下：

一、每篇注一中提到的报刊，凡在该书第一次出现时，需注明出版地，如北京《语丝》、上海《文学月报》等。

二、凡两位数的数字，一律加十，如三十八，不作三八；三位数以上的都略去十百千等，如九五三，不作九百五十三。

三、除生卒年用阿拉伯文外，如遇有下列情形时亦用阿拉伯文，不用中文，如"康熙八年(1669)"不作"康熙八年(一六六九)"；"第一次世界大战(1914～1918)"，不作"第一次世界大战(一九一四年至一九一八年)"等。

四、外国人的名字，如正文中已有原文者，注文中可不再列入；但如正文中用拉丁字母拼音而其为俄、法、德等国籍者，注文中仍用其本国文。

五、注释外国人的作品时，如作者不需作为专条注释的，可不列原文名，仅列生卒年。

六、注释古籍引文出处时，一律不写古籍卷次，如《后汉书》卷七十三《朱穆传》，可作《后汉书·朱穆传》。

七、"《论语》《先进》篇"、"《庄子》《天下》篇"等，一律作"《论语·先进》"、"《庄子·天下》"等。

八、遇有"×××在一九二四年一月十八日《创造季刊》第二卷第二期发表的《××××××》一文"等情形时，一律作"×××在《创造季刊》第二卷第二期（一九二四年一月）……"；"一九三二年十月一日出版的《现代》第六期中×××的文章"，作"《现代》第六期（一九三二年十月）……"。出版期有年、月即可，日可略去。但各篇注一中最初发表的刊物，仍应有年、月、日。

九、"五四"、"五四"运动，"九一八"，"九一八"事变、"九一八"战争，"三一八"惨案等，日期一律加引号。

十、新月派、民族主义文学派等，一律不加引号。

十一、社团名不加引号，但社团的简称加引号，如"左联"。

十二、引文最末的标点作如下处理："作家，假使他是忠实于自己的话，他是决不会愿意拿这种'冒牌货'来自欺欺人的，因为他不能够向自己要他所没有的东西。"（苏汶：《"第三种人"的出路》）如引文只引至"自欺欺人的"止，则应作"自欺欺人的"（苏汶：《"第三种人"的出路》）。

经林默涵同志同意，在出版局及一些有关单位的支持下，这一年中，我们曾先后借调了陈涌、周振甫等同志参加定稿讨论工作。当需要某一注释组的同志来京参加定稿讨论时，他们所在单位的领导无不热情支持，这使我们的工作得以顺利进行，也使我们备受鼓舞。

12月7日，胡乔木约林默涵及我们工作同志数人就存在于注释工作中的一些缺点和问题作了一次座谈。就注稿的准确性、逻辑性以及语言文字的运用等问题，提出了中肯和重要的意见。就座谈中可以看出，乔木同志虽然很忙，却还是十分仔细地看了我们的注稿。

1979 年

由于林默涵同志这时另担任了别方面的一些重要工作，无法以更多的时间和精力专注于《全集》了。但他对每一份注稿仍进行认真的审阅并提出修改意见，也仍经常来出版社召集会议和协助解决疑难问题。出版局领导对我们也十分关注，王匡、王子野、陈翰伯、许力以等同志都曾先后多次来了解工作的进展情况。

各单行本是定稿一种即发一种。为求注释文风和体例的大体一致，我们指定专人在发稿前对所有注稿都进行了通读和整理。到10月中旬，

《全集》前五卷的单行本(十六种)都陆续发稿完毕。

后面的除第六卷(《且介亭杂文》三种)在讨论中外，其余的都属难度或工作量较大的(其中有的编十卷本时未作注)，如《集外集》、《集外集拾遗》、《集外集拾遗补编》和《古籍序跋集》、《译文序跋集》、《中国小说史略》、《汉文学史纲要》以及《书信》、《日记》等。

对于《书信》，这里应顺便一提的是，《鲁迅书信集》出版以后，我们又陆续发现了四十二封；在定稿讨论中，还增加了七封。它们有的是我们发现的，有的则是有心人提供了线索或复制件。这样，《全集》中所收书信就达一千四百五十六封(另断简十二件)。这是使我们特别感到高兴的一件事。

虽然除《日记》、《书信》外，上述一些集子这时大都已印出了"征求意见本"(还有个别初稿未毕)，但它们的讨论定稿，却都远非朝夕间事，《日记》、《书信》注释的工作量更大(《日记》中所载与鲁迅有交往的二千一百余人及鲁迅购置的书籍五千余种都作了注释)；而末卷的索引等，如前面一些卷未印出，亦无从编码。根据这情形，我们估计鲁迅诞辰百周年时出齐《全集》恐或无望，大概只能印出十卷左右。

就在这个月(10月)由林默涵同志主持的一次工作会议上，同志们对当时的形势进行了充分的分析和讨论，一致认为要做到鲁迅诞辰百周年时出齐《全集》，确实困难重重；但如做不到这一点，则我们对不起鲁迅，也愧对历史和后人。因此无论如何应下定决心，千方百计地全力以赴，务求实现到时全部出书的目的。

这时的关键在于加快定稿速度，而加快速度的唯一途径就是必须由原先的一个定稿组扩充至三四个定稿组，以求同时并进。这就需要大量补充人员(每组需要四至五人)，于是由我们开列需要商调的人员名单(他们大多参加过"征求意见本"的工作)，在中宣部、出版局和这些同志所在单位的协助和支持下，不到两个月，借调人员就先后到达，自此我们成立了四个定稿组，并重新安排了全面的工作进度，对明年各季度的发稿卷次作了一些初步的规划。于是一个秣马厉兵、沸沸扬扬的局面形成了。

我们深为庆幸和高兴的是，无论我们自己的同志或是借调来的同志，全都热爱鲁迅和鲁迅著作，都能以鲁迅精神要求和策励自己。借调来的同志来到后，几乎都是席不暇暖就投入了紧张的工作。他们不仅毫无名利的考虑，有的还将自己多年的研究成果默默地作了无私的奉献(如包子衍、蒋锡金、朱正等同志)。为要查明或核实某一问题，他们或则潜心作分析研究，或则遍查有关的大量书籍报刊，或则请教于有研究的专家，查访鲁迅的同时代人或有关的当事人，以至向国外(如日本、美国、加拿大以及英国、匈牙利、奥地利等)发信，甚至还去过公安部门提审罪犯和查看有关的历史档案等等。总之，非至山穷水尽就决不罢休。同志们正是以这种精神解决了许多疑难，特别是在不少长期未能作出结论的问题上得到了突破。如《文艺战线上的封建余孽》的作者"杜荃"即郭沫若，鲁迅致钱玄同信中提到的"螽仓载"即《新青年》，就是分别由陈早春、王永昌同志以这种精神获得了正确答案的。这样，他们就常有"踏破铁鞋无觅处"的烦恼，也有过"得来全不费功夫"的欢乐。这些方面的实例太多，就从略了。

借调来的党员同志，则和我们一起过每周一次的组织生活。

在定稿讨论中，对某一问题常会各有不同的看法，也就不免时有争议。有时为了一个字以至一个标点符号的使用，也会争得面红耳赤，但最后都能在尊重事实，服从真理的原则下统一分歧。共同的事业和目标并未(也不可能)影响及友谊和团结。——那是多么令人难忘以至神往的日子。

12 月中旬，新注的《呐喊》单行本正式出版。

1980 年

这是全力拼搏的一年。

四个定稿组齐头并进，的确速度大增。因办公用房紧张，四五个人的一个定稿组只能挤在约十平方米的斗室里，其中还置有卧床和书架桌椅等，所以实在拥挤不堪，盛夏时尤其热不可耐，那时办公室也没有设置电扇。同志们就是在这样的条件下日夜奋战，似乎还很有些乐不思蜀的味道。

2 月，上海文艺出版社派员来京洽谈《全集》印制等问题(经出版局和上海市出版局同意委托他们代为办理)。议定自 3 月份开始陆续发稿，年底前发完十五卷；排版由上海中华印刷厂独力承担，印刷、装订则由上海商务、新华印刷厂各分担一部分。上海方面的全力支持，为《全集》的如期出版提供了有力的保证，对此我们一直怀有深深的感激之情。

3月初，根据这一阶段的工作进展情形确定了在今年内各卷发稿的大致日期，并对版式、封面装帧设计及用料等问题作了初步规定(其后拟订了有关的细则十余款)。17日，第一、二卷正式发稿，并由出版部派员去沪协助印制安排等工作。

4月12日，第三、四卷发稿。编辑室亦派员去沪了解排印等部署情况。

5月10日，第一卷校样到京(我们议定请上海文艺出版社代看初、二校，由我们三校后签字付型)。14日，收到第二卷校样。

这一年，一方面是紧张的讨论定稿(采取成熟一卷即发一卷的办法)，一方面是紧张的看校样。上海排版的速度相当快，几乎使我们穷于应付。

9月，对鲁迅书信据手稿影印件重又全部进行了校核。

迄于年底，除第十二、十三、十六卷外，发稿工作陆续完毕。

前五卷的单行本十六种，除《呐喊》已于去年末出版外，余十五种今年内也已陆续出齐。《且介亭杂文》以后的一些单行本，因当时将主要力量都投入《全集》，难以兼顾，就未再发，后来也一直未印。

033

1981 年

3月11日，《全集》第一卷样书到京，其后各卷乃陆续出版。

同月14日，日本学研社来京洽谈由他们翻译、出版日文版《全集》事(这年的12月7日正式签订合约)。

鉴于《全集》发稿已近尾声，邮寄校样一则往还费时，二则临时发生问题亦难及时处理解决，同月16日，编辑室重又派员去沪看校样并就近协助处理印制工作中的一些问题，直至全书付型。第十六卷(索引卷)因编码等问题较繁复，发稿后又增派二同志去沪协同解决问题和校对。6月23日，第十六卷签字付型。为力争于8月末全书出齐，同月25日与上海市出版局、上海文艺出版社会同商定待出各卷的印刷、装订进度等。

8月末，作为鲁迅先生诞生百周年纪念活动中的重要项目之一，十六卷《全集》终于全部出齐。

从上面的叙述中可以看出，我们的工作确存有前松后紧的现象(这是由不少主客观因素造成的)，所以尽管同志们已尽了许多努力，还不免有粗疏之处，因此每次再版(迄今已再版三次，累计九万六千八百余套)时都要作些局部的修订。但它收集较完备(十卷本为二百五十三万字，新版增至三百九十九万字，末卷未计入)，注释也较详尽(由十卷本的五千八百余条，五十四万字增至二万三千四百余条，近二百四十万字)，所以仍不失为迄今为止较完善的版本。和十卷本之于这次新版一样，它无疑为日后编印更完善的版本提供了较好的基础。

新版《全集》是集体劳动的结晶，凝聚了众多同志的大量心血。我们先后借调的同志不下三数十人(如将参加"征求意见本"的同志计入，定将十倍于此数)，他们对此都作了不可磨灭的贡献。除文中已提及者外，就不一一在这里列名了，因为很难避免遗漏，而且这些同志原就从未考虑过要在这工作中留下自己的名字。相信这定能得到他们的谅解。

但对曾热情支持过我们的专家、前辈，即或有遗漏，也应在这里举出一些，以表示我们的感谢。除文中已提及者外，还有丁景唐、马坚[1]、巴金、戈宝权、王瑶、成仿吾、李何林、周建人、茅盾、赵家璧、赵景深[2]、唐弢、黄源、曹靖华、楼适夷等同志。其中有的已先后作古(包括孙用同志)，在这里也谨表示我们的哀思。我们还得到过一些国际友人的热情帮助，这里就从略了。我只是想重复说一遍：新版《鲁迅全集》是在上下左右、四面八方的热情关怀、支持和帮助下诞生的。所以无论为此作过哪方面贡献的同志，在面对这套《鲁迅全集》时产生由衷的喜悦和欣慰，就会是很自然的事了。

本文原载《出版史料》1988 年第 2 期和第 3、4 期合刊，修改稿载《鲁迅研究月刊》1999 年第 11 期，后收入《中国出版史料》(现代部分)第三卷，山东教育出版社、湖北教育出版社 2001 年出版。

034

---

① 马坚(1906～1978)，回族，云南个旧市沙甸村人。北京大学教授，穆斯林学者，阿拉伯语言学家和翻译家。

② 赵景深(1902～1985)，民间文学学者、戏曲学家。

《鲁迅全集》编辑通信选

王仲晨致胡真信（1980 年）

胡真同志：

你好！

你从美国回来后，我没有去看你，至今犹感歉意，望能见谅。近来好么？我因为懒，疏于问候，亦乞见谅为幸。

日昨得湖南人民出版社来信，说到要朱正[①]同志早日返湘。按理我们自应这样做，可是这一时期来我们实在紧张得焦头烂额，时间日益迫促，而待完成的工作量还极大，以现有人力仍还难于招架，明年的出书任务又不能打折扣，由此朱正同志返湘事，看来一时仍有困难。

我想，无论如何在年底以前一定让他回去，而且我们一定力争做到稍予提前(如 11 月间)，因为你们的困难我是知道和理解的。但我们这里的任务却又的确更为急迫，为此务恳你一定全力支持和予以俯允，实在不胜迫切待命之至，我这里说的都是实话，决非缓兵之计，而是一定要兑现的。

请你一定谅解我们的困窘处境，这实在是出于不得已，我想，我们将能得到你的谅解和同情，因此我也向你表示感激不尽了。

出版社方面的有关同志处，也恳代达我们的困难和感激之情。

035

---

① 朱正，湖南长沙人，学者。时为湖南人民出版社编辑，借调在鲁迅著作编辑室工作。1985 年加入中国作家协会，是全国第六届人大代表。——本书编者注

匆匆不一，暇中盼多赐教。

专此，即颂

时绥

仰晨上　8 月 16 日

叶圣陶^①致王仰晨信（1976 年）

仰晨同志：

上午诵惠书，甚欣。原来彼此相遇已三十年，恕我疏忽，犹以为初晤。《华盖集》、《野草》之注释稿本已收到。我准备每日看少许，总欲于所示交还期以前将意见寄上。我于注鲁集，并无抽象之意见，看稿时偶有想到，即写于札记上，均已寄上，未尝留底。以故足下嘱我思索一回，拟来听我陈述，我乃无以为报。我思不妨换一办法，足下随时想到欲以垂询者，即记于笔记，俟惠临之时，举以问我。我则仿佛应考试，能答即答，不能答交白卷，固无所谓。足下以为可取否？我经常在寓，不厌来客，只要足下有空有兴，无妨常来。匆匆奉复，即请

撰安。

兼候文兵^②同志。

叶圣陶　2 月 26 日下午

黄源致王仰晨信（1976 年）

仰晨同志：

你在雪峰兄火葬前一天写的信，早收到了。

雪峰兄生前死后，有兄照顾，特别临终时有兄在，死后还为他穿衣

---

　　① 叶圣陶（1894～1988），江苏苏州人，原名叶绍钧。现代作家、教育家、出版家和社会活动家。建国后历任出版总署副署长兼编审局局长、教育部副部长兼人民教育出版社社长和总编辑、中央文史研究馆馆长，是中华全国文学艺术界联合委员会委员、中国作家协会顾问，曾任民进中央代主席、全国政协第六届副主席等职务。代表作有童话集《稻草人》、长篇小说《倪焕之》，另有《叶圣陶语文教育论集》。——本书编者注

　　② 李文兵，时任人民文学出版社鲁迅著作编辑室副主任。——本书编者注

服，不仅同时代的我，感激不已，后世人亦将感激不已的。

鲁迅先生对死看得很随便，死了，埋掉拉倒，不要作任何纪念。这是彻底唯物主义者的观点，我理解这点，但我对雪峰兄的死和死后情况，仍不免流为感伤，真是不足取的。

现在我想到有二件事，不知兄意如何？

一、近几年来，兄等是他最接近的人，其中必有些谈论值得记录的，请回忆一下记录下来。

二、雪峰兄近几年来给研究鲁迅的人的许多信，由他家属出面，搜集整理起来，鲁编室可抄录一份供参考，原函呈交公家，以供审查。

现在要反修防修，这类事谈不到的，但将来进入共产主义时代，恐怕仍有人要研究些历史情况，那就非常珍贵了。为将来计，兄是否能设法侧面推进。像我这样感伤是无用的，还是做一点实际工作好。孙用兄或许会有些同感。

对周扬，在雪峰兄转述鲁迅的话中已有定评，是个两面派，玩耍权术的，不能和雪峰相提并论，鲁迅的主张，写成文章，明明白白的，他反对到底目的只是为私利，权力而已。鲁迅□□斗争，对他其实是不足道的。在这一点上，"末编"析注对周的反动，估计高了一点了。

搞鲁公的注释事，有群众支持，大胆地干，不宜多虑。

祝好！

弟　河清　2月13日晨

楼适夷致王仰晨信（1976 年）

仰晨同志：

16 日示悉。《而已集》及《佚文》（28 年以前部分）注解稿收到，但只有旅大稿没有山东稿，山东的一本《佚文集》正文，是 28 年后的，即上次我寄还的一本，已无需要。我现在先开始研读《而已集》注文，一二周内可阅毕送上。雪兄遗稿即指他在"文革"中所写材料，我已有了三篇，即关于两个口号的，关于左联两条路线斗争的，及关于刘□□的。不知另外还有没有。此外我见过包子衍所编雪兄给他的信（数十封），孙用同志借去看过，你不知见到过么？我们一些有幸亲炙过鲁迅先生的朋友大家谈到，知道出版社由你在管鲁编室，都觉得放心。你因年龄关系虽未参与卅年代文艺斗争，但你孜孜业业全心全意的工作精神，大家都知道的，而这是最重要的。现在搬去了四人帮这块大石头，今后工作一定会顺利多了。

顺便问：鲁迅辑录古籍丛编，是否还准备出版？

敬礼

适夷　2月20日

周海婴致王仰晨信(1981 年)

仰晨同志：

久未相见，幸而从电视广播中看到上海印刷《全集》的镜头中，看到了你。你还是那么精神，这次《全集》在上海印刷，把你辛苦了，但质量可以保证提高不少。

由于外事及老朋友关系，有一些朋友，我个人非向他们赠送《全集》不可，精打细算下来，至少要二三十部。我想自费购买，精装绸面二十部，纸面的四部。不知在 9 月中旬能否拿到？

太麻烦你了。匆匆，祝

近好！

海婴　8月29日

林默涵①致王仰晨信(1981 年)

仰晨同志：

3 日信收到。知道您在沪情况，为了《全集》的出版，您真是费尽了心力，希望您尽可能劳逸调剂，不要弄到书出版时，人也垮了。

这些时，我也特别忙。中宣部连着开会，我不但要到会，还必须在大会上发一个言，而问题很多，要在不太长的时间内讲清楚，颇费剪裁。

---

　① 林默涵(1913～2008)，福建武平人。时任文化部副部长。历任中宣部副部长、文化部副部长、中国文学艺术界联合会副主席等职。——本书编者注

现在总算讲过了，反应是有很赞成的，也有很不赞成的。这也反映了今天的形势，在今天的文艺界说话，要使人人都赞成，那就等于不说话，说了等于不说的话，当然不会遭到任何人反对。除此之外，最近又有不少外事工作，占去许多时间，真是人生苦短，浪费太多，但又毫无办法。

　　今天上午总算开了鲁迅诞辰筹委会。会上临时要我讲讲《全集》出版工作情况，我简单讲了一下。李何老还是不满意取消题解的做法，但连唐弢也认为写题解是不可能的。海婴同我谈起稿费事，他说主要不是为了要用钱，而是出版社这样做不合理，根本不征求他的意见，就把这笔款子支配了。我已同周扬同志讲了，这笔钱还是应该归海婴，由他决定如何支配。茅盾、巴金捐出稿费都作了报道，鲁迅的稿费归了出版社，却是消息也没有，是难怪海婴有意见的。

　　听说您即将回家，我就不多写了，回来再谈。匆匆草此，即颂

健好。

默涵上　4 月 21 日

许力以[①]致王仲晨信（1981 年）

仲晨同志：

　　你好！

　　你两次来信都收到了。知你在上海工作非常辛苦，又听说你身体不大好，两次住了医院，心中甚为不安。

　　你为《鲁迅全集》的事，多年奔波，付出大量的劳动，鲁迅在天之灵，也会感谢的。

　　纪念诞生鲁迅百周年的日子已近了，想能如期完成任务吧！

　　望多加保重！

　　致以

敬礼！

许力以　7 月 17 日

---

　　① 许力以（1923～2010），时任国家出版局局长，曾任中宣部出版局局长等职。——本书编者注

我编两套《巴金全集》

王仰晨

巴金同志是热爱生活，生命力极强的人。他在 1997 年 9 月为《巴金书简》所写的《小序》中曾说："尽管我老弱病残，可我想，我们仍然有勇气跨入下一个世纪。"

我真高兴，因为他不仅和我们同跨入了新的世纪，而且还进而迎来了他的百岁诞辰。我也要借此机会向他表示我衷心的祝贺。

王仰晨与巴金交流作品编辑问题的便笺

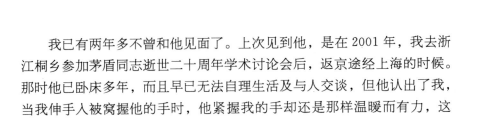

我已有两年多不曾和他见面了。上次见到他，是在 2001 年，我去浙江桐乡参加茅盾同志逝世二十周年学术讨论会后，返京途经上海的时候。那时他已卧床多年，而且早已无法自理生活及与人交谈，但他认出了我，当我伸手入被窝握他的手时，他紧握我的手却还是那样温暖而有力，这使我真高兴极了。

记得他患帕金森氏症似始于 1983 年，自 1989 年不慎摔跤住院后，起初有时还可回家看看，每年还能去杭州休养些日子，大概两三年前就无法再去了，他不仅生活无法自理，而且在赖鼻饲维持生命了。

这使我深为难过。特别是因为他已失去了言语的表达能力，又拿不了笔，写不成一个字；思维清晰而不能与人交流，那该有多么痛苦！

我知道，他曾多次向别人（包括他身边的护理人员）表示"我是在为你们活着"。我能理解他的心情。我也想到他曾多次提醒我要争取多活，那样可以多做工作。我希望他多活，即使他已丧失了生活的基本能力，但只要他仍和我们在同一个星球上呼吸，我就会感到踏实，感到工作、生活和精神等方面有了支柱。

抗日战争开始前后，作为一个文学爱好者，我读过了当时可能找到的所有的巴金作品，它们以燃烧般的热情、炽热的爱憎和流畅的文笔征服了我。自然，我也读过不少文化生活出版社出版的各类图书。

1939 年初夏，我随印刷厂自上海"内迁"到昆明，翌年又迁往重庆。那时文化生活出版社重庆分社是我们的"客户"，它的不少书稿都由我们厂排印，这样，出版社的负责人田一文兄，便自然地逐渐成了我的好友。那时巴金同志在桂林主持文化生活出版社的办事处，常往返于桂、渝二地。1942 年春他来重庆时，田一文兄介绍我和他相识了。

巴金重友情。1943 年秋我调往桂林工作，抵桂时适值广西省立艺术剧院开幕，那天演出的是曹禺的《日出》，"这是家宝写的戏，我一定要请你看。"他来邀我同往观剧时说；没隔多久，又邀我同往看了奥斯特洛夫斯基的《大雷雨》。那年旧历除夕，他又来邀我去文生社桂林办事处吃"年夜饭"。也就是在那时，我第一次见到他后来的夫人萧珊，我还记得她在餐桌上对巴金说，"李先生，将来我们要买一架飞机，起名叫'文生号'"。六十年过去了，她那清脆的嗓音，这时仿佛还在我耳边回响。

我素来体弱，十四五岁时即得了结核病。到桂林后的第一个春天，

041

又咯血频频而不能工作了。他得知后就找到我工作处要我的一位同事伴同来看我，我还记得那时他对我说，"对年轻人来说，健康是最重要的了"等等。后来那位伴同他来看我的同事告诉我，在他们回去的途中走上一条狭窄的旱桥时，他在桥上摔了一跤，幸好那位同志急忙拉了他一把，不然从距离地面两三米的桥上摔下去，后果太可怕了。这事曾令我久久地疚歉难安。

1944年初夏，湘桂大撤退的前夕他去了重庆，我则在桂林下了第二次紧急疏散令后去了桂东南的昭平，参加了《广西日报》(昭平版)的工作。在那里，和"大后方"重庆等地的交通和消息都隔绝了，这样直到抗战结束。那时"沦陷区"已先后收复，大家又纷纷忙于"复员"了，他先我回到了上海。我在广州接到过他发自上海的信，其中说到他在上海埋葬了他的哥哥(指二哥李尧林)。

1946年初我回到了上海，第二年初夏进了解放区。在上海的一年多时间里，因为彼此都忙，往来都不算多。这样地到了新中国的诞生。自那以后，他常来北京出席各种会议或是从北京出国访问等，几乎每次来京他总会约我相晤，在这样的时候，我也常会见到他和一些老友们的欢聚，如曹禺、曹葆华、李健吾、陈荒煤等等，特别是曹禺，也几乎是他每次来京必须晤面的朋友。我和曹禺相识于他的《北京人》初版时，我们常会在一起谈及巴金，"老巴是个伟大的作家"，他不止一次地对我这样赞叹道。

我在1956年调入人民文学出版社，第二年接手了《巴金全集》的编辑工作，那时《全集》似已印出三卷了。我经手把它编完了(共十四卷)，自然是在巴金同志的关注和指点下完成的。

我不想赘述自1958年"拔白旗"而后直到"文革"那些岁月里他的苦难遭遇了，特别是他夫人萧珊的悲惨死亡，因为那已是人所共知的了。

70年代初，我自"干校"返京后，即开始参加了新版《鲁迅全集》的编注工作。其间在1973年为了在上海重新排印38年版的《鲁迅全集》(共二十卷)，我曾去上海并和巴金同志多次见面，那时他已自"干校"返沪，萧珊也已去世，楼上的书房还被封着，客室里的书柜还都贴着封条；孩子们全不在身边，和他同住的就只他的两个妹妹。那时他正在校改旧译《处女地》，我看到了他写有密密麻麻小字的校改本。他告诉我今后他的著译未必还能出版，那时他将把这校改本送给国家图书馆。

新版《鲁迅全集》(即 81 年版，共十六卷)出书后，我又参加了《茅盾全集》的编辑出版工作。

在《鲁迅全集》的编注过程中，我就多次感到如鲁迅先生尚健在，那么我们遇到的一些疑难问题，本可不费吹灰之力就能得到解决，如今则如大海捞针一般，即使"踏破铁鞋"也难以解决以至根本解决不了；在《茅盾全集》的工作中也遇有同样的情形，即使作者去世不久，也同样会使我们感到棘手。

这就使我想到了编《巴金全集》的问题。当作者健在的时候即着手编辑工作，这会有太多的有利条件，特别是巴金从事创作的时间长，作品多，版本也多，如能在他的直接指点下进行这工作，不仅在选目编排等方面可以听取他的意见，遇有什么难题时也将得以迎刃而解，这样，在时间和质量方面都可得到有力的保证；其次，由我来担任这工作，可以打破作者与编者的界限，遇有什么问题时完全可以"直来直去"，无需任何顾虑，即使提出了十分幼稚的问题，也不必担心他会见笑，这于提高书的质量自然也至关重要。

在向出版社领导提出我的想法并得到同意后，我就开始了为这事和巴金同志商谈，那大概是在 1983 或 1984 年间，其后我曾多次书面或口头与他商量，他却总以如今纸张缺乏，不少青年作家出书困难，他的书已经印过不少，或是四川文艺出版社已出版了由他编选的十卷本《巴金选集》，那已足够了等种种理由婉言拒绝。

可能是在 1984 年秋，我因事去上海，一个早上我去看他，自然还打算"旧事重提"。这次他倒是十分痛快："《全集》的事，你愿意搞就搞吧。我知道你，你也知道我。"他这样说道。我当然十分高兴，返京后就着手分卷编目等工作；那时我经手的《茅盾全集》已编至第十八卷(共四十卷，后来我又编了七卷)，以后的便交给了别的同志。次年 3 月，他来京出席政协会议，我去看他时，他把这次带来的解放前出版的他的几十本作品交给了我，从此我就全力以赴地编这个《全集》了；其间遇有什么问题时就及时向他求教，他给我的复信，后来都收入文汇出版社出版的《巴金书简》中了。

本文原载《美文》2004 年第 6 期

043

"为了给人间添一点温暖"
——《巴金全集》在编辑中

王仰晨

巴金可说是一位著译等身的作家。他创作的小说、散文等结集出版的，多至近七十种(各种选集还未计在内)，其中不少书都不断重印，如初版于1933年的《家》，先后再版已不下六十次，至今还在不断重印；单是新中国成立后的印数累计已达一百三十余万册，这现象在世界作家中或亦并不多见。

他翻译的小说、诗歌、散文、传记及论著等也达六十种左右。这里还没有统计过由他编辑的丛书、刊物或画册等。

他的作品赢得了万千读者，也在国际上享有崇高的声誉(他曾先后获得意大利、法国、美国、苏联、日本等国授予的勋章及荣誉学位等)。

在谈到自己的写作生活时，他曾这样说过："我写作一不为吃饭，二不为出名。我藏在心里没有说出来的话是：我是春蚕，吃了桑叶就要吐丝，哪怕放在锅里煮，死了丝还不断，为了给人间添一点温暖。"

他又说过："优秀的文学作品都是人民的精神财富。"巴金的作品正是这样的财富。

1957～1961年间，巴金曾将自己从1927年写的《灭亡》开始到1946年写的《寒夜》为止的四十多个集子(译文除外)，编选为《文集》十四卷。1961年末在《文集》的编后记中他这样写道：

……1947年以后我的时间大半花在翻译、编辑、校对的工作上，当然也读了一些书。1949年上海解放后我参加了一些社会活动，跑了不少地方，也曾写过一些文章，出过几本集子。但是拿质和量两方面说，连我自己也不能满意。我想写新社会，写新人和新事，这一切对我有多么大的吸引力，这一切在我的眼睛里显得多么有光彩！然而我的笔好像有点生疏，我常常因为它不能充分表达我的思想感情而感到苦恼。不用说，我不会灰心，我仍然在学，也仍然在写。我还要继续努力。……我的笔不会放下。……为了这个伟大的时代，我献出我的心，我的笔和我的全部力量。……我还有这样的雄心：准备在建国二十周年大欢乐的节日里编印《文集》的《续编》，用我的文学工作的第二个二十年的成绩来表示我对于新时代、新社会、新中国的热爱。

然而，不久以后却出现了那灾难性的十年。他被迫不能"继续努力"，被迫不能"献出我的心，我的笔和我的全部力量"。他由于那十四卷《文集》受尽屈辱和摧残。"编印《文集》的《续编》"自然更无从说起了。

1982年间，巴金出版了他自行编选的十卷本《选集》。这套《选集》除收《家》、《春》、《秋》、《憩园》、《寒夜》等长、中篇小说九种外，还选收了短篇小说三十篇，散文一百八十余篇（其中解放前后的约各半），还收入《谈自己的创作》和《创作回忆录》两个集子。

"四人帮"覆灭以后，巴金曾多次说过"我不会让《文集》再版"。但为什么他又编了这十卷《选集》呢？看看在这《选集》的后记里他是怎样说的吧：

我严肃地进行这次的编辑工作，我把它当作我的"后事"之一，我要按自己的意思做好它。

照自己的意思，也就是说，保留我的真面目，让后世的读者知道我是一个什么样的人。我在给自己下结论，这十卷选集就是我的结论。这里面有我几十年的脚印，我走过的路不是柏油马路，道路泥泞，因此脚印特别深。

他是在保留自己真面目的动机下编了这套《选集》的。然而，又怎样会同意编起《全集》来的呢？

《文集》的起讫时间是1927～1947年，但他早在1921年就开始发表作品，因此有一些被漏收。1947年后作品的数量虽少于前二十年，但也还相当可观；而况"四人帮"被粉碎后他仍时有新作问世。这样，十卷本《选集》所收自然就显得更少了。《文集》出版于三十年前，已经早售缺；《选集》印刷数量也不多，如今虽有少数长、中篇小说等的单行本在断续再版，却难以满足读者特别是研究工作者等多方面的需要。

巴金既是"五四"新文学运动以来的一位有巨大成就、在国内外都有重大影响的作家,那么,曾出版《鲁迅全集》、《郭沫若全集》和《茅盾全集》的人民文学出版社编印一套收集较完备的《巴金全集》,自然应是义不容辞、顺理成章的事。

在鲁迅、郭沫若等《全集》的编辑工作中,由于这些作家的写作时间久、作品多、作品的版本多,特别因时代久远而致作品中涉及的某些人和事都不易弄清等情形,都增加了工作难度,并影响及编辑工作的质量。如作者健在时即着手进行这项工作,许多疑难自可迎刃而解。实际上,作家在世时,特别是进入晚年后编印《全集》的事,国外并不少见。出版社经考虑并决定编印《巴金全集》后,即委托我与作者联系。这大概是1983年间的事。

之后,我和巴金面谈过,也数度在通信中提到这事,他都婉却了。他的心情我能理解,因此未作过多强求,虽然我仍希望能促成这事。

1984年冬我因事去上海时去看了他,重又提到这事并说了我的想法,这次竟得到了他的同意。我自然很高兴。返京后即草拟了一些编选原则和前十卷的编目初稿。1985年3月他来京出席政协会议时经他过目同意了。他认为当时有些青年作家以至老作家出书还有不少困难,因此可先作准备而推迟出书时间。

这样,到1987年1月《全集》才开始陆续出版,迄今已出至第十四卷,十五、十六卷正在排印,以后各卷则在编辑或待编中。

各卷的内容是:第一至七卷,长、中篇小说;第九至十一卷,短篇小说(包括童话);第十二至十六卷,散文(包括通讯报道等);第十七卷,序跋和三本画册;第十八至二十卷,集外和两本创作谈;第二十一卷,三本专著;第二十二、二十三卷,书信;第二十四、二十五卷,日记;第二十六卷为附集,收索引及著译年表等。

这里需稍作说明的是:(一)序跋包括除已编入《全集》各单行本前言、后记等以外的为自己的文集、选集等所作的前言或后记;所编刊物的卷头语、编后记及译文集的前言,后记与译文的题记、附志等;为别人的集子所作的序跋等,约共一百五十余篇。(二)"三本画册"指分别由西班牙画家加斯特劳、幸门绘的《西班牙的血》和《西班牙的曙光》;另一本是《纳粹杀人工厂》。(三)"集外"收作者自1921年至今所作而未编入集子的各种体裁(诗歌、小说、散文、广告、论文、讲话、访问记等)的作品约共三百余篇；并辑入被作者认为"废品"的作于 60 年代的，反映抗美援朝的小说《三同志》十余万字。(四)"两本创作谈"指《谈自己的创作》和《创作回忆录》。(五)书信除部分曾编集出版外，大多为首次编集；日记则全未发表过。

序跋因原刊的书刊不少已绝版或散佚，搜集的工作量较大，如今幸已基本搜集完备。集外将辑入的佚文时间跨度大，其中不少刊于各地报刊，因几经战乱，散佚更多，搜集工作极为繁重，承巴金研究专家李存光、陈思和二君允诺分担了这方面的工作，目前亦已接近完成。

值得特别提到的是作者专为这《全集》的不少卷所写的"代跋"。在这些跋文中对各时期的作品或率直地指出其缺点与不足；或作必要的阐释和反思；或对写作当时的心情或环境作真实和亲切的回顾……。总之，它们都出于作者肺腑，是作者多次说到的"将心交给读者"的最好的注脚，读来令人感到亲切和感动，对读者，特别是研究者，它都是极为可贵的资料(《紫荆》原编者按：巴金同意，由本文作者把尚未编印出来的《巴金全集》第十七卷的"代跋"，交本刊提前发表，使香港读者先睹为快。原"代跋"分两部分，这里刊登是前一部分，关于三本画册的后一部分限于篇幅，只好割爱)。

因为《全集》的工作是在作者的直接指导下进行的，遇有问题时大都能及时得到解决，进展也就较为顺利。尽管由于我的粗疏，已出的若干卷中存有不尽人意之处，但它仍不失为较完备的版本，至少可作为后人重作这项工作时的一个较好的基础。按目前进度看，在 1994 至 95 年之间全书出齐，大致是可能的。

如今巴金已是满头银丝、步履维艰的八十六岁老人，这些年来又一直在病痛的无情折磨中。但为了《全集》卷次、编目的多次调整，一些版本或字句以至某些篇目发表的报刊名称及日期的疑问，照片插图的选用等等，我不知为他添了多少负担。但他总是十分认真地答复我的问题，每当我展看他颤抖的字迹时，就总会有负疚的感觉。前些时他在为第十七卷所作的"代跋"中说到"现在才明白编印《全集》是对我自己的一种惩罚"，我真觉得这"惩罚"中也包括了我给他的一份，这益发使我感到歉疚和不安。我也常会想到他曾在一篇文章里所作的呼吁："请让我安静。"可是对此我实在少有良策。

去年 7 月间，我收到他提前为《全集》写的近两千字的后记——《最后的话》。他之这样做使我心头感到酸楚和沉重。我想到他曾在给我的一封信中说："我要写到生命的最后一息，那么首先就要争取多活。我只想自己多做点事……多做点好事……我的工作时间不多，做不了多少事情，我知道，可是我仍然爱惜我的生命，要好好使用它。"他还在一篇文章里说："我快要走到生命的尽头了。我不愿意空着双手离开人世，我要写，我绝不停止我的笔。"

是的，他在顽强地活着，写着。我们有义务让他安静，应该满足他在垂暮中的这种愿望。而且，我又多么希望能将整套的《巴金全集》作为他九十大寿的献礼。

让我们为他的健康长寿祝福！

本文原载香港《紫荆》创刊号，1990 年 10 月

巴金——奋斗不息的伟大作家

王仰晨

巴金，这是海内外读者所熟悉和感到亲切的名字。

他原名李尧棠，字芾甘。1904 年出生于四川成都一个官僚地主的大家庭。那是个有主仆近百人的真正的大家庭。

据巴金回忆，当时他是一个"被人爱着的孩子"。"在那时候一所公馆便是我的世界，我的天堂。我爱一切的生物，我讨好所有的人。"他以童真的眼睛观察着周围的一切。于是弱者的眼泪和不幸，人与人间的矛盾和倾轧使他感到苦恼和困惑，也使他逐渐懂得了是非与善恶。在和仆婢、轿夫等所谓"下人"的接触中，他看到了劳动人民阴暗、痛苦、和他这种"少爷"迥异的又一种生活，他更在他们身上看到了纯朴、正直和善良的心灵，因而充满了对他们的同情和敬爱；当他看到做县官的父亲"坐堂"刑讯犯人，犯人在挨了板子后却还"叩首谢恩"时，他感到不可理解，而更多的则是愤懑和不平。弱者的不幸，痛苦和受难，使他"心里起了火一般的反抗的思想"，并"宣誓要做一个站在他们这一边，帮助他们的人"。

以反帝、反封建和争民主为中心内容的、气势磅礴的"五四"运动发生了。作为有过上述一些阅历的十四五岁的少年，他在如饥似渴地阅读《新青年》、《每周评论》、《告少年》等进步书刊，并在接受各种新思想的同时，热情地参与了印刷传单和办刊物等爱国进步活动，且开始以纸笔为武器投入战斗。

1920 年他考入了成都外语专校（在这之前他学过一些英语和日语）。1923 年摆脱了他那封建大家庭，到了上海；其后又到南京上学，高中毕业后因病没有升学，就住在上海。直到 1927 年初去法国。这些年中，他接触过革命民主主义、人道主义、无政府主义等各种学说，对无政府主义很感兴趣。在上海时，他还专门研究过无政府主义学说，翻译了克鲁泡特金等人在这方面的著作。

1927年初他去了法国学习法语，也阅读卢梭、伏尔泰、左拉、雨果和罗曼·罗兰等许多思想先驱的著作，翻译过其中的一部分和写过一些政治性的文章，特别是写了他的第一本小说《灭亡》。在法国虽然不足两年(他在1928年末回国)，但通过他的刻苦努力，得到多方面的收获和提高并从此奠定了他终生"爱真理、爱正义、爱祖国、爱人民、爱生活、爱人间美好事物"的思想基础。

回国后他就定居于上海。1929年小说《灭亡》的出版，促使他走上了文学创作的道路。后来他这样说到过自己的写作生活："每天每夜热情在我的身体内燃烧起来，好像一根鞭子在抽我的心，眼前是无数惨痛的图画，大多数人的受苦和我自己的受苦，它们使我的手颤动。……我的手不能制止地迅速在纸上移动，似乎有许多、许多人都借着我的手来倾诉他们的痛苦。"

他就是这样地写着、写着。一篇篇满怀着炽烈的爱憎、洋溢着奔放的热情和清丽潇洒的小说或散文的不断发表，引起了读者的广泛注意。创作以外。他还以同样的勤奋和同样优美流畅的笔调，翻译了许多外国文学作品和传纪、论著等。他是在上海沦为"孤岛"后才去了后方的，在这将近十年的时间里，他写的长、中、短篇小说以及散文翻译作品等共出版了三十余种，除《灭亡》外，《死去的太阳》、《新生》、《雾》、《雨》、《电》(后合为《爱情的三部曲》)以及《家》、《复仇》、《光明》、《旅途随笔》、《忆》、《草原故事》、《门槛》、《秋天里的春天》等等，都是在这一时期里出版的。此外，他还编过几种刊物和丛书。这都足以说明他的惊人的勤奋。

1938年初版的《激流三部曲》的第一部——《家》，是巴金成就极高和影响最大的作品。小说无情地揭露了封建家庭的黑暗、罪恶和腐朽，控诉了封建礼教的吃人本质，也写出了青年一代的民主主义觉醒过程，形象地宣告了封建专制制度必然崩溃和覆灭的历史命运。它极大地震撼了万千青年的心灵，鼓舞了他们向恶势力斗争的勇气和信心。这是"五四"新文学运动以来优秀的现实主义作品之一。它也奠定了巴金在中国现代文学史上的重要地位。

　　巴金是个十分重感情和重视友谊的人。通过自己的作品和工作，在这十年间他和许多读者和著译者建立了亲切的友谊。特别值得提到的是他和鲁迅之间的交往。他十分敬仰鲁迅，鲁迅也很器重他，曾在文章里说过，"巴金是一个有热情的有进步思想的作家，……屈指可数的好作家。"鲁迅逝世后，他曾参加了治丧工作，并在其后多次深情地写过怀念鲁迅的文章。

　　抗日战争爆发后，他继续以纸笔为武器，怀着燃烧般的爱国主义热情，忘我地参与了当时蓬勃于全国的抗日救亡运动，并于中华全国文艺界抗敌协会成立后当选为该会理事。八年抗战中，他辗转于香港、广州、汉口、上海、桂林、昆明、重庆等地，备受颠沛之苦(他曾说过有一时期"今天闭上眼睛就想不到明天的存在"，还戏称自己曾"身经百炸")；而在政治、经济、社会形势都动荡不安定，人民颠沛流离的情形下，他还是勤奋如故，除参加进步文化活动外，仍编辑刊物，从事著译，还担任了文化生活出版社总编辑的工作，直到抗战结束后于1947年回到上海。

　　在这第二个十年中，他先后出版了小说、散文及翻译作品等二十多种，包括《春》、《秋》、《火》、《憩园》、《还魂草》、《龙·虎·狗》、《草原集》、《父与子》、《迟开的蔷薇》和《处女地》等。回到上海后，又出版了小说《寒夜》、散文《怀念》、《静夜的悲剧》及翻译作品《快乐王子集》、《古人》、《狱中二十年》等。在这一时期的不少作品中，他在以极大的义愤对日本侵略者凶残野蛮的行径进行痛斥和控诉，还热情地歌颂了中国人民的英勇抗日斗争。这些作品激发和鼓舞了人们的斗志，坚定了他们对胜利的信心，对导致人民在水深火热中忍受熬煎的黑暗统治，也作了悲愤的控诉和有力的鞭挞。

　　他和全国人民一起满怀喜悦和兴奋地迎来了新中国的诞生。

　　抗美援朝战事发生后，他曾两度入朝，与英雄的中国人民志愿军共同生活先后达一年之久。他后来写了不少真挚感人的小说和散文，反映或纪录了那一段生活中的见闻和感受，并塑造了不少英雄形象。1957年和靳以等创办并主编大型文学刊物《收获》。为了促进世界和平及中外文化与人民间的友谊交流，他还参加了频繁的外事活动，先后出访了波兰、苏联、民主德国、日本和越南等。他担任了全国政协、人大、文联、作

051

协以及上海市政协、作协等工作，会议多，活动多。与建国前相较，他著译的数量显著地减少了。

在"文革"十年浩劫中，巴金的身心都受到了严重的折磨和摧残。这期间，夫人萧珊也在同样的境遇下悲惨地离开了人世。巴金是坚强的。在忍受了巨大的痛苦后他还是活下来了，而且在"文革"后期改译了屠格涅夫的《处女地》和译完了赫尔岑的《往事与随想》第一卷。"四人帮"被粉碎后，除小说《杨林同志》外，他还写了许多感人肺腑的散文，特别是在读者间引起巨大反响的、他称之为"用真话建立起来的揭露'文革'的'博物馆'"的五卷《随想录》。

1979～1984年间，巴金先后两次出访法国，两次访问日本，出席过在瑞典举行的国际世界语大会，并应邀访问了一次瑞士苏黎世。1984年巴金应香港中文大学之邀访问了香港，此前，巴金曾在抗日战争时期与60年代初期到过香江。1982年11月，因不慎摔跤而致左腿骨折，住院治疗将近半年。一年后又以"帕金森氏症"再度住院。1989年1月又因摔跤而致腰肌扭伤，住院几达一年。接连的病榻生活给他精神和肉体都带来了巨大的痛苦，五卷《随想录》中有两卷就是在这样的病痛中写成的。

他就是这样一个奋斗不息的、把心交给读者的作家。

本文原载香港《紫荆》，1990年12月

世纪的跋涉

王仰晨

　　诞生于本世纪初的巴金，自 1921 年开始发表作品，他的作品穿越了这将近一个世纪的时空，记录了这色彩斑驳、波诡云谲的时代的侧影，也记录了他在世间的跋涉与感受。

　　巴金的作品总是以燃烧般的热情和炽烈的爱憎、洗练和行云流水的风格而拥有广大的读者群。长篇小说《家》、《春》、《秋》以其奔腾的激情和宏大的气魄，控诉并抨击了万恶的旧制度与讴歌了它的叛逆者的崛起与成长，更赢得了万千青年读者的热爱以至影响几代人的思想和生活。他又是一位多产作家，七八十年来，他的各种作品集先后出版的已不下四五十种；由于时间的跨度大和迭经战乱等原因，有些集子或有些发表于报刊而未编集的作品如今已极不易得。

　　1958～1962 年间，人民文学出版社曾出版了巴金自行编定的《巴金文集》十四卷(1982 年由四川人民出版社出版的十卷《巴金选集》亦为作者自行编定)，但当时未编入文集的作品及其后的新作为数还在不少，这为广大的巴金作品爱好者和研究者都造成了不便，因此似有必要编印一套较为完备的《巴金全集》。

　　为健在的作家编印全集，建国以来似还未见先例。但这样做，无疑有利于编辑工作的顺利进行和质量的提高，因此早在 1983 年间我们就开始和巴金同志多次磋商，1984 年年末经他同意后，我就在他的帮助下开始了编辑原则、体例及编目、分卷等工作的策划。

　　巴金从事写作的时间长，作品多，版本也多，因为它们重印时作者常有改动，以致一些版本就每多歧异。这次编印全集时主要依据经他亲

053

自校订的四川版十卷本选集，未收入该选集的则据十四卷本文集或最后一次印刷的版本。全书按分类系年的原则编排，共二十六卷。各卷内容依次为：一至十一卷，长中短篇小说；十二至十六卷，散文（包括杂文、报告文学等）；十七卷，序跋；十八至十九卷，佚文；二十卷，创作回忆录等；二十一卷，传记、史话等；二十二至二十四卷，书信；二十五至二十六卷，日记。

这里略述一下第十七卷后各卷的有关情形。

第十七卷的序跋分四辑：一、作者为自己的各种单行本、选集、文集或由他人编选的集子所作序跋（已编入全集者不收）；二、为所编刊物所作发刊词、卷首语等；三、译文集序跋及散篇译文题记、附志等；四、为他人著译集所作序跋。另附由作者配写说明词的画册三种：《西班牙的血》（附《西班牙的苦难》）、《西班牙的曙光》、《纳粹杀人工厂——奥斯威辛》。

第十八至十九卷为集外编，所收都是作者未曾编集的散篇。前者收作于1921～1957年间各种体裁（包括诗歌、书刊广告等）的作品一百八十余题，约四十二万字；后者收1958～1991年间所作文章（包括讲话、题词等）一百三十余题，约四十三万字。

第二十卷收未发表过的作者自认为"失败之作"的反映抗美援朝斗争的中篇小说《三同志》；未曾结集出版的歌颂越南人民抗美斗争的散文集《炸不断的桥》以及创作谈二种。第二十一卷为记述日本、亚欧、俄罗斯一些革命者斗争生涯的报告文学集《断头台上》、《俄罗斯十女杰》和《俄国社会运动史话》一册。

第二十二至二十四卷收作者致亲友及国外友好人士书信一千九百余件，绝大部分为首次发表。第二十五至二十六卷为日记，包括赴朝日记、成都日记、上海日记、"文革"日记等，全属首次发表；卷末附全书篇目索引及《巴金著译年表》。

作者为二十六卷全集中的十七卷写了代跋。它们阐述了各卷写作时的时代背景和作者当时的心境，或是对某些作品作若干必要的补充解释，以及对创作得失或思想历程的回顾以至自省等等；它们抒发了作者在晚年重读自己作品时充满感情的自白，于读者和研究者都是弥足珍贵的。

和鲁迅、茅盾、郭沫若等大作家一样，除创作外，巴金还有大量的翻译作品，而且，他的文学生涯还可以说是从翻译开始的。由于他熟谙英、法、德、日、俄以及世界语等多种语言，又兼具极其清丽流畅的文字风格特别是丰富的创作经验，因而他的译文的确堪称臻于信、达、雅的境界。

1990 年初，香港三联书店出版了《巴金译文选集》一套（十册），所收虽然都是译者喜欢的作家的作品，但因容量较小，还有不少重要译文未曾收入，所以在当时他就有了编印《译文全集》的考虑，并即着手这些译文的收集和整理。当他告诉了我这事后，我便和他函商仍由人文社来出版这套全集，很快他就表示了同意，并在三个月后寄来了编目。那时《巴金全集》还只出版了十四卷。

编目中有不少吸引人的作品，如《父与子》、《处女地》、《门槛》（屠格涅夫）；《往事与随想》、《家庭的戏剧》（赫尔岑）；《我的自传》、《面包与自由》（克鲁泡特金）；《草原故事》、《文学写照》（高尔基）；《狱中记》（柏克曼）、《狱中二十年》（薇拉·妃格念尔）；还有王尔德、迦尔洵、普式庚、E·亚米契斯、秋田雨雀等的一些作品以及反映西班牙内战的一套小丛书（六种）等等。其中多种曾风靡一时，在读者特别是青年读者间产生过广泛的影响，曾再版十多次或绝版已久的，如《我的自传》、《夜未央》（廖·抗夫）、《秋天里的春天》（尤利·巴基）等。

巴金曾这样说到过自己翻译的作品："作者属于不同的国籍，都是19 世纪或 20 世纪的有血、有肉、有感情的人，我读他们的书，仿佛还听见他们的心在纸上跳动。……我们同样是人，同样有爱，有恨，有渴望，有追求。"这样，从这套全集的一些作品中也就不难窥见他思想发展的若干脉络，这无疑于研究者也颇具资料价值。

《译文全集》的编辑工作开始于 1994 年秋。香港三联版选集在发稿前曾经译者全面校订，因此已收入该选集的即据选集发稿，其余则据译者改定的版本或据其他资料查对，无法解决的疑难问题仍只能函商于译者。这次收入的克鲁泡特金的《我的自传》及《伦理学的起源和发展》二书则经译者老友成时同志据原书进行了全面的校订。全书约三百五十万字，共十卷，已在 1997 年秋一次出齐。

抗日战争爆发的那一年我开始接触巴金的作品，在因战争而失业的两三年间，对于当时能找到的他的作品，我几乎都找来读了；也许这似乎有些难以理喻，但从他笔端流泻出来的一行行文字，当时曾如此地吸引我和撼动了我的感情，并和其时读到的许多书刊一起，使我对周围世界的认识和自己的爱憎都较前更清晰了起来。

半个多世纪过去了，在这之间，我和他已有了较相知和真挚的友情。这次有幸承担了他这两套全集的责任编辑，使我重温了许多我曾熟读过的作品，在跟着他跋涉于他那已逝去的六七十年的时空，并思索和咀嚼着他曾有过的欢乐和苦痛的同时，也翻出了自己对往事的诸多回忆。这地覆天翻的半个多世纪，怎不令人感触万千！

两个全集的编辑工作是在巴金同志的具体关切和指点下进行的，他还亲自看过不少校样；遇有困难问题时，都能在他的帮助下及时得到解决。自80年代末开始，他就一直为疾病所苦，而在译文全集编辑工作的全过程中，他几乎都生活于病榻上，因而只好由他的女儿小林或侄女国烁代为复信，对此我都是十分感激的。正因为这样，即使因我的粗疏而致两个全集都还存有若干缺陷或错误，但将它们视做留待后人使臻于完善的一个基础，大致还是可以的。

往事已如云烟。让我们在这里祝福耕耘一生并已取得卓越成就的巴金同志愉快长寿！

056

更其辉煌的新世纪的太阳已经喷薄欲出，我们将和巴金同志一起欢欣地迎接它的到来！

本文原载《美文》1998年第12期

谈 谈 巴 金

王仰晨

　　我们高兴地和巴金同志一起欢度了他的百岁华诞。

　　随着社会经济的迅猛发展，医疗卫生条件的日益提高和改善，人们的平均寿命正在不断地延长。如今，八九十岁的高龄早已不算稀罕，但百岁老人毕竟还不多见——自然，今后将越来越多。

　　巴金同志是一位伟大的作家。从上世纪的 20 年代开始，他就以火样的热情和鲜明的爱憎，行云流水般的文笔，写下了近一千万字的作品。它们宣扬正义，呼唤光明和良知。"把心交给了读者"，点燃并征服了万千读者以至几代人的心灵，激励和鼓舞他们勇敢地面对生活，面对人生。

　　巴金同志是一位语言大师。通过自学，他能熟练地运用好几种外国语言（值得一提的是他在抗美援朝的战场上还自学了朝鲜语）。他不仅是一位作家，还是翻译家，同时又是一位出色的编辑家和出版家。作为作家，他的作品已为广大读者所共知；作为翻译家，他以美丽、流畅的笔致向读者介绍了三百多万字的外国优秀作家的优秀作品，从而大大拓宽了我国读者的视野，丰富了他们的享受和营养。

　　作为编辑家和出版家，他做过的工作就更是一言难尽了。先说他编过的刊物，有大型文学期刊《文学月刊》、《文丛月刊》（与靳以合编）、《呐喊》、《烽火》（周刊，先后与茅盾分任编辑、发行人），新中国成立后又与靳以创办并主编大型文学双月刊《收获》等。主编的丛书有"文化生活丛刊"（均为翻译作品），是包括文学、艺术、科学、哲学、历史、政治等多种门类的文库，共四五十种，半数以上出版于上个世纪 30 年代及 40 年代初，其中的《俄罗斯的童话》、《草原故事》、《门槛》、《夜未央》、《严寒

057

通红的鼻子》等，现在想到它们时仍然十分神往。自 1935 年起，他担任文化生活出版社总编辑，组织出版了"文学丛刊"。

"文学丛刊"是十分值得称道的包括小说、散文、诗、戏剧等的又一套"文萃"，共十集，每集十六册。它几乎囊括了上个世纪 30 年代迄新中国成立前夕的许多名家名作，其中的许多书只要想到它们的名字，我就会感到十分亲切和温馨。应该着重提及的是作为"伯乐"，通过这套丛书，巴金为我国文坛推出了许多新人新作，大大地丰富和充实了我国的新文学大花园，而其中的不少作者后来更成为我国文学队伍的中坚力量。

巴金组织出版的小说，包括老舍的《骆驼祥子》，沙汀的《淘金记》、《还乡记》，靳以的《前夕》，骆宾基的《边陲线上》，巴金的《憩园》等十种左右。它们在我国新文学史上的地位是毋庸细说的了。还有包括张天翼、李广田、巴金、沈从文、李健吾、何其芳等作的小说、诗、戏剧、散文等的"文学小丛刊"十余种；"文学丛书"约三十种；抗日战争初期编印的包括巴金的《控诉》、茅盾的《炮火的洗礼》、艾芜的《萌芽》、靳以的《我们的血》等十余种的"烽火小丛书"等等。文化生活出版社曾出版过多少好书（该有好几百种吧）和拥有多么广泛的读者群哪！

除了上述由巴金任主编的一些丛书外，还出有一套规模十分壮观的"译文丛书"，其中包括果戈理的《死魂灵》，屠格涅夫的《罗亭》、《贵族之家》、《父与子》等多种著名的长篇。托尔斯泰的《战争与和平》、《复活》、《安娜·卡列尼娜》，狄更斯的《双城记》、《大卫·科波菲尔》以及福楼拜的《情感教育》、《包法利夫人》和左拉的《娜娜》、《萌芽》、《崩溃》等，几乎都是名著名译，简直是美不胜收。它们又哺育了我国的多少文学爱好者呀！

我有些好像在宣传和介绍文化生活出版社了，但这也无妨，而且还有些必要，因为巴金是这家出版社的创始人之一，而且一开始（1935 年）就担任了总编辑的工作（后来又总揽出版、发行等业务）。他在担任总编辑期间，由于作风的认真、严谨和取得的好成绩，曾得到过鲁迅先生等人的赞赏和支持。靳以、陆蠡、沈从文、丽尼、曹禺、沙汀等不少老友也多方给他以支持和帮助。他真是广交朋友，众多知名或不知名的作家滚雪球般地逐渐团结在他周围。他曾说过："我过去搞出版工作，编丛书，就依靠两种人：作家和读者。得罪了作家，我拿不到稿子；读者不买我编的书，就无法编下去。"又说："编辑要是不能发现新的作家，不能团结好的作家，他的工作就不会有成绩。"这是他的切身体会，也是他始终在身体力行的。我知道他常为一些作者看稿、改稿以至抄稿、编稿和校对等。如果我们稍微关注或了解一下他这出版社的作家阵容，也就会更深切地领会到他那几句话的分量了。

巴金与他在文化生活出版社一起工作的朋友都把出版视为共同的、崇高的事业，都以高度的敬业精神全力以赴。他曾多次带着稿件、纸型等，在敌机狂轰滥炸的广州、昆明、重庆、桂林等地往返奔波，因而他戏称自己曾"身经百炸"。而且即使在那样的情形下，他依然没有放下过他的笔，没有停止过为抗击日本帝国主义而发出的呐喊、呼号和控诉。他的这种精神感染了他周围的朋友和广大的作者、读者群。出版社之所以兴旺发达，固然有不少原因，但他的这种精神不能不说是其中的一个重要因素。

做这篇小文的原意在于祝贺巴金同志的百岁大寿，却不知不觉地大谈起文化生活出版社来了，而且欲罢不能。但由于我了解的情况并不多，就只涉及这些皮毛，且难免有错漏失实之处。为了避免越扯越远，这里试列一些它为我留下最深印象的几个方面：

1. 出版物大都选题精当，内容严谨扎实，绝少无病呻吟，以至粗制滥造之作，而且编校精细，极少错讹，几乎都能经受时间的检验。在封面的装帧设计方面更是独具一格，大都只用两套色，以至一套色（如"译文丛书"等），给人以朴素大方和凝重的感觉（较当前常见的五六以至七八套色的花里胡哨的设计强多了）。

2. 工作效率高。据我所知，渝、桂二地办事处的工作人员，从负责人到做饭的（不能称为厨师）大都不足十人，组稿、编校、通联、出版、发行（批发和邮购）及对外联系等，就都由这些人做，没有十分明确的分工，更没有什么科室之类。

3. 俭朴办社。渝、桂二地的办事处，自外至内，都可用"因陋就简"四字来概括。没凉台，也没有一张饭桌，住宿条件更其简陋。没有严格的规章制度和节假日，工资都极低，吃的是粗茶淡饭（重庆吃的是有好多沙子的平价米，节日有些肉食作为"打牙祭"）。即便这样，大家都是甘之如饴，其乐融融，同事间的相处也大都融洽无间。

4. 经营得法。由于书籍质量一般都较高，因而极少滞销书，资金周转较快。那时的新书初版大多只有两三千册，不少书往往一版再版，因而也少有库存积压的情形。各项开支也都力求节约，资金和盈余则多用于再生产，基本上不用于改善工作条件或是提高同人的工资待遇，更没有落入任何个人的腰包，因为彼此都具有共同的信念，都将出版视为自己的事业，所以在这方面并不存在任何矛盾。

巴金在这个出版社担任了十多年的总编辑，出了那么多的好书，为我国的新文学出版事业作了那么大和那么多的贡献，即便有别的不少朋友和同事的共同努力，不用说，他的功劳是最大的。在他离开文化生活出版社(似在新中国成立之初)后，又担任了几年平明出版社的总编辑(他始终赖稿费收入生活，这么多年的工作都是尽义务的)，同样出版了不少好书，直到 1956 年出版社进入公私合营为止。

令人叹服的是，几十年来巴金做了那么大量的工作，竟还有多达一千三百余万字的著译，这情形是极为罕见的，这些著译在我国的新民主主义革命和社会主义革命中，在国际文化交流中都产生过广泛的影响和作用。

他卧病至今几乎已是整二十年了。这二十年，他多是缠绵病榻，但仍以坚忍的意志和顽强的生命力协同校编了他的两个《全集》——《巴金全集》和《巴金译文全集》，并为它们写下了好几万字的跋语；特别是在与病魔战斗中完成了他晚年的力作——将近二十万字的《随想录》。他曾多次说过"生命的意义在于奉献"，的确，他在艰困、坎坷、曲折和各种磨难中奉献了自己的一生。如今他活得多苦！"我爱你们！"他曾在一篇文章的末尾对读者说。

是的，如今他忍受着如此痛苦的煎熬，但他也还是在作着奉献，将爱奉献给他的读者和他的亲朋们。祝福为我国新文学事业的发展和繁荣辛勤奉献了毕生精力的巴金老人生命之树常青！

本文原载《中国编辑》2004 年第 1 期

《巴金书简——致王仰晨》编后记

王仰晨

　　前些日子，意外地发现了巴金同志在 70 年代间给我的近百封信。在编辑《巴金全集·书信编》时，我曾遍寻它们而未得，以致使"书信编"中留下了缺憾。有朋友听说了这件事，很郑重地建议说，这些信和已收入"书信编"及"书信编"发稿后巴金同志给我的信，加上《巴金全集》和《巴金译文全集》中的所有"代跋"（即使它们不能视作是私人间的通信），如果合为一集编印出版，于读者，特别是于研究者就会方便多了。

　　我较为认真地想了一下，觉得似乎可以这样做。因为这些信件一定程度地反映了若干年间巴金同志的生活，记录了一位作家和一名编辑数十年的友谊和长期合作，所以结集之举并非毫无意义。我就此征询了巴金同志的意见，他也很快就表示了同意。

　　现在从目录上看，"文革"前的仅幸存两件；1980 年没有一封，可能因为那时我正忙于新版《鲁迅全集》的编辑出版工作；1982 年 3 月以后到 1984 年末都没有信，漏收少数的几封是可能的，但两年多的时间里没有一封他给我的信，这似乎不很可能，却又想不起原因所在，我希望以后能发现几

《巴金书简》书影

封那一时期的信。

作家的书信或日记，本意并非在于（本无意于）发表，因而它们也就更真切地反映了作家的生活和思想，成为研究作家的最直接、最切实可靠的资料，因此作家们，特别是一些重要作家的书信应该得到珍视和妥为收藏（如今我们若能发现鲁迅先生的片纸只字，那将会给我们多少惊喜）。我曾见到过由中国现代文学馆主编的好几位作家的书信集，这是很值得肯定和需要继续努力的工作。我也想到了鲁迅、茅盾、巴金三位作家的全集中收集书信的状况：《鲁迅全集》为一千四百余封；《茅盾全集》为一千三百余封；《巴金全集》则在两千封左右。鲁迅先生逝世已逾六十年，更多佚信的发现当属不易；茅盾、巴金同志的信虽经战乱和"文革"的劫难而颇多散失，但他们的社交面（包括国外）较广，且大多写于近数十年间，由此估计存世者尚在不少，相信还会陆续被发现，并于来日辑入各自全集的补编。

我和巴金同志间的通信，大概始于抗日战争结束以后。记得那时他先我"复员"到上海；我在广州时，曾接读过他说到"在上海，我埋藏了我的哥哥"（指李尧林）的信，因此他给的信当不止现在这些。感到痗悔的是，在"文革"中我曾毁弃了几十年的藏信（包括抗战期间的若干件）。其中作家的书信也为数不少，除巴金同志而外，有曹禺同志在江安国立剧专任教时和我商讨《北京人》（初版）出版时间的信；有50年代末我和杨沫同志为小说《青春之歌》可能使她"声名大噪"而交换意见时她的复信，信中她说到了"人怕出名猪怕壮"等等的话；有三年困难时期李劼人同志说到自己"唯日瘦而面有菜色"的信；还有"文革"前一二年我建议茅盾同志增补、重编十卷本《茅盾文集》时他给我的复信，其中有"徒灾梨枣"和"我但愿其速朽"等等的话。诸如此类的不少信件原都应好好保存的，但竟都毁于我的手中。我不愿再申述当时的有关情形，总之我不会宽恕自己这样的无法补救的罪过！

由此我想到赵家璧同志多次提起的，"文革"中被造反派抄走的由他收藏的六七百封作家书信，其中包括巴金、茅盾、老舍、郁达夫、徐志摩、郑伯奇、张天翼、沈从文、郑振铎等不少重要作家。他曾一再表示希望有朝一日它们能重见天日。如今家璧同志已作古，多么希望他这遗愿能尽早成为现实！

　　巴金同志是个极重友情的人。他总是满怀热情地给他周围的朋友以爱和温暖，希望和鼓舞。和他有过交往的朋友，我相信对此都会有同感；几十年来，我就总觉得自己是在他长兄般的真挚关怀以至呵护下生活和工作的。尽管我和他长期不在一地，但友情一直使我们的心十分贴近。我们一起度过了灾难和痛苦、快乐和欢笑相交叠的半个多世纪。然而对于热爱自己的祖国和人民，献身于文学事业的作家巴金同志来说，他所经历的坎坷、挫折以及各种各样的磨难，特别是在那段"史无前例"的日子里，他心灵所受的沉重的创伤和巨痛，或许更超出我的想象吧。

　　巴金同志曾写过一篇题为《坚强战士》的小说，我以为他自己也是个坚强战士。当"文革"那场噩梦刚刚逝去，他就毫不容情地向自己举起了解剖刀，同时也勇敢地写下不少足以警世的文章并完成了《随想录》那样一本大书；参与了二十六卷《巴金全集》和十卷《巴金译文全集》的编辑工作，并分别为它们写了好几万字的跋语，还写了别的一些文章和为别的一些集子写了序跋等等。然而他的健康情形则每况愈下，用他自己的话来说，这些年来他"由衰老到病残，到手和笔都不听指挥，写字困难，……"然而至今他还勉力在写，在思索，他并未休息。我手边还存有他的不少书信，从几十年前潇洒飘逸到如今扭曲变形的字迹中，我仿佛看到了他在人生道路上的艰苦跋涉，也看到了自然规律的冷峻和无情，这往往令我涌起难言的惆怅和感喟。

　　但这位坚强战士的生命力是十分顽强的，如今他仍一样地思想敏捷以及保持着年轻人的热情和活力。因此我应该无需任何忧戚而衷心祝愿他的愉快和长寿！

　　尽管巴金同志曾多次表白自己不是文学家，但毕竟他已将自己的全部热情和毕生精力倾注于我国的文学事业，这包括他的著译和卓有成就的文学书刊的编辑出版，以及有关的社会活动(如参加国内外的各种有关的会议，倡议、推动建立中国现代文学馆等等)。经他勤奋耕耘而收获的累累果实，不仅影响了本世纪一代又一代的读者，更极大地充实和丰富了我国的文学宝库，因此将他的全部著译辑印成集，无疑将大大有利于我国文学事业的前进和发展。

　　1985 年以后，巴金同志在和我的通信中，大多谈的是有关《巴金全集》和《巴金译文全集》的编辑出版工作，如今这两个全集都已先后出版。这项工作虽有巴金同志和其他一些同志的关心与帮助，但由于我的简陋和粗疏，它们仍存在一些缺点以至错误，为此对作者和读者我都感到抱歉；然而它们毕竟是在巴金同志直接关心和指导下编印成书的，因此似勉可视作留待后人求其臻于完善的一个基础。

回首我从事文学编辑工作已大半生，虽然曾作了一些工作，却由于自己的懈怠因循和"只知低头拉车"，以致少有长进，也很少从接触的不少作家和作品里学得些什么，就这样蹉跎复蹉跎地送走了几十年的大好时光。如今除了愧悔惶悚而外，剩下的似乎只有"徒伤悲"了——即使我对此还有些于心不甘。这（连同前面的有些话）似乎很有些"跑题"了，那就言止于此吧。

1997 年 9 月 3 日北京

巴金日记摘抄

1963 年

12 月 28 日

八点起。给王树基写信①，并附去《家》三十八章修改稿一页。……
复树基信并附《家》改正稿。

1964 年

6 月 2 日

八点半起。写信，封好《携手前进》原稿全部并附贤良桥畔金星红旗
照片一张，致树基信一封和萧珊给他的信。……寄树基《携手前进》原稿
全部和金星红旗照片一张。

6 月 3 日

……回家后给树基写信，谈看《携手前进》初校校样的事。……寄树
基信。

6 月 25 日

……复树基信，他认为《携手前进》书名不像文学著作。我决定改为
《贤良桥畔》。

---

①　信中说："……发现 1958 年版校改《家》的时候（《文集》四卷），我搞错了一个地方。当
时在书上、校样上改来改去，也不知道是怎样搞错的。"——本书编者注

7 月 12 日

……树基寄来访越小书的全部校样。

7 月 20 日

……寄树基《贤良桥畔》的全部校样。

7 月 25 日

……复树基信并寄回校样数页。

8 月 13 日

……树基寄来《贤良桥畔》的全部清样。

8 月 27 日

六点半起。七点半前树基来，让我看了几页校样，同去二楼饭厅早饭。饭后树基回出版社开会。

1977 年

8 月 8 日（阴转多云）

……为新版《家》写新的后记。……树基来信。复树基信①。

8 月 9 日（多云）

……下午改写后记，字数不到一千，却改写了两三遍，抄好准备明晨给树基寄去。

8 月 10 日（阴转多云）

……挂号寄树基后记稿②。

9 月 23 日（阴、有间断雨）

树基来信附《后记》抄稿。

摘自《巴金全集》

---

① 信中说："……三、《家》再版，我无意见，要我写篇后记，我就写吧。写一点感想，照我以前的后记和最近的文章里表示的看法写，不会长。十天之内寄给你，怎么样？四、《家》来不及全看了。有几处必须修改的地方，记得六二年寄过改正稿给编辑部，不知还在不在。我现在再寄上一份……"——本书编者注

② 信中说："昨天晚上把后记写好了，今早寄给你，请你看看，就由你定稿吧。"9 月 29 日信中再次说到："后记中你提到的两处，就照你的意思改正吧，谢谢你的意见。"——本书编者注

《茅盾文集》、《茅盾选集》、《茅盾全集》编辑通信选

王仲晨致朱长翎[①]信（1957 年）

长翎同志：

《茅盾文集》卷五我已读了一遍。现将其中有些疑问，需沈部长解决的校样 20 页寄上，请代转；需解决的地方我都是以红、蓝色笔同时划上的，所以找时并不困难。

（沈复：已在校样上注明。）[②]

另外，有些字虽通用，但似乎还是按习惯用的好，因为用不常用的字，有时读者会以为是排校错误，如"梗咽"（哽）；"理保"（睬）；"上勾"（钩）；"斗然"（陡）；"拳曲"（蜷）等。又如"化钱"亦有用"花"的，不统一，都改作"花"了；"那里"（作疑问中用的）也统一改作"哪里"了；"倒底"统一改作"到底"了等等。这样做法，不知沈部长能否同意，如不同意，当仍改回来。

（沈复：同意。雁冰）

《劫后拾遗》的《新版后记》校样此次一并奉上，请同时掷还。

《耶苏之死》、《委屈》各一册，亦一并奉上。七卷大致的交稿日期望能先告诉我，以便安排。

（沈复：大致在七月末。雁冰）

---

① 朱长翎，时为沈雁冰秘书。——本书编者注
② 括号内仿宋体字是沈雁冰在原信上的批复。下同。——本书编者注

还有几件事需和沈部长商量：

(1)文集前最好每卷有照片。能否在亲友间征求一下，如不是照片，画像之类也是好的。考虑到别的文集都有照片，沈部长的这样少，总会使一些细心的读者引起猜疑。

(沈复：还是没有。雁冰)

(2)我们在编《萧红文集》。其中《呼兰河传》沈部长曾为之撰序，这篇序文我们拟列入文集，请代询沈部长是否同意，需否修改。如需样本，请告，当奉上。

(沈复：我已忘了曾经写过这篇序，请把样本送来我看看，再定是否可用。雁冰)

(3)我们近在编印一套普及性的小文库，内容包括古今中外的较好、较有名的作品，其中五四部分，亦列了沈部长的选题。这个小文库每册字数为三至七万字。我们要求沈部长在他的短篇小说中选一部分(按我们需要的字数，稍有出入无妨)。这件事希望沈部长一定予以协助，如能在出国前解决最好。

(沈复：这也要在七月后才能决定。雁冰)

以上统请代为转达，甚感。

此致

敬礼

王仰晨　5月30日

王仰晨致沈雁冰信(1961年)

茅盾同志：

奉上文集第八卷校样一份。这卷校样已校读过，这份是工厂刚改好送来的，还不曾根据校读过的一份核对，打算等您退下后再行校对。

这一卷原稿的错字较多，一些有把握的如"不给好果子的树"、"形情"、"茶馆"、"鸟黑黑"等，都已改正了；现在校样上用红笔改的，以及在字行下划了红线的，都是存疑的，烦请翻阅一遍；注文、出版说明(这一卷中不知有无"短篇小说一集"的文章)等，亦统请校正。

(沈复：已照红笔标出的校过了。)

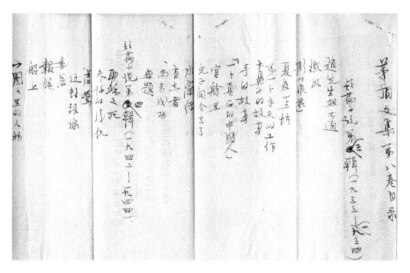

沈雁冰手书《茅盾文集》第八卷目录

这卷的照片，用您与夫人合摄的那一帧(1948年在港摄)，好么？

（沈复：可以。）

选集的问题，考虑到那些文章的写作年代已久远，光给您看看目录，恐不太方便，再说，没有原稿亦的确不能付排，所以只得拖下了；估计九、十两卷的原稿或校样需至下月初始能奉上(现正在委托社外校对中)。

（沈复：可以。）

九卷中第一批补稿(第七辑的)，抄后未经您过目，恐疏漏难免，先将这部分校样(五篇)奉上，请校读一遍。

（沈复：已校。随函送上。）

我已由组织上决定调作家出版社，在人文的工作到这月底就结束了。对您的文集的工作虽未做好，却又总感放不下手，极想"贯彻始终"(其实，也不是自我始)，但现在也无办法了，带过去又不可能，但九、十两卷，我仍想尽可能争取校读一遍的。

（沈复：现在赶校好了，随函送上。仰晨同志：谢谢您对于文集的关心。祝您在新的工作岗位上工作胜利愉快。雁冰　二月廿七日）

因此，希望文集八卷的校样以及九卷部分校样能在周末退下(如可能的话)。八卷旧的一份校样亦附奉，供您参阅，但如校改，则请写在新的一份上。

（沈批：是写在旧的一份校样上了。）

其他一些有关联系等等的事项，我当另与长翎同志洽。

专此，致

敬礼

仰晨上　2月26日

（沈复：连日开会，抽时间校了送来的校样，十分草率，还是要依靠编辑部同志细心校勘。又及）

沈雁冰致王仰晨信（三封）

1977 年

仰晨同志：

两信及打印《关于子夜》稿均收到。我现在考虑将《关于子夜》讲演纪录撮要重写，再添写一些背景材料(大概讲讲写作前的准备，以及出书后的一些反响——这是旧剪报，近日忽然在故纸堆中发现)，算是新版的后记。字数大概有几千，容天凉时动笔。

匆复，即颂

健康！

雁冰　8月4日

仰晨同志：

《子夜》再读，已无勇气，其实小说之类，修改旧作，等于掩盖过去之错误，而况眼疾不能看小字，即要看一遍亦无可能也。杂事又多，也没有时间看。《义和拳》①书名既不能用繁体字，现另纸写好附上。

匆此，即颂

健康！

沈雁冰　8月20日

070

---

① 冯骥才、李定兴所著长篇小说，书名由沈雁冰题写。——本书编者注

1978 年

仰晨同志：

您问《茅盾选集》何时可以选好，实在难以确定。原因是杂事太多，杂信亦太多（可不复者我尽量不复，每天需复者尚两三封），精力差了，写信慢；又来访者亦平均间日有之，因而坐不下来静心做一点编选事。大概今年上半年总可以弄好，此因编选总得看看拟选之文，眼力不好，看书极慢。

匆复，即颂健康！

雁冰　1 月 6 日

附信请转①

王仰晨致胡真信（三封）

1987 年

胡真兄：

你好！（中略）

《茅集》已出至十五卷，十六卷日内即发稿。这套书，我原想贯彻始终的（除非提前"呜呼"），近来却在犹豫中，因为在编法上我与茅公家属的分歧意见较多，而对方是绝不妥协的，只能我让步，否则僵持不下。我不愿意自己花费不少时间精力认真定了稿的书，印出来后让人看了像孩子"过家家"（北京话，假烧饭的意思）似的，没有个章法而贻笑大方。如果只是个单行本，我屈从一下也算了，这样一套大书如果弄得不伦不类，我实在不愿意。

对方是怎么也说服不了，不肯让步的。我在上海时和巴公、赵家璧同志谈到我的处理意见，他们也以为我的做法是对的；回来后也就此请教过唐弢同志，他也同意我的意见。这些情形我都告诉了对方，并声明这不是以他们的意见来压他，只是说明我的考虑是对的，对方仍还寸步不让。

---

① "附信"是沈雁冰回复鲁迅博物馆鲁迅研究室年谱组的信，王仰晨时任人民文学出版社鲁迅著作编辑室主任。——本书编者注

071

这使我感到泄气，我逐字逐句反复琢磨推敲(指注释部分)以及排出后又认真看校样，有时不止看一遍，原稿(包括正文)往往也不止看一遍，结果却弄得不伦不类，这，我还有什么劲呢？

而况，我原已弄得几乎没有什么业余时间，报纸只能翻翻标题，到月末就捆成废报纸；这次西方之行，原打算写篇把散文，也没时间，如今则记忆日益淡漠了。再则，巴公后面的一些卷还有相当大的工作量，趁他健在(实在也不健了)，把后面一些卷的编辑工作抓紧做好，也已刻不容缓。因此这些日子来我总在考虑这事，却又担心被对方看作是要挟，我总有些瞻前顾后(《茅集》交到我手里的稿子，校注者都极马虎，不花大力气是弄不好的)。但看来这次我该下决心了。

我最近因感冒引起犯了腰痛，这也是老毛病了。躺下难以翻身，行走直不起身子，更不能久坐，大概还得个把星期才能复原。这一时期接连有些旧友亡故，我也有些担心突然"呜呼"，不是对生的留恋，而是工作还未做完。

下次再谈吧。这信也许我放肆了些，望有以谅我。即颂
近佳

弟　仰晨上(日期不清)

胡真兄：

你好！(中略)

《茅集》我已谈妥要做好过渡，即到二十卷为止(目前十七卷已发稿)。说实在的，由他人接手我还不大放心(我仍有"地球不转"的毛病)，但我也实在搞不下去了，时间、精力不足尚在其次，主要是在如何编法上和他们谈不到一起，看到已出或将续出的某些卷，我感到十分难过。这样做下去太没意思了。

韬奋奖的事，我并非自谦，我真的觉得有些不安和过意不去。当前的社会情形固然有许多令人痛心处(我对你说老实话，我至今仍常有痛不欲生的情形，而且很难克服)，但默默无闻地作贡献的也大有人在，因此这样的荣誉对于我却成了精神的负债，我只能以余生好好地偿还这笔债务。

承你多次关心我的健康，我真感谢无已。过去我害过结核十余年，

后来好了，但58年始，每年入秋后到次年"五一"前后，都要咯血，有时还相当频，一直未找出病源，大致是支气管扩张之故。奇怪的是去冬今春这现象极少（58年以来的首次），也许将逐渐好起来。如今我除血压偏高（低压恒在100左右）外，一切都正常，只视力欠佳。我当注意，无论如何我应争取将《巴集》的工作做完（约廿五卷左右）。我真的非常感谢你的关注。草草，下次谈。祝

阖府康吉。

弟 仰晨上 9月5日

1995 年

胡真兄：

你好！（中略）

我如恒。只是因赶《茅集》，忙得（不是忙，而是紧张）不亦乐乎；因这是我独自在搞，而教授们交来的初稿又一塌糊涂，弄得我焦头烂额，较百周年时赶《鲁集》尤甚。有些事真难以言尽，如裁衣，由缝匠剪裁则较改制省力多多，我想这比喻也差不多。

我的确感到疲劳，且视力一日不如一日，不知如何是好。《茅集》结束后（拟争取年内结束）还有《巴金译文全集》，这是早就定了要办的。估计在十卷左右，非二三年莫办。（中略）

草此不一，即颂

近佳，并祝

阖府安吉。

弟 仰晨上 4 月13日

073

《天安门诗抄》前言①

王仰晨

　　华国锋主席在五届人大第一次会议上指出，万恶的"四人帮"反革命阴谋集团，"乱党乱军乱国，大搞法西斯专政，残酷迫害革命干部和革命人民，疯狂破坏国民经济，摧残各项社会主义建设事业，造成了极其严重的恶果。"

　　在"四人帮"的反革命淫威下，祖国在受难，人民在受难。……

　　"沉默呵，沉默呵！不在沉默中爆发，就在沉默中死亡。"

　　1976年清明节前后，眼看"四人帮"益发迫不及待地进行篡党夺权的阴谋活动，益发肆无忌惮地"压制和迫害悼念周总理的广大干部和群众，诬陷邓小平同志"，英雄的首都人民终于忍无可忍地在沉默中爆发了：他们冲破了"四人帮"的重重"禁令"，自发地集合在天安门广场，沉痛悼念敬爱的周总理，愤怒声讨"四人帮"，向"四人帮"发起了公开的宣战。

　　在那几天里，来到天安门广场的革命群众，先后多达数百万人次。人们在人民英雄纪念碑前，敬献了浩瀚似海的花圈、挽联，张贴、朗诵了成千上万的诗词。这种空前悲壮、伟大的场面，反映了中国人民对周总理深沉的爱和对"四人帮"无比的憎；反映了民意不可违，民心不可悔；反映了以毛泽东思想武装起来的中国人民的高度觉悟。中国人民是不会任人摆布、宰割的，人民是不可战胜的！

　　"愤怒出诗人"。愤怒的人民以诗词为武器，向"四人帮"呼啸着发起冲锋，无情地揭露了这些政治流氓、江湖骗子的丑恶嘴脸，同时沉痛悼

---

　　① 此书由王仰晨协助童怀周编选，此文由王仰晨代写。——本书编者注

念和尽情歌颂忠于祖国、热爱人民的周总理以及老一辈无产阶级革命家。当时真是"诵者声泪俱下，抄者废寝忘餐"。一首诗词是一把火炬，使人们对"四人帮"的满腔仇恨烧得更旺。这些凝聚着革命人民的血和泪的诗词，无不出自作者们灵魂深处的呐喊，因此具有强烈的战斗力和艺术感染力。革命群众看了愈益斗志昂扬，敌人看了则心惊肉跳，坐立不安。它们真正起到了"团结人民、教育人民、打击敌人、消灭敌人"的巨大作用。不少作品无论思想性或艺术性都达到了很高的成就，无论在我国或世界文学史上，它们必将占有光辉的一页！

当年写作或朗诵了这些诗词的不少同志，尽管曾受"四人帮"的残酷迫害，抄录者也曾一再被严加追查，抄件也被强令销毁，但革命人民仍冒着种种危险，运用种种方法，巧妙地将它们珍藏了起来。在党中央一举粉碎了"四人帮"之后，我们即将当时自己抄录后珍藏的诗词取了出来，在敬爱的周总理逝世一周年时油印张贴于天安门广场，并公开向社会上进行征集。很快地我们便得到了广大群众的积极支持，提供诗词的热情洋溢的信件雪片似地飞来，这曾给了我们以巨大的鼓舞。在这基础上，我们曾先后编选了几种本子，它们在人民群众中引起了极其强烈的反响。

另外，七机部五〇二所、中国科学院自动化所、《世界文学》编辑部、二一一厂等单位的革命群众，也先后进行过天安门诗词的抄录、搜集、整理和编辑出版工作。因此，这完全是群众性的工作，倾注了许多革命群众的大量劳动，是广大革命群众的心血结晶。为了满足广大读者的强烈要求，为了使这些诗词在深入揭批"四人帮"的伟大斗争中，在实现四个现代化的新长征中发挥更好的战斗和鼓舞作用，在纪念敬爱的周总理逝世三周年前夕，我们应人民文学出版社之约，编选成这本《天安门诗抄》，正式出版。

本书所收的作品，我们都作了认真的校订。它们都是丙辰清明前后在天安门广场张贴、朗诵或散发过的，其他概未选入。全书共分三辑：第一辑收诗、词、曲、挽联；第二辑收新体诗；第三辑收悼词、祭词、誓词、散文诗等。作品的题目少数是原有的，大多则为编者所加；其中除极个别的字句曾稍有改动外，都保持了原貌。

对于这些诗词的大量作者、抄录和收藏者以及当时参与了那场伟大斗争的同志，我们都要在这里向他们致以崇高的敬意。由于时间以及人

075

力、水平的限制，本书还不能看作是个完善的选本，我们热切地期待着
同志们的批评和指正。

1978 年 11 月

《天安门革命诗文选》后记①

王仰晨

　　在"清明不明"，"四害"横行的日子里，我们曾在天安门书写、抄录了一些缅怀周总理、怒斥"四人帮"的诗词。在"四人帮"的淫威下，它们一度被视作"分裂党中央"的"反动诗词"而一再受到追查，但我们一直珍藏着这些革命诗词，并坚信它们总有重见天日之时。

　　打倒"四人帮"，革命诗词得解放。在举国欢庆粉碎"四人帮"的大喜日子里，和许多同志一样，我们怀着无比激动的心情，把当年冒着危险珍藏的这些诗词从地里、花盆里挖出来，从蜡烛、炉壁里取出来。当我们读到它们时，重又热血沸腾、激情满怀和感慨万千！为了让它们在揭批"四人帮"的伟大斗争中发挥"团结人民、教育人民、打击敌人、消灭敌人"的战斗作用，在纪念敬爱的周总理逝世一周年的时候，我们将这些命名为《天安门革命诗抄》，油印后张贴在天安门广场，很快它们就引起了较大的反响，不少同志纷纷向我们提供了这类诗词。其后经我们加以编选整理，铅印出版，定名为《革命诗抄》。

　　《革命诗抄》问世以后，立即不胫而走，受到广大工农兵和革命干部、革命知识分子以及全国各族、各阶层革命群众空前热烈的欢迎；虽然连印数版，却仍远远不能满足各方面的需要。在半年多的时间里，除台湾省外的全国各省、市、自治区给我们的来信已达一千余件，电报、电话以及来访等等，至今络绎不绝，其中还有不少同志送来了他们在去年冒着危险写作或珍藏的诗词，鼓励我们继续做好这项既有现实意义、又有

077

----

　　①　此书由王仰晨协助童怀周编选，此文由王仰晨代写。——本书编者注

历史意义的搜集和整理工作。

在大量的读者来信中，除了表达对粉碎"四人帮"的由衷喜悦，以及渴望得到或者多得到几本《诗抄》外，大都对这些革命诗词给予了高度的评价，认为它们是"对敬爱的周总理的壮丽赞歌，是对万恶的'四人帮'的战斗檄文"；是"珍贵的历史资料"；它们"表现了中国人民的骨气、志气"，是"留给下一代的、值得永远学习和纪念的珍品"；"它们的爱憎强烈，是非鲜明，感情炽烈，富有文采，思想性和艺术性都很强"，"比起按所谓'三突出'原则搞出来的东西要好上一万倍"。有的读者来信中说到他辗转借得一册《诗抄》后，"视若珍宝，通宵达旦地抄写刻印"；也有的读者说他在阅读时"激动得止不住泪水刷刷地流下来，落在书上，洒在心田"……

无数热情洋溢、感人肺腑的来信，给我们以巨大的鼓舞和力量，更使我们受到极其深刻的教育。

为什么它们会得到如此广泛、巨大、强烈和深刻的反响？答案只能是：因为它反映了亿万人民对敬爱的周总理和老一辈革命家的深沉的爱，表达了亿万人民对祸国殃民、十恶不赦的"四人帮"的强烈的憎。它们反映了人民的意志，喊出了人民的心声。他们来自火热的群众斗争，是当年天安门广场百万革命群众为缅怀革命先烈、愤怒讨伐"四人帮"的声势浩大的革命斗争的产物；在它们的字里行间，凝聚着革命人民的血和泪。它们情真意切，气贯长虹，没有一丝半缕的矫揉造作。尽管其中有些诗词在艺术上还有待提高，但它们仍应被看作是最美好、最真实的革命文学；可以毫不夸张地说，具有如此鲜明的人民性和如此强烈的战斗性的文学，在中外文学史上，是极其罕见的。

伟大的先驱者鲁迅曾有过一段极为精彩的话："……他们因为所信的主义，牺牲了别的一切，用骨肉碰钝了锋刃，血液浇灭了烟焰。"(《热风·"圣武"》)对于当年战斗在天安门广场的伟大的人民，对于那场气势磅礴、壮丽绝伦的斗争，这段话不同样是十分恰切的么？

在广大读者的鼓舞和策励下，今年7月，我们编印了《革命诗抄》第二集。为了纪念敬爱的周总理逝世两周年，根据读者们提出的宝贵意见和建议，我们又在一、二集的基础上进行了一些校订整理，并将原拟编为第三集的诗词补入，合为一集；由于收入了相当数量的悼词等等，因此又将书名改为《天安门革命诗文选》。与第一、二集相较，这个本子相对来说比较完善了一些。

这里，再重复一下我们以前曾说到过的几点：

(一)本书所收的诗文，其中有的因经辗转传抄，已有遗漏或讹误，虽已校订，仍难免与原作小有出入，请作者、读者见谅。

(二)所收的诗文中有的原无标题，而有标题的却颇多重复；现根据作品的内容由我们或试加了标题，或略去标题予以归类。由于绝大部分作者均无署名，因此除对个别具有特殊意义的署名予以保留外，一般都已略去，这也要请各有关作者原谅。

(三)为了尽可能保持原作的本来面貌，我们只对明显的笔误和个别词语作了小小的改动，这些改动或有不当，请作者原谅和教正。

(四)卷首的照片是由许多单位的同志提供的。有些照片的底片因曾埋在地下，洗印后的效果不太理想，但因为它们是历史的记录，所以还是选用了。

(五)由于我们思想、文字水平都很低，加之为了希望它早日和读者见面，因此工作仍较粗糙，无论在编校或其他方面，存在的错误、缺点一定不少，欢迎同志们批评指教。

最后，我们仍应向英明的党中央表示最崇高的敬意，因为只有粉碎了"四人帮"，这些革命诗文才得以汇印成册。我们也要向冒着危险写作、抄存这些诗文的同志，向为我们提供冒着危险拍下珍贵照片的同志，向热情参加本书美术装帧和排印工作的同志，向所有给我们以热情支持和鼓舞的广大读者，再次表示我们由衷的敬意和感谢。

1977 年 11 月

《望断南来雁》编后记

王仰晨

　　和鲁迅先生有过交往的人，如今已是越来越少了，自然规律无法抗拒，这真是无可奈何的事。

　　曹靖华同志是这为数已不多的人当中的一个，也是与鲁迅的交往既久且频，由于共同的事业而相知较深情谊至笃的一人。

　　这本集子里，收选了靖华同志所作关于鲁迅及其他的散文二十余篇。正因为他与鲁迅有着上述那样的关系，所以即使只是写了一些侧面或片断，却使鲁迅立体化地呈现在我们眼前了。我们不仅从中看到了鲁迅的音容笑貌，更看到了作为一个伟大的文学家、思想家和革命家的"道是平凡却不凡"的崇高和完美的品格，从而令人不由地对这位中国文化革命的巨人产生了肃然起敬的感情。集子里许多有关鲁迅的第一手资料，都是弥足珍贵的。

　　集子里也满怀深情地记录了作者和另一位中国革命先驱者和文化巨人瞿秋白的一些交往和回忆，虽然着笔不多，却同样为我们留下了感动至深和难以忘怀的记忆。

　　作者的行文清新隽逸，无论构思、意境和语言，都蕴含着一种自然、质朴的美。即或重大历史事件以至革命风暴，在他的笔下，亦似涓涓细流般地委婉叙说，然而其中又无不洋溢着革命的激情和鲜明的阶级爱憎，虽则娓娓道来，却也将读者带入了那大夜弥天、腥风血雨的岁月和见到了先驱者们所作的艰辛万状的战斗，从而强烈地震撼着读者的心灵，启迪并激励人们应该如何地学习和攀登先驱者崇高的精神境界，如何地珍视现在并为了更美好的未来而奋进。

能写出这样的文章，自然与作者的经历不可分。早自"五四运动"起，靖华同志就和人民的革命斗争共命运了，而在其后的几十年中，他从未游离过这种战斗，而是更清醒、更自觉地以一个阶级战士的姿态，在这条长满着荆棘的险阻的曲折道路上匍匐地前进。自然，这与他曾从鲁迅和瞿秋白这样的良师益友的身上汲取了力量和受到了教益是分不开的。

作为苏联革命文学作品在我国的老一代的传播者和翻译者，他更是屈指可数的卓有成就的一个。这已是人所共知的。由他翻译的《铁流》、《保卫察里津》、《我是劳动人民的儿子》、《虹》等优秀的苏联革命文学作品，曾哺育了抗日战争时期的一代人，并在那一时期中产生过巨大的精神力量。它们和靖华同志在中苏文化交流中以及在协助鲁迅先生工作中所作的贡献一样，都将是不朽的。

靖华同志为人质朴刚正，爱憎分明，嫉恶如仇。用他自己的话说，是一种"山里人的性格"。但这并未妨碍他同时又是一位慈祥的、和蔼可亲的老人。连同他的生活俭朴、宽以待人、严于律己以及治学严谨、办事认真和一丝不苟等方面，可以较充分地看到鲁迅精神在他身上的体现，这是十分可贵和值得我们学习的。

在我印象中一直是鹤发童颜的靖华同志，缠绵病榻已经五六个年头了。今年正好是他诞生的九十周年，不幸的是他已濒于走完他的生命历程，我正是怀着沉重的心情为他编选这个集子的。

081

九十高龄算是并不多见的寿星了。

在人类历史的长河中，九十年只是一涓滴而已，但在中华民族的历史上，这却是天翻地覆，非同小可的九十年。靖华同志经历了这九十年的沧桑。尽管他曾挣扎于惊涛骇浪和历尽不少坎坷，但我相信他也领略了战斗的欢乐，更何况他已亲见我们这个古老民族的新生。

自然，我们前进的道路还并不平坦，我们还有不少困难要逐一去解决。和许多爱国的知识分子一样，病中的靖华同志也多次流露过忧国忧民的心情。对这样一位老人来说，这种心情我以为是可以理解的。

1987 年 8 月 10 日夜

本文原载曹靖华著《望断南来雁》，黄河文艺出版社 1988 年出版，有节略。

简介《瞿秋白文集》

王仰晨

作者简介 瞿秋白(1899～1935)，江苏常州人。他是卓越的共产主义战士，也是我国无产阶级文学事业的奠基者之一，是著名的作家、文学批评家和文学翻译家。在他短暂的一生中，在从事革命工作的同时，写下了关于政治问题和社会问题的论著和评述，还留下了许多战斗的、强烈地反映了时代意义的文学著译，它们是我国现代文学中十分宝贵的财富。

作品简介 1953 年至 1954 年，人民文学出版社曾编印专收文学著译的《瞿秋白文集》四卷，囿于当时的条件，内容尚欠完善。1984 年，在中共中央文献研究室指导下，对瞿秋白的著译重新进行整理和编辑，尽可能地搜集了不少过去漏收的遗著。新编印的《瞿秋白文集》共十四卷，其中"政治理论编"八卷，由人民出版社出版，"文学编"六卷，由人民文学出版社出版。

这六卷"文学编"，是在 1953 年至 1954 年出版的四卷本《瞿秋白文集》的基础上重新整理、编辑的。内容包括散文(《饿乡纪程》、《赤都心史》等)、杂文(《乱弹》、《骷髅杂记》等)、文学批评、语言文字(《关于拉丁化》及《新中国文草案》等)、翻译(托尔斯泰、普希金、果戈里、高尔基、卢那察尔斯基、绥拉菲摩维支等的作品)以及书信辑存(包括有关翻译问题与鲁迅的通信)等。全书共约二百万字。

瞿秋白在成为共产主义者之前，是个具有革命民主主义思想的青年；当他接受了伟大的十月革命影响之后，就成为我国最早宣传共产主义思想的先驱者之一。他的革命思想和战斗精神，在他的文学活动中也得到充分的反映。他的作品曾在文化战线上起过冲锋陷阵的作用，在文艺界发生了不可磨灭的巨大、深远的影响。

散文《饿乡纪程》和《赤都心史》，是我国最早记叙世界上第一个社会主义国家初建时的政治、社会生活情况的作品，从中也令人真切地看到作者成为一个共产主义者的思想发展脉络。《文集》所收的众多的杂文，和鲁迅的杂文一样，在思想和艺术上都达到很高的境界，是在黑暗时代中攻击敌人的犀利武器。他作为我国早期的俄文翻译家，除了翻译前述的托尔斯泰、高尔基等的文学著作外，还翻译、介绍了马克思、恩格斯和列宁有关文学的经典理论著述。他的译文准确、畅达、优美，对今天的文学翻译工作者仍有示范作用。在文学批评和语言文字等方面，《文集》也展示了作者的辉煌才华和所作的重要贡献。

《瞿秋白文集》堪称是一部具有里程碑意义的著作。这次编辑时，对所收著译都参照最初发表报刊或初版本及现存手稿进行了校勘，并增补了较详尽的注释，可视为相当完备的版本。

本文原载《书林荟萃——第一二届全国书展集刊》，现代出版社 1991 年 12 月出版

无题（编辑手记）[①]

王仰晨

（一）爱人类、关心未来。将自己视作"人类灵魂工程师"，不懈地完善自我，使自己具备高尚的思想情操和良好的道德素质。

（二）编辑工作被他人视作"为人作嫁"，编辑本身应有不同的认识。应安于本职，甘作"老黄牛"，不见异思迁，不急功近利。

（三）"老传统"中或有需要扬弃之处，但它毕竟是前人经验的结晶，不可轻易否定，更不可嗤之以鼻。应了解、熟悉和掌握书籍从手稿到出书的全过程，并关心版面和装帧设计；不应发了几部稿子，就视编辑工作为雕虫小技。

（四）博古通今是不易做到的，但仍应刻苦学习，博览群书并勤于练笔。学习是为了对工作胜任愉快，工作永远是第一位的；练笔不是为了当作家——当然并不限制编辑成为作家。

（五）与作家交往宜不卑不亢，尊重作家的劳动，原稿中可改可不改者一律不改，需改动处应与作者良好沟通。

（六）出版工作也可视为"遗憾的艺术"，一旦成书，差错便无法纠正。因此对工作必须慎之又慎，以"食不厌精，脍不厌细"的态度处之。

[①]　本文据王仰晨遗稿整理，作于1991年。——本书编者注

杨沫日记摘抄

1957 年

十月廿一日　星期一

……《青》稿已校改完，前日已送给出版社。任大心同志已转给一位名叫王仰晨的同志来看这部稿子。王说，最近会多，他无暇看。稿子打第三次清样，要下个月了。

十二月十八日　星期三

文学出版社的王仰晨同志看稿仔细，他又看出了小说中的许多小毛病。我很感激他。他很负责任，前两天他在电话里告诉我，因整风会多，尚未看完，也就没拿给我。他又帮我问了出版部，明年一月内，小说一定可以出版了。

1958 年

二月十一日　大风

……今天文学出版社的王仰晨告诉我，《青》书可能很快又重印，叫我再仔细看看。又叫我注意各处的评论。他已在《读书》月刊上写了一篇短论，介绍《青》书。

四月廿四日　星期四　香山一棵松一号

…………

朋友——日记，别了，回来再见吧！（因为"五四"要在文化宫卖书。

王仰晨昨天写信通知我了。)过了"五四"再见吧!

八月二日　香山

《青春之歌》小说还未开始动笔改。好在昨天王仰晨同志来信说不要忙。这次由香山回去,要三四天后才能回来。昨夜想起小说中种种事,心情激动,睡得极少,现在才清晨六点,就写了这日记。

1962 年

三月十九日　微雨　星期一

…………

前两天作家出版社的王仰晨在大风中来看我,使我感到了友谊的温暖。他还特地送一本《红岩》给我。

杨沫题赠的《青春之歌》

摘自《杨沫文集卷六·自白——我的日记》

沙汀日记摘抄

1962 年

4 月 8 日

正在房间里同仰晨闲谈，出人意外，默涵、白羽来了。他们显然是来看巴公，并同他交换人民文学社的出版计划的。因为搭不上话，仰晨提前走了。当我送他出去时，他在电梯边告诉我，他日内即去成都，向廖灵均交涉出版陈联诗遗著的事。

4 月 13 日

晚上，仰晨来后不久，从文也来看我们来了。……

喝到十点钟，我们又一道乘车出去，目的为了送从文和仰晨，并去从文家里看"三姐"。

5 月 1 日

但是，等到仰晨来时，他却不能直接返回北京，需得绕道重庆，在武汉还有耽搁。真有点扫兴，算得是白忙了一阵了。因为精神不佳，我扼要地向仰晨谈了谈我对他一篇稿子的意见。开始，说得有点含混，可是，越谈下去，我的意见越明确了，因而还向他作了些具体的修改建议。

5 月 5 日

午睡后，仰晨来了。他今天就要到重庆去，是来帮我带东西的。我向他谈到我的病，谈到赶写短篇的失败，情绪相当低落。后来，他提出一个问题，他准备写过去，但是采取什么形式好呢？他显然太拘谨了，我向他谈了谈我自己的看法。

1963 年

4 月 18 日

午睡后，仰晨来了，因为头昏脑胀，跟他谈不上路，心里有点歉然。

4 月 29 日

上午，巴公同仰晨来谈。仰晨认为洪钟写的《大波》后记不得体，而且太长，要求我重写。我同意了。同时我提到一般人对作者的生平知道得太少了，他们以为应作介绍。

于是我取出追悼会上用过的那篇生平事略，交给了王，请书店看看。后又着重说明，即或出版社认为可用，也必需让我请示宗林、亚群两位才能作最后决定，现在仅供参考。随后我们一道下楼，到餐厅用饭。

11 月 30 日

《天魔舞》他们准备付排，问我意见怎样？其实，我已经告诉过王仰晨了。这本书应该出。在提到我的长篇时，我向他谈了我的创作习惯，一般准备酝酿的时间总是长的，所以明年决不可能动笔。

本文原载《新文学史料》1988 年第 2 期、第 4 期，1989 年第 1 期

沙汀致王仰晨信

1977 年

仰晨同志：

　　来信及抄件均已收到。原件不知如何处理？如不存档，便中望退还我，否则听之。

　　"鲁编室"增加那样多力量，您和文井的担子可以轻一些了。这一工作牵涉到的人和事很多，又被"四人帮"把一切搅乱了这么多年，是得花不少时间和精力才会得到较为妥善的处理。

　　我那个《短篇选集》①，目前正校改中。一般是文字上的润色，极少稍及内容，看来，我驾驭文字(的)确太不行了，既然重版，为对读(者)负责，总得花点功夫。现已校改了三分之一，如能另觅一册寄我，我准备另校改抄一遍，因为我担心如将原校本寄去，排工同志难于识别，弄出错字。如找不到，就算了。

　　重版本是否需要序言之类的东西，盼示及！艾芜的选集，到家后即已告诉他了，当再催问一次。祝您和您家里人都安好！

沙汀

11 月 27 日

又，决定了抽《祖父的故事》中的任何一篇，就照原来的编排内容重版它吧。

---

　　① 《沙汀短篇小说集》，人民文学出版社 1977 年出版，次年 11 月重版。——本书编者注

089

仰晨同志：

　　信，早就收到了。《选集》校订亦已完成。由于自己本事太差，过去写作时用的功夫也很不够，总觉可以修改之处不少，但又得保持旧作原有面目，而且照顾你们的要求，校改时还要计算字数，所以相当费力。

　　幸而，毕竟算校订好了，特赶快付邮。并非为了希望它早日同读者见面，因为搁在手边，总觉这里那里还可改动改动，闹得人寝食不安。而且中篇还急待着手修改，盼其早日完工，以便写作其他东西。

　　这次校正，越发觉这本书过去在校对方面有些疏忽，错、落的字、句有三五处。因此，我希望这次重印，特别凭着二十多年来的友情，我要求你多帮帮忙！何况有好多地方需要挖补，这就更需要严格对待了！但我相信你一定会帮这个忙的！

　　当然，最好我自己能看看清样。但从时间考虑，我自己的精力考虑，都不无困难。所以想来想去，还是只有把希望寄托在你身上。何况你熟悉排字、印刷这套工作，也一定能够胜任愉快，助我一臂之力。

　　不知是怎么回事，这次校改，乃至对于修改那个中篇、重写其他一点东西，我都有一种赶着办，而且一定得办好的热灼的心情，这可能是一种不吉利的兆头，好像是想交待"后事"一样。但请放心，我并不悲观！

　　至于重排序言，一星期内当即寄陈左右。本书收到，俟你看后，盼即见复！

敬礼！

沙汀
12 月 23 日

　　又，如校改时有错、落字的地方，或不妥之处，盼即示复！还有，校订中，我将"脚色"改为"角色"，"呵"改为"啊"，可否不改算了？至于艾芜的《选集》，正加紧改编，不久当寄出。

1978 年

仰晨同志：

　　信收到了。您这封信，我的确盼望了许久，因而还拍了电报！由此可以想见，来信给我带了多大的喜悦！特别你愿意对《选集》校改工作负责到底，更叫人十分感动。我一向感觉，再没有(比)错字落字过多的东西，更叫人难受了！这不只是个人的问题。因为作者在读者面前出点丑，真也算不了一回事，如果联系到我们对党的整个文学事业的态度来看，确也值得大家重视。

厦大的那位教师，已将在京时所谈有关创作道路问题的记录，寄了两份抄件给我，这事我也得向你致谢！她来信说，记录稿我曾于整理后作过修改，我可早遗忘了。不过看来大体不错，小的错误当然有两三处，主要是把时间给记错了，我不曾发觉，当即去信改正。但更为重要的，是我没有着重讲到我某些作品写作时的历史背景，确切说是当时的具体政治形势。比如《意外》反映的是蒋管区群众反内战、反饥饿的运动；《范老老师》、《呼嚎》则写于毛主席在重庆同蒋匪帮进行针锋相对斗争期间。而这一般可以说明，我在创作上的一点特色，也就是及时反映现实生活斗争。当然都没有反映好，我准备在给她的回信上简单提提，供她参考。但我也担心流于自我吹嘘。

最近接到巴公来信，仍然因为过于忙乱而感觉疲累。这封信是要为我《上海文艺》赶写一短篇小说。前天又来一电，要我写一篇谈短篇小说的文章，是同罗荪同志联名打的电报，这比写小说较易。今天，我尽一日之力为他们写了约三千字，是用书信体写的，内容是谈契诃夫两个短篇。但是书是写成，我还没有加以推敲，不知是否可用。今天我没心情看它了，等到明天再说！

若果上次回陈琼芝同志的谈话记录，"鲁编室"有一份，则这次给她的信也得有一份才好，如何？请裁夺！

敬礼！

沙汀
1 月 18 日

艾芜的《选集》，已代催问过了。有关琼芝同志那封信的问题，究竟作何处理，你忙，有空再回复几句好了！又及。

1979 年

仰晨同志：

　　复信奉悉。您们和"三联"出版的我那本选集《沙汀》，是文学所张大明编选的，我只写了一点题记，因为书店说赠送我三十册，我又要编选人张大明告诉您们社有关部门：我再买五十册。

　　经我托人一再催问，赠送的早收到了，买的五十册也盼早送来，以便交我孙子带一部分(去)四川。除托人前去催问外，还分别给你和屠岸同志去信，可是直到今天，前些日子又收到十七册！这是怎么回事，盼您便中去封信查问一下怎样？若果需立即交付五十册的书价，我将立即托人送去。我的助手又生病了，孙子也早已返回四川！

　　提到来真恼人！我年多前交了一本回忆录《睢水十年》给"三联"，至今连他们刊登广告，都不曾提到过它！半个多月前，我给范用一信，如果不愿意出，可将原稿退还给我！而至今没有只字回答。好吧，就这样带住吧！祝

编祺

沙汀

1986 年 12 月 26 日

艾芜致王仲晨信

仰晨同志：

您好！好久没见面了，身体精神都好吗？您给沙汀的信，我早已看见。我因连续开了十多天的省政协会议，现又进入整党整风，可以说相当忙。再则，写的长篇小说，需要大力修改，也占去我不少时间。

到今天编好了小说集，又写好了《后记》①，特挂号寄给您。

关于小说集的编选，有两种方案：一种是照我在目录中的删改，把《太原船上》放在第一篇，其余三篇放在我改写的目录里，删去《纺车复活的时候》和《手》。第二种是把我现在加入的四篇放在后边，先前选的小说一篇也不删。这样排印起来，比较省事一点。这请您决定为荷！

关于后记，谈到了"国防文学"的问题，如今清算"四人帮"的罪行，报纸上边没有谈到。我的意见是否合适，还请您和编辑部的同志加以指正！请来信告诉我！此致

敬礼！

艾芜

1978 年 1 月 17 日于成都

---

① 《艾芜短篇小说选》，人民文学出版社 1978 年出版，同年 11 月重版。——本书编者注

第二部分

自述和忆旧

童 年 五 章[①]

王仰晨

"商务"和我

也许可以说，商务印书馆哺育并决定了我的一生。

上小学的时候，读的是商务版的教科书，而好几十本《童话第一集》（记忆中是篇幅不大、用三号宋体排印的六十四开的小本子）以及刊物《儿童世界》（虽然我更爱中华书局出版的《小朋友》），则是使我爱上文学的重要因素之一。

我父亲（王景云）是 1918 年 5 月即进入上海商务印书馆印刷厂，在当时的外栈房工作的老工人。20 年代，我们家就住在宝山路福源里，商务厂上下班的钟声都清晰可闻。

当时我姐姐在商务办的同人子弟学校（尚公小学）上学；我则还未到入学年龄。

父亲参加了 1925～1927 年的大革命。

据史料记载，1925 年 2 月上海印刷工人联合会成立后，父亲被推选为该会委员，不久就参加了"五卅"运动；同年 7 月加入中国共产党。其后历任商务印刷所第一届工会委员长（即主席）、上海市总工会执行委员、商务三所一处（印刷所、编译所、发行所和总务处）罢工委员会委员长及

---

① 《童年五章》及后面《西南八章》，是编辑本书时所加标题，这两组文章都是王仰晨据亲身经历所写的散文。——本书编者注

商务工会第三届执行委员会委员长等。

1927年3月，他在周恩来、赵世炎等同志领导下，积极参与了上海工人第三次武装起义的各项准备工作。起义胜利后，被推为上海特别市临时市政委员之一。但没过几天，蒋介石勾结了买办资产阶级和帝国主义势力，发动了"四一二"反革命政变，于是这场轰轰烈烈的革命运动及其胜利成果便被淹没在血泊中了。

虽然当时我还年幼无知，但那次大革命，还为我留下了一些零星的记忆：

我们爱唱"打倒列强"和"工农兵，联合起来向前进"（虽然也爱唱"我是小白兔"）；我们还都在胸前别上用"一粒散"（妇女梳发髻时用的一种长约五六厘米的针；顶端有花椒般的一粒小珠）作为旗杆插起的绸制小小五色旗。

常有一些叔叔阿姨来我们家。有次一位阿姨对我们姐弟说，要是有人问你们姓什么时，不要说姓王，要说姓沈（其后还"考"过我们，而我们上小学时就一直都姓沈）。

有两位常来我们家的阿姨，每次离去时总是提走妈妈做好了的两桶浆糊。①

一次，一粒子弹穿破了我们居室的窗户。

有个晚上，我们全家在同人俱乐部（也许就在东方图书馆内）参加一个晚会。会上还放映了一场外国无声电影，影片中一个男人在吹喇叭，一个女人把喇叭夺了过去挂在墙上；他去拿了下来又吹，又被夺去挂在墙上，这样反复了好几遍。散会时父亲身上被撒了许多红红绿绿的小纸屑（那时他曾被军阀逮捕羁押约四十天，也许晚会是欢迎他获释归来）。

一个晚上，和我们相隔几户的邻居失火，次日一早里弄里堆了许多零乱的被烧毁杂物，其中一个被烧成木炭般的镜架，直到现在似乎还在

① 后来我才知道那两个铅桶是刷标语用的。它们直到"八一三"战争时才丢失，如留到现在，就是很可贵的文物。记得父亲还收藏了不少有关第一次世界大战的画报，大革命时期的一些剪报、传单、照片和不少枚珐琅质的纪念章（其中有几种是烈士的遗像），还有一支勃朗宁手枪、一支从来不舍得用的当时分赠给上海特别市临时市政府委员作为纪念的自来水笔等等。可惜"八一三"战争时将它们寄存在乡间的一农户家，后来全都查无下落了，否则它们将作为珍品被收藏于中国革命博物馆。

我眼前。

一次，我们全家坐了一辆小汽车，半途中急匆匆地下来换乘停在路旁的另一辆。

后来，我们全家坐了小木船，移居上海以西一个小小的古镇①。那是我第一次坐船，觉得很好玩……

1940年"五一"前后，父亲带我去曾家岩看周总理时，谈话中总理笑问我是否还记得一些大革命时期的事情，我自然不好意思说这些琐事，就撒谎说不记得了。

父亲在同年去了延安。从那时起，曾家岩或红岩就常成为我节假日的好去处，直到1943年秋我离开重庆。

因为父亲的缘故，我先后认识和还记得当时参加过三次武装起义的一些早期的商务职工，如戴琦西、陆定华(女)、祝志澄、谢庆斋、任其祥、王美玉(女)、毛之芬(女)、王昌元、谢祥兴、赵葵、卫宗海、何孝章、徐梅坤、蒋钟麟、宓其昌、孙师圃、徐辉祖等等，如今其中什九已亡故。徐梅坤曾领导过商务的工运，但也许他和赵葵都不是商务职工；何孝章在"八一三"战争后去了苏南抗日根据地，抗战后期遭国民党忠义救国军逮捕并备受酷刑后牺牲于安徽广德(我曾和他短期共事于中国征信所，1940年会见总理时，总理还问起过他)；王昌元、宓其昌则后来沦为叛徒(后者还更堕落为日伪特务)，解放后都先后被镇压了。

我也就是因为有这些"缘分"而做了排字工人、印刷厂和书店职员，以及后来又从事文学编辑工作的。

从1935年开始做排字学徒至今，已是六十多个年头过去了。虽然我还不能说是历尽坎坷，但经历的道路却也并不很平坦，因此回首六十多年来的沧桑人间，也不能不感慨万千！

我想，自己此生之所以有幸尚能一直走在正路上，主要有赖于父辈的言传身教，因而这篇小文开头所说的话，大致可以看作是接近于事实的。

今年是商务印书馆和印刷厂成立的一百周年，于我来说，要写出她

① 应为南翔。——本书编者注

对我国文化事业所作的巨大贡献是困难的，只能写下这些琐忆，聊作我的祝贺和纪念。

本文原载《商务印书馆一百年》，商务印书馆 1998 年出版

气球

要就不想到弟弟，想到弟弟，我就总爱也总会想起那个小小的故事。

十二三年前，我们还都是孩子。

在新年将来到的一些日子里，到处都有了要过年的景象。附近的大户人家，夜晚在悬着汽灯的厅堂里，大人孩子齐上阵，推着很大的磨子在磨做年糕的糯米粉。临近新年的几天，当噼噼啪啪的鞭炮声响过了以后，空气里也就会弥漫一阵硝磺的好闻的气息。新年终于来到了，好多孩子都穿上了花花绿绿的新衣服，口袋里鼓鼓地装着花生瓜子；我们只是在破棉衣上罩了件洗补过的旧罩衣，也不记得我们曾有过什么好吃的。即使这样，漾满在空气里的浓郁的新年气氛，使我们也同享着过年的兴奋和快乐，就是觉得它和平时不一样。

不知怎的，我们想起了"压岁钿"。

"爸爸妈妈，压岁钿，压岁钿，……"

"唉呀，那有什么用呀！不要吵，给你们留着，等你们长大了再给，……"

"压岁钿，压岁钿，……"我们并不接受劝告。

要压岁钿的主意，是弟弟想出来的，我只比他长一岁，自然也参加了这场胡闹。结果是我们胜利了。

在"谢谢爸爸妈妈"声中，我们一人接过了一个红纸包，笑嘻嘻地走开了。不用说，长我三岁的姐姐，也同样沾了光。

弟弟一定要买个气球，红色的气球。可是爸爸妈妈不同意，很坚决地不同意。

于是乎再闹：

"买气球，买气球，……"

到底是过年时节，也许大人们不愿过于使孩子扫兴，所以我们又胜利了。

　　于是我们兴冲冲地走向了闹市。

　　我们在人丛中挤来挤去，在每个摊子前都要驻足观赏一番。弟弟要买一个"下巫里"①，可是我们二人的钱合在一起也不够；他又想买一把像画上见过的，木制涂银漆的关公大刀，也因同样的缘故没有买成。这样，当我们从货摊前挪开脚步时，也总是恋恋的。

　　在一个高个子小贩那里，我们递上了七枚铜元，接过了一个气球，又用剩下的钱买了好几个甩炮。

　　走在路上，弟弟该多高兴呵，他紧紧地捏住了那根细线。鲜红的气球迎着风，同样高兴地在线头上微微摇晃。

　　我不免有些眼红。说："给我拿一回吧。"他不肯。

　　"谢谢你好了。"他还是不肯。

　　"再走一百步给你，你数。"

　　于是我认真地数起来："一、二、三、四、五……"一百步到了，他却不肯松手。

　　又走了不多一会儿，忽然，气球从弟弟的指缝间溜走了。

　　我们都惊呆了，只是伸长了脖子傻乎乎地望着天空。

　　气球越飞越高，越看越小。终于不见了。

101

　　弟弟哇地一声哭了起来。

　　我也感到凄然了。

　　路边的孩子们却满意地哄笑起来，有的还高兴地拍起了手。

　　日子一天天地向前移去。

　　我们的生活并没有什么大的改变。

　　如今，虽然我们都还不过是二十左右的大孩子，却都早已套上了生活的重轭。

　　我来到了这遥远的山城。

　　每次收到姐姐的信，总可以知道一些弟弟在怎样地为生活而苦苦挣扎。今天接到的信中就有这样的一些话：

　　……现在，他几乎要负担家庭的生活的大半，你想，他怎么受得了？

---

　　①　玩具假面。——本书编者注

但有一点是可以使我们高兴的，就是他已变得很懂事，也很知道过日子，先前的那种孩子气几乎都没有了，大概这是环境给他的影响吧？

如今这里的米价，每担已涨到一百四五十元，家里每月要吃半担米；煤球二十多元一担；油盐酱醋哪样不贵，加上房租水电等，单单是活，每月就得一百多，而弟弟的收入，也才七八十元呀。

日子使他担忧。二十左右的青年，正该是活泼泼地生活的时候，可是他几乎已没有一点生气。至于读书、振作，那是更难以做到的了。……

我的眼睛有些模糊了。我不忍再往下看。唉，该怎么办呢，怎么办呢？

从孩子时起，我们不记得曾有过什么欢乐，学校也早就向我们关起了大门。在人间，我们总是在受着磨难，磨难！

顽强地生活下去吧，弟弟！生活或许发生改变，会给你更生动和更丰富的教育。愿你勇敢地面对生活，好好地振作起来。

为了你，为了所有像我们这样的人，我也要好好振作起来，我一定要争这口气，好在我现在是生活在祖国的怀抱里。

遥远地，我向你送去祝福。

1941 年 6 月 4 日重庆

保人

天好像要破了，雨越下越大，越下越大。

我没有打伞，我也没有伞。雨水顺着我的头顶直往下淌，我已浑身没有一点干地方，鞋也早就湿透了。

我并不想躲一下雨，也不想加速我的脚步；相反，我只是悠悠地似在踱步。深秋雨水的浇淋，虽然使我感到了寒冷，但它却更使我感到一种快意，一种积怨得以宣泄般的快意。

我这是找保人去。

学徒生活中的伤心事是很多的，可再没有比这更使我伤心的了；我是诚实的，但却被老板看作是偷儿。

我知道这根由是因为我家里穷。有时甚至每月只几毛钱的月规钱，父亲也常来向我要了去。

就因为这样，要是有谁丢了什么，受到诘问的首先就是我；而每当发生了这种情况，晚上临睡觉的时候，就总会发现自己的衣包和被褥，是被翻检过的了。

有比这更使我伤心的么？

那天晚上放工时，一位师傅取下挂在壁上的长衫，发现口袋里的一块钱丢了。他记得那是一张印有奔马图案的钞票，而且肯定是在工场里丢了的，因为下午他往口袋里取东西的时候它还在。

一场风暴过后，老板喝令我明天去把我的保人找来。

老板、老板娘的无理叱骂，周围讪笑的鄙夷的神情，夹杂着种种思绪在我心头翻滚。

这已是我第五次当学徒了，以前或者自己感到不能胜任，或者人家嫌我太小，都是干不了几天就下来了，何况其中我还度过一段乞儿般的生活。痛苦和屈辱于我已并不陌生；虽然当时我还只十四岁，可我的感情似乎多少已接近于麻木。

雨水的冲刷几乎使我睁不开眼睛，然而我的确感到一种快意；我依然姗姗地踱着。

保人左手托着镀得雪亮的水烟筒，右手捻着纸媒子，正在呼噜呼噜地抽着烟。见我进去，他先是一怔，然而立时把浓眉拧在一起了。

"不是买你父亲的面子，我是不会做你的保人的。"尽管他并未听完我的话。但分明已知道了我的来意，把水烟筒重重地往桌上一放，气呼呼地说。

"现在的小鬼没有一个老实的，"他恶狠狠地瞪着我，打断了我惶恐的辩解道，"我们学徒的时候，哼！——"他端过水烟筒，吹燃了纸媒子，又呼噜呼噜地抽了起来。

"保人，保人，保字是一个人旁一个呆字，呆子才给人做保人。"他喷着烟，又瞪了我一眼。

"回去对你先生①说，我明天去。"他"呸"地吐了一口痰；我知道这是表示对我的轻蔑，或是自认晦气。

---

①　指老板。

103

"下次再出这种事，不用再来找我，卷铺盖滚蛋好了。"

说完，便把我轰出来了。

漫天的乌云。雨，仍在瓢泼般地下。望着这漫天乌云，我怀疑曾有过晴朗的日子，也怀疑还会出现灿烂的阳光。

我仍然在这深秋的寒冷的雨水浇淋下，慢慢地往回踱着。"下吧，下吧，你下得更大些吧。"望着眼前灰蒙蒙的雨雾我这样想，一边咀嚼着刚才保人的那些话。

是的，他曾在我的"关书"①上画过押。"关书"上除写上"生死由命，富贵在天，学徒期间如有病伤亡故等，概与厂方无涉"之类而外，也还列有这样那样需由保人承担的条款；而他因为是父亲的老友，除承担责任外，并未为此得到过任何好处，这也就无怪他要说自己是"呆子"了。

然而我是诚实的，我不是偷儿，从来不是！可你们为什么要诬赖我，为什么以那样不屑的眼光对待我？

没有人回答我，除了包围着我的哗哗雨声，还是哗哗雨声。

尽管在一个偶然的情形下，赃物很快就被发现了；一个师兄把它折叠得小小的，藏在万金油盒子里。从而洗脱了我的不白之冤；但这一场风波，这一场秋雨中十来里路的往返和保人的白眼，却伴随着童年时代的苦难记忆，在我心上留下了又一个深深的烙印……

本文原载《儿童时代》1980 年第 5 期

铜床

已有十多年不曾来过上海了，两个月以前，为了完成一项工作，我又来到了上海。

对这曾度过我青少年时代生活的城市，我总是有着一种异样的亲切的感情。如今虽然我已年愈半百，这样的感情却依然如故。也许这就是所谓"乡土观念"吧，我想。

今天经过西藏北路，发现我曾度过三年学徒生活的那些二层楼房已经不见了，代替它们的是一幢七层高，墙上铺着乳黄色磁砖的漂亮的大

---

① 进厂当学徒时立下的保证书。

楼；大楼前宽阔的行人道上洒满了白杨的浓荫。我不由地放慢了脚步，而将近四十年前的生活，也就自然地重又在我眼前展现。

我们十几个师弟兄都挤在这里的小阁楼里睡觉。阁楼是加盖于前楼和客堂之间的，约有八九平方米的小楼；它只有一米来高，所以只能弯着腰进去。我们自然都没有床，一个挨一个地在楼板上摊着我们的铺盖。因为直不起身子，进到里面以后，都得各自爬到自己的"床位"去。待睡熟以后，不是你的腿压着我的身子，就是我的头歪到了他的枕上，有打鼾的，有说梦话的，有磨牙的，有发出怎么也学不像的怪声调的。

好在那时我们都没有害神经衰弱的，只要一倒下，很快就都能睡着。

因为挤得实在可以，冬天还好（虽然由于我们不懂得讲"卫生"，难免虫子造反），夏天则实在没法提了。

然而最最使我们害怕的，莫过于当我们睡得正香的时候听到"起来啦，起来啦"的喊声了。虽然这破锣般的喊声每天清晨都照例地和着沉重的脚步声在阁楼门口响起，但并不夸张地说，每当我听到它时，总不自禁地会有心惊肉跳般的感觉。

"起来啦，起来啦！"破锣般的喊声和着重浊的脚步声，响起在阁楼门口。

这是老板，我们称之为"先生"的。他住在前楼，就是在我们天花板的上面。在喊了我们以后，他还是要去睡的。

于是，我们赶紧胡乱地穿上了衣服；于是，一天的生活开始了。

但是后来，"先生"不必每天清晨就离开他的热被窝，我们也可以不用再听那令人心惊肉跳的喊声了；而且我们起身的时间，比他先前叫我们的还要早。那是在实行了"奖励工资办法"以后。

本来，我们学徒满了一年的，每月可得一元月规钱，两年以后就是两元，并不计算工作量的多少（自然我们也不能偷懒少做）；"奖励工资办法"规定了每人每月的定额是排二十万字（包括"还字"，就是把用过的字还到字架上去），做满这个定额的才能照支月规钱；超出的，除月规钱外，超出部分按当时工价（拣字每千字八分，还字四分）的对折计付工资。

那时我们排的书版大都是"双面装"，就是每行的左面加人名线、地名线和书名线，右面加标点；拣了字以后（这叫"毛坯"），再由装版师傅装成一页页的书版；所以每拣一千字就是十足的一千字，并不包括空格和标点。"办法"还规定了经校对后，拣字的人要负责本人拣字的书版改版，二、三、四校则负责配字，由装版师傅改版。

我们都好胜心强，谁也不愿落在别人后面，当然也想多拿钱。一般每月在二十三四日光景我们就能完成定额，有人有时还能提前。这样，我们的收入较前就大为增加，最多的可以拿到七八元。

要拣字拣得多，条件不外两个，一是原稿好排，二是有较多的工时。

有时我们排的是木板古书，原稿虽然清楚了，可是其中的冷僻字太多，我们根本读不成句，好些字我们还从来未见过，这类字大多没有铜模，要刻字先生刻的，因此排起来格外费事，一小时能拣五六百字就很不错了。有时排的是手写稿，原稿写得太潦草，或是涂改太乱难以辨认，排起来也很慢。遇到一个字看了半天还是认不清楚，怕花的时间太多，就先把它当作缺字，留待"业余时间"细细研究后再补入。排这类稿子，前者缺字多，后者错漏多，这都将使日后在改版或配字上要多花时间，因此每当拿到这类稿子的时候，排字房里就少不了骂爹骂娘的声音。

谁都怕在改稿或配字上多花时间，因而总希望缺字越少越好。有时来了一部稿子，有人发现其中"土"字特别多，怕很快用缺，便到各个字架上把"土"字全部偷偷地取了来，放在自己的字架上或藏在其他的字格里；再聪明些的就把它放在"士"的字格里，这就不易被别人发现、拿走了。这窍门一经推广，把"末"字放在"未"字字格里，"千"字放在"干"字字格里等等，就不一而足，终于也难以"保险"了。

为了藏字，被发现、拿走、吵架、打架，甚至打得鼻青脸肿的事经常发生，可这是没办法的事，谁都经历过。

而这都是为了争取时间。谁都珍惜每一分钟。午饭后不休息，干；有点头痛脑热的，不管它，干。来了校样，只要不是太急的，放到"业余"时间去处理，早上一醒来就赶紧上排字房，醒得迟的发现身边的人不在了，急的什么似的，胡乱洗把脸就钻进排字房。

这样，每天都不劳"先生"响他的破锣了。而在排字之外，对装版、铸字、打纸型以至校对等等，"先生"也各订了一套办法。他很满意于这套办法，逢人便夸耀他的"科学管理"。

他是可以满意的，因为实行了这些办法以后，交货的时间快多了，承排的书稿较前也多得多了。不过一年光景，"先生"便把隔壁的一幢房子顶了下来，把它和原来的一幢打通，连在一起，而且又新用了好几个学徒和装版师傅，新买了铸字、打纸型等的设备（当时称这些为"生财"）。

新顶下来的房子里也搭了一个同样的阁楼，新来的学徒也和我们一样地挤睡在那里面。

从此，来喝酒、打牌的客人更多了，"先生"家的排场也大了，我们都叫她"雌老虎"的"师母"发脾气时也更威风了。

一天，不记得是叫做"同昌"或是"顺昌"的一家商号，送来了"先生"买的一张镀得金光闪亮、带着帐架的铜床，床的四脚各装有一个小轱辘，弹簧床垫几乎有一尺厚。当铜床被抬进门的时候，"先生"夫妇显得乐不可支，"师母"咧着嘴，露出和铜床一样颜色的、难看的金牙，重复说道："嘿，蛮好，蛮好"；而"先生"也眉开眼笑地说："嗯，这种床睡下去会弹起来的，会弹起来的呢。嗯。"

那天晚上，当我们在阁楼里躺下时，天花板上面那张铮亮的铜床就成了我们共同的话题，虽然当时我们还不能明白地说出个所以然来，可是铜床之与我们的辛苦有关，却是谁都一清二楚的。

"去他娘的，等将来我儿子讨老婆时，我也照样为他买一张。"有人这样说。

107

小阁楼、"奖励工资"和那张耀眼的铜床，在我脑中联缀而成的印象，是如此鲜明而深刻，以至几十年后的现在，只要一想起，它们就会立时呈现在我眼前，而且身边也立时响起了"起来啦，起来啦！"的破锣声，有如昨天的事一样。

1973 年 9 月 7 日于上海

校对先生和我

从后门进去，穿过灶披间旁的小天井，往右一拐，便是一条踏上去吱吱作响的楼梯，狭窄地、黑洞洞地通向楼上。校对先生温仲文兄弟，就住在这里三楼的亭子间里。

这是一幢老式的弄堂房子。四壁泛黄而污黑的亭子间里，放着一张方桌，几只凳子，一个竹书架和一张单人铁床，另一张帆布床折叠着倚在屋角。方桌上杂乱地摊放着原稿、校样和眼镜，以及红、蓝墨水瓶，砚台，还有烟缸和茶杯。书架里面塞满了横躺竖搁的书籍，顶上是茶壶、皂盒、碗筷等挤成一片。书架旁有两只方凳，一只上放着打气炉，另一只上放着脸盆；凳脚下是铝锅、水壶和暖水瓶。

天花板下面，电灯泡蒙着硬纸片糊成的灯罩，悬在方桌顶上，几根横七竖八的绳子，挂着抹布、毛巾、袜子。……

这个挤得满满当当的亭子间，当时于我来说，却是个最好的去处：来到这里，呼吸也会畅快多了。那是我开始学徒生活不过两个月的时候。按常规，那时我只能干些收拾、打扫和跑腿的杂活儿。这倒没什么，最使我难耐的是周遭有几双又冷又凶的眼睛，还有不知何时、不明何故就会突然袭来的厉声叱骂，它们常使我紧张到窒息。这样，当时我最乐于做的，就是来这里送取校样了。

而况温仲文兄弟都没有架子，十分友好地对待我。在这里，我可以随意地翻看报纸，即使只是一知半解，但那些五花八门的新闻还是让我更多地知道了外面的世界，如阮玲玉自杀身亡、唐有壬被暗杀、姚锦屏梦后化女为男、施剑翘刺杀孙传芳等等，至今我都还留有很深的印象。

如果只是送校样，我就不敢在那里多耽搁，要是专门去取校样，就可以多呆一会儿，因为取校样很可能要等候的。自然，这也只能偶然做一次两次。

这弟兄俩是福建人。温仲文大约有二十七八岁了。弟弟温弘文似小他两三岁。两人都是大学生。他们都能说一些洋泾浜的上海话，看来到上海也有些年了。他们同时为几家印刷厂看校样，都要从初校到三校。初校需要逐字逐句对照原稿，比较费事，大都由温弘文看。

四校，也就是付型前的最后一个校次，是送书局的校对部看的。那里有五六位老先生，都是专看四校的。其中有一位留有长长的胡子，说一口苏州白的叫做沈秉煜的老先生，待人特别和气，我至今还特别记得他。

校对虽似坐着看书，但也够辛苦的。他们按所校字数领取报酬。那时我们和另几家印刷厂排印的古书(据木版古书重排)所占比重不小；古书中生僻和古怪的字多而难读，又由于几乎没有分段和采用旧式标点(排在行侧)，所以校一千字就是实打实的一千字，与看新式标点的校样相比，报酬便拉低了。

　　看四校的老先生们，眼睛特别尖，掌握也极严格，每错一个字以至一个标点，都要累积后扣罚酬金。遇有错，就以红笔在校样上划出并打一个三角符号，弟兄俩称这为"粽子"；每当退回的校样一到手，他们就睁大眼睛，忙不迭地查找吃了几只"粽子"。

　　有些汉字的构造，于校对先生来说似乎是有意的恶作剧。比如"亳、毫"，"刺、刺"，"挟、侠"，"穀、穀"，"壶、壸"等等，稍一疏忽就极易出错；又如"田"或"一"等字排倒了，校样又印得不太清楚时，同样也极难分辨，我曾多次见到过温仲文兄弟面对那些"粽子"流露的悔恨和沮丧的神情，在旁边看了也很为他们感到难过。

　　夏日的亭子间里格外闷热。他们光赤的脊梁不住地淌着汗，也还一样地埋头干着。有时听到弄堂里有吆喝着卖冰的了，就给我几个铜板叫我拿个大碗为他们买些冰块；偶或要我去买烟或打开水什么的，我很乐意为他们做这些事。那时有承办伙食的包饭作，一日三餐都能按时送上门，中等的一个月只需要七八元就很可以吃得了，但他们兄弟即使对做饭极不在行，而且这又需花费大量时间，却还是自己弄着吃。我还记得他们为了节约煤油，晚上临睡前把生米倒入那个大暖瓶，然后冲上开水闷它一夜，次晨就是粥了。俩人抽烟都不少，屋子里老是烟雾腾腾的，抽的都是当时最便宜的"老刀"或"品海"。

109

　　但他们也有"穷讲究"的地方。比如吃早饭时总要把油条的两端都掐去，吃油炸花生时，花生米尖头的小芽是绝对不吃的。出门时总是用"司丹康"把头发梳得光光的，西装裤要在枕下压得裤线笔直，然后穿上士林布长衫。

　　温氏兄弟给过我许多的友情和关切。还记得有次我在劈木柴时伤了手指，给他们看到了，就絮絮叨叨地询问经过，这种关心反而把我弄哭了。

　　有次我偶然在他们书架上看到一本《白话书信》（高语罕①编，上海亚东图书馆印行。用革命观点和书信形式论述家庭、社会、生活和学习的读物），抽出随便翻了一下，虽然其中有些字我不认识，有的地方不很懂或根本不懂，但它立即就吸引了我。

――――――――――――

　　① 　高语罕(1887～1948)，早期共产党人。担任过黄埔军校政治教官，代理过汉口《民国日报》总主笔。――本书编者注

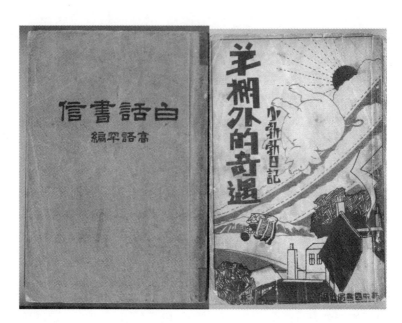

《白话书信》、《羊棚外的奇遇》书影

这是有原因的。当时我已经历了两三年的社会底层生活，对饥饿寒冷、痛苦屈辱都有过切身的感受，人间的众多不平也刺痛并摧残过我尚在年幼的心灵。因为曾从父亲那里接受过一些阶级和阶级斗争的启蒙，所以苏联、列宁、国民党、共产党、资产阶级、无产阶级以及剥削、压迫之类的名词，虽然一知半解，却并不陌生。结合自身的经历，也就似乎朦胧地懂得了一些道理。就这样，《白话书信》中一些带有煽动性的篇章和语言，不仅引起我强烈的共鸣，更为我带来了战栗般的欢乐。从此去他们那里时，留的时间长就多看几页，反之就少看几页，它真使我爱不释手。

同期我看过的书，还有一本童话《羊棚外的奇遇》(副题《小勃勃日记》，叶之华著，上海新中国书局出版)。内容是一只叫做"小勃勃"的小山羊，不知怎么沦落到了猪猡王国做了奴隶，它和那里别的许多奴隶一起，在猪猡国王以及由国王豢养的工头和暗探的残酷压迫下，苦苦地挣扎着生活。经过多次的造反和艰苦的抗争，终于杀死了猪猡国王和狼将军、狐狸小姐，那些小狼、小豹和狗子们，也被马、象、骆驼粗重的大脚踩死了；"建筑在地狱上的天堂已经毁灭了，从此我们不再是被压迫的奴隶了……"这本书于我有那么大的吸引力和煽惑力，它给我极大的满足和更多的激动和欢乐，我抓住一切空隙时间狂热地阅读它，反复看过两三遍。

后来他们兄弟又借给我《莫斯科印象记》（胡愈之著，上海新生命书局出版）。这本书我还不能完全读懂，就时断时续地，挑出有兴味的地方选读。直到与温氏兄弟失去联系，这本书还保存在我手里。

那时送校样之类的杂事已由新来的师弟接替，我正式学排字了。在此之前，我对学排字是有些畏惧的。再早的时候，曾见过药铺的伙计抓药，看见他们从几百只一模一样的抽屉里抓出各色各样的药材，已经很叹服。而铅字架上的字盘格子，又不知比药铺的抽屉密了多少倍，更是令人望而生畏。师傅或师兄们，几乎是不用眼睛就能伸手拿到他们要用的铅字，我怀疑他们都有超人的记性，同时担心自己很难学得这一手。

"这好办，"有次温弘文听了我的担心后不假思索地说，"我为你编成歌子，你唱熟了也就全记住了。"常用的中国字有好几千个，真能编成歌诀吗？字架上铅字的排列和字典一样，是以部首和笔画为序的，后来我没有用到温弘文的歌诀，没经过好久也就能熟记字架上的字盘了。

某日我忽然想起似乎已有好些日子未见过由温氏兄弟看的校样了，问了那个送校样的师弟，回答只是"他们早就搬走了"，再问搬去哪里了，就答不上来。后来再去问了他们的房东，得到的回答也只有"搬走了"三个字。

我久久地怅然若失。我期望他们来找我一次，可是没有，其后也再没有见过他们。我将那本《莫斯科印象记》珍藏了很久，但后来也不知去处了。

111

西 南 八 章

王仰晨

警报

是下午一点半的光景。

太阳半隐半露地挂在天空。

车马行人，在大街上熙攘来往着。

餐馆里，透出酒的香，肉的香，也传出了拉开嗓门的猜拳声，——显然还在酒酣耳热之际。

忽然——

"呜，呜，呜！……"

"警报，警报！"

行人开始骚动了；

接着，店铺也都匆匆地上起了门板。

警察、宪兵、壮丁、消防队……都纷纷出动了。

大人的喧嚷，孩子的哭喊，嘈杂地乱成了一片。

挤呀，轧呀，人的潮，浩浩荡荡地在奔泻。

"嘟嘟，嘟嘟！……"

是阔人的汽车。玻璃窗里，是珠光宝气的太太小姐，西装笔挺的老爷少爷，连同皮箱、包裹，塞满了车厢。

每个城门，都挤得水泄不通。

人们还是在挤着，不息地挤着。男的女的，老的少的；有的提了箱子，有的背着包裹、毛毯，也有挎着食篮的。

"呜——呜——呜——"

"紧急警报！紧急警报！"

高低起伏的声浪，空气更紧张。

还在街头的人们也更惶乱不安了。

"莫要跑喽，莫要跑喽！城门都关了，还想跑哪点？"壮丁们嘶哑的嗓子，向跑着的人们这样叫喊。

"怕哪样？不做亏心事，炸弹落在头上都不得炸，哪个会怕哟？"一个穿着黄缎面绣花鞋的，四十来岁的婆娘，对拥在她房檐下的逃难群这样说。

回答她的，只有憎厌的目光。

转瞬间，马路上见不到一个人影，连条狗也没有。

人流来到城外就稀疏了，仍然在奔走，三五成群地点缀着青绿色的田野。

天空传来飞机马达的声音。看！我们的！一架两架，三架四架……这是我们的铁鹰，在天际警戒着。

113

"呜……"

是拉长了的汽笛声。

"警报解除了，解除了！"

每个人都吐了一口气，——那是打警报开始时就压在心上的。

城门马上又热闹了。人们又像潮水般地向城里涌。

没过几分钟，死去的都市又复活了。每条街上，都恢复了各色人群的活跃。

一个十六七岁的，穿着紫红色毛衣的青年学生，五花大绑地被一群壮丁、警察簇拥着走过，不断有叱骂声："狗日的汉奸，汉奸！"后面跟着一大群看热闹的孩子。

青年人大张着惊恐的、求救似的眼睛，周围是审视和冷漠的目光。

太阳渐渐西下了。电影院前一幅巨大的海报上，是一对紧紧依偎着的西洋男女，身旁写的大字是："缠绵处如胶似漆，凄恻处柔肠寸断"。海报下排起了长龙，正是血肉之躯筑成的新的长城。

汽车依然神气地驶过，情侣们依然在忘情地漫步，眼前依然是升平景象。

白天过去的，只像是一场梦……

在一条大街尽头，昏黄的路灯下，一个小学生用衣袖拭去鼻涕，小手捏着粉笔，在墙面写下了几个歪歪斜斜的大字：

"打倒日本帝国主义！

我们不怕炸弹！"

1939 年 10 月 9 日(警报后一日)于昆明

忆陈水永

谁能告诉我，他是哪一天离开这个世界的呢？

没有。恐怕永远没有一个人能回答我。

已经是一年了啊！

去年 10 月的一个黄昏，我正打着摆子，在睡榻上辗转呻吟的时候，传来了这个使我震惊和悲痛的消息：

"陈水永死了。"

陈水永，是我们打上海来内地第一批十来个工人中的一个。他的个子不怎么高，如果活着，今年也才二十岁。方方的脸上，长着宽大的鼻子和嘴巴，眼睛是大大的，上面镶了两道粗眉毛。我记得他睡着的时候也总是眼睛睁的大大的，看上去简直有些怕人。

他的身子真结实，而力气也真大，在我们这十来个人中，可说是数一数二的；像我这样的病夫，他一个人打三四个，我想决没有问题。

他有着质朴、憨直的农民的性格，因为他正是来自农村的农民的儿子。

前年，我们离开上海的那一年，我们同在昆明。

那时候，为了运输困难，我们的机器、铅字等各种设备都还堆积在海防，运不出来；我们无法做工，于是只有成天耍。

一天下午，我们几个人到北门外去耍。

那里有个莲花池，再过去有个园子，园里有个亭子；有人说，明末吴三桂的爱妾陈圆圆曾在那附近住过。

园子里有许多梨树，高高地，上面结了许多银钱般大，还没有成熟的梨子。

当时正有不少孩子爬在树枝上，摘了梨子往地下的同伴们扔。他是好动的，见了这情景也就想上树，我们自然都高兴地表示了赞成。

他爬得真快，一下子就到了高高的树枝上。他摘下了梨子，一个个地扔给我们；我们起劲地比划着告诉他，这里有一个，那里有一个。

太高兴了，于是灾难也就来到了。

三五个丘八，突然扯着大嗓门赶了过来。

"下来！"其中一个敞着上衣的丘八，把帽子往后脑一推，指着树上的他命令着；奇怪的是他们并不去干涉别的树上的那些孩子，也没有对就在这棵树下站着的我们发威。

他们的气势真凶，我们的心脏都急遽地跳动着；而陈水永，更是以充满了恐惧的一双大眼睛，呆望着这班要吃人似的丘八爷。

"我们整好了，你们来破坏，整好了，你们来破坏！狗日的，老子今天就要揍死你！"当陈水永还没下到一半，一个丘八就这样开口骂起来。

他的脚刚一落地，另一个丘八就一把抓住了他的衣领，问他是做什么的；他张着惊惶的眼睛还没回答完，那家伙就抢着说："流氓，你们上海来的流氓，来内地破坏，捣乱！跟老子走，流氓！……"

那家伙还是紧抓着他的衣领，另一些丘八把他包围着，推搡着他往前走去。我们远远地跟着，一面偷偷地从口袋里掏出那些倒霉的梨子扔了。

走了没多远，迎面来了一个担水的，他们命令地把扁担要了过来，于是真的灾祸就跟着来到了。

一个家伙要陈水永摊开右手。摊平了，他就用双手抓住扁担，狠命地打下去，边打边骂，一下一下地。随着扁担的起落，我们的心都痛楚地抽紧了，而他只是紧咬下唇，除了一下下地抽动嘴角外，没有一丝表情。

打了十来下，劈劈啪啪地，那家伙停了手，我们也松了一口气，以为就算完了。可是，——真是灾难啊，原来那混蛋只是为了"休息"一下，马上，又喝令他摊开左手，疯了似地打下去，之后，再被臭骂一顿，才算了事。

115

当时，虽有不少围着看热闹的，却没有一个出来说话的，而我也没有这种勇气，只是吞着愤恨和屈辱的眼泪。事实上，打他跟打我，有什么不同呢？他该打，我就不该打么？可是我却不敢去承受这样的痛楚。

真是好汉！他没有掉下一滴眼泪。在回家的路上，我们都丧气地沉默着，谁都不说话。

他叮嘱我们回去后不要告诉任何人，我们都答应了。一回到家，他就赶紧往掌心上倒了许多酱油，装作无事般地偷偷搓摩着。

吃饭，只减少了一碗，他还是吃了满满的两大碗；而过不几天，也就又在翠湖里乱蹦乱跳地打野鸭子了。

打那时候起，我就觉得太对不起他。在当时，我是应该出来说几句话的，至少，"现在是抗战时期，军民应该亲密团结"之类的话，我是可以说说的，但我竟没有那样做；虽然，那班丘八们的野蛮相确实令人害怕，但眼看朋友在患难中不能相救，至今我还会为自己的怯懦感到羞耻和内疚。

大半年的工夫，我们就是过着欢乐和痛苦、安逸和烦躁的日子。又过了些时日，我们的工厂决定了迁往重庆。

116　　我们分作三批去渝，他被派在第一批。打昆明动身的时候，他还结实的像铁人一般。我记得在城郊送他上车的那个清晨，在车轮刚刚滚动时，他坐在车篷下的行李卷上，不好意思地向我挥着手(因为我们是不大习惯于这一套的)，嘴唇还动了几下，但声音全都给淹没在汽车的马达声中了。

半年以后，我也到了重庆。

当我刚见到他时，他的模样使我大为吃惊了。他已瘦得不成样子，两肩高耸着，苍白的脸上突起两块高高的颧骨，眼眶深深下陷，眼睛也显得更大了，而且不时用手按在胸前，吃力地咳嗽着。那时我们正在新建着厂房，我常见他独自蹲在屋角，用三块青砖搭成炉子，添上捡来的碎木片熬药。

这多么出我意料，又多么使我难过啊！

据他说，有次深夜跑到山上去躲警报，回来后就开始了咳嗽，咳着咳着就成了这副样子。前几天才去找了个医生看了，已吃过好几服药，却并没有见好。

后来，我也陪他进城到市民医院去看过几次，吃过一些药水和药片，也同样不中用。那时我们都没有钱，有钱的又不愿管，病也就更重，人也更瘦得像枯柴一般，走几步路就很吃力，咳嗽也更频和更费力，咳的声音听来也变得十分可怕了。

"树基兄，我这毛病不会好了，我要死了。"有天清早，他向我张着大大的带有恐惧的眼睛这样对我说。

"不要这样想。你会好起来的。"我劝说道。

"不会的，不会好了。"他咳了几下又接着说："昨天晚上老鼠咬了我的脚趾头，把我弄醒了，这不是好兆头。我是不会好了。"他固执地、吃力地这样说。

后来，终于由厂方给了几个钱，再由我们大家凑了一些（当时我们的工资大都只有十几二十元，很少有三十元以上的），决定让他回家去。虽然对他来说，是经不起这样的长途颠簸了，可是当时警报频仍，他连躲警报都十分困难，厂方对此是不管的。除此而外，当时大家也没有更好的办法。

能够回家，他似乎是高兴的。走的前一天，他还要我为他写了两封信，一封给他在上海的哥哥，一封给他乡间的母亲（他父亲是在他离沪不久就去世的），告诉他们他不久就可以回家。

这是去年 8 月 20 日以后的事。

而 10 月中旬，那封不相识的朋友寄来的不祥的信，不幸地写着这样的一些话：

"毛病不好，路里发起来了，缺人扶持，尸身抛在海中，英国领事登报，并还法币一百二十余元……"

他那双充满恐惧的大眼睛，眼睛下高耸的颧骨，这时似乎都重现在我眼前了。阿永，我可怜的朋友，我对不起你，因为在你需要的时候我不曾帮助过你。想到你带着重病独自颠簸于险峻的西南公路和窄狭的滇越铁路，好不容易在海防登上了去香港的航轮，却终于这样悲惨地中途死去，这怎不使我肝胆俱裂！

唉，不幸的遭遇啊，不幸的人生！可怜的阿永，我还有什么可说的呢？

算一周年了吧，阿永！为你这不幸的灵魂，我深深、深深地志哀，

117

我也不会忘记你，直到永远！

1941 年 9 月 3 日于重庆

陈婉贞一家子

那是 1941 年，我在重庆的一家工厂做事。厂子里的职工恰好是两大类：从上海内迁来的和在当地雇用的，大多是单身汉，有几个成了家的当地人，也单身住在厂里，所以根本没有住厂家属。

这天下午，厂长室前的草坪上突然出现了一个男孩和一个女孩，两个孩子都很白净，都生有一双非常动人的大眼睛，一眼就可以看出姐弟俩。女孩大约四五岁，梳得十分整齐的头发上，系着一个淡蓝色的蝴蝶结；男孩似乎还不足三岁，短裤下面是一双壮实的小腿。两个孩子手拉着手，指东划西地在说着什么。

我向他们迎了过去。

"小朋友，你们是哪里来的呀？"

两个孩子都仰脸望着我。女孩闪动着一双大眼睛，长睫毛一闪一闪地。"我们是跟爸爸来的。"她大方地回答我，露出两排洁白、整齐和闪光的小牙齿。

"你们的爸爸是谁呀？"我追问道。

她没有回答，只是用手指了一下厂长室。男孩似乎有些胆怯，更紧紧地挨着她姐姐。

"你叫什么名字？"我又问她。

"我叫月月，他叫采采。"女孩爽朗地回答我。

"姐姐，我要妈妈，我要回家。"男孩一边还是胆怯地望着我，一边使劲拉着他的姐姐。

很快我就知道了这是新来的营业员何士清的孩子；而且不久我和他们也成了朋友。

我们这些单身汉的生活都十分单调，晚上，多数人都把时间泡在小茶馆里；节假日，则大多进城耍，如果进城，无论从望龙门或是海棠镇渡江，两岸的高坡都会令我望而生畏，而况时有警报，进城后遇上警报就很不方便；有的人爱上黄桷垭，但那得爬上好几百米的高坡，而且上去以后，无非也只是遛遛马路，泡泡茶馆，上个小馆子或是看一场电影，这于我都没有什么吸引力。因而每当这样的时候，我多半只是在空荡荡的宿舍里看看书之类。也许就为了这，两个孩子的到来，就为当时我的生活带来了生机，每天我几乎都要找时间与他们一起玩玩，以至要是有一天没有见到他们，就总会感到那样不自在。

两个孩子中，采采和我特别亲。只要一见到我，就向我张开双手："叔叔抱我。"待我抱他起来，就立刻以一双小手紧紧搂住我的脖子，而且常爱以他柔嫩的小脸蛋贴在我的脸上，一面喃喃地说着"这是我的叔叔，这是我的……"，每当这样的时候，月月就总爱在一旁用一根手指刮着脸羞他。

那时我没有什么负担，所以有时进城，总要在冠生园为他们买些糕点糖果之类。看着孩子们快乐地用小手剥着糖纸或是鼓着小嘴咀嚼的时候，我也在一旁享受着他们的快乐。

何士清约有三十岁模样。中等身材，有着十分发达的四肢和暗褐色的皮肤；浓眉大眼下鼓着高高的颧骨，仿佛从他的眼神里能看出他的质朴和憨厚。他很少说话，也许是为了我们还太生疏，在他来厂后一个多月的日子里，除了曾以带着浓重的广东语音的生硬的普通话和我应酬过几句外，我们几乎没有交谈过。陈婉贞大约二十五六岁，在端庄秀丽，略现苍白的脸上，有着一双深湛的，和月月十分相似的大眼睛。她好像也是广东人，但普通话似乎较何士清说得纯正一些。因为孩子们和我的亲近，遇见她的机会就多了一些。

那是他们来到这里的两三个月以后，一天，门房忽然给我送来一封没有贴邮票的署着"内详"二字的陌生的来信。我好奇地赶快打开了它。

"契爷：明天是星期日。爸爸妈妈请你中午来我们家吃饭。一定，一定。"

署名是月月、采采。

我望着信纸揣摩了好久。何士清写的字我曾见过，那么这秀丽字迹准是孩子们的妈妈的了。我有些惶乱起来。而这个"契爷"又是什么意思呢？不管怎样，总含有长辈的意思吧，可当时我自己也只是个刚满二十的大孩子；我的心不安地急速跳动着。

何士清的家就在离厂二三十米的小坡下。这天我终于硬着头皮践

119

约了。

采采正蹲在门前玩着土；月月则拿着粉笔在墙根上画着什么。姐弟俩一见了我，就"叔叔，叔叔"地嚷了起来，接着何士清夫妇满面笑容地迎了出来。孩子们的妈妈首先纠正着孩子："不。不要叫叔叔。叫契爷。"她一面这样笑盈盈地纠正着孩子们，一面以含笑的大眼睛直直地望着我的时候，我觉得脸上有些发热，而且很有些无所措手足了。

这之后，我渐渐地熟悉他们了。这一对夫妇原是星加坡一所华侨中学的教员。何士清是体育教员，何婉贞是国语教员。抗日战争爆发后，和当时许多爱国青年一样，他们怀着满腔热情，毅然地回到了祖国，可是到广州后，虽然四处奔走，却没有地方可以接纳他们。很快广州就沦陷了，他们又辗转流徙于顺德、新会、佛山、高要等中小城市。陈婉贞几乎一直在失业中，何士清则做过小学教员、小商贩，以至还做过码头上的苦力。……

何士清常是抑郁的，对当时的他来说，又不能不是抑郁的；在陈婉贞的眼睛里虽也不难看出深蕴的愁苦，但她嘴角上却常挂着温顺的、恬淡的微笑，有时也轻声地哼着歌子。——或者她的性格要比何士清开朗，或者她较何士清有着更强的自制力。我想。

"事实的确如此，现实是残酷的，不，冷酷的。"一个星期天，我又到他们家"打牙祭"（当时我们的伙食实在太差了），何士清呷了一口大曲，脸上掠过一丝苦笑。其实他并不会喝酒，才喝了不几口，脸上就泛起了红晕。

"我总奇怪当时我们不知哪来的那一股傻劲，"他继续说了下去，"可是当真的，我们又怎么会想到祖国对我们竟这样冷漠呢?"他向我睁大了流露着稚气的眼睛。

"你不要喝了吧，再喝下去傻话要更多了。"陈婉贞以深情的、略带怜悯的目光望着自己的丈夫这样说，一面往我的碗里夹了一大块红烧肉。

"吃吧，吃吧，不说了。"何士清有些勉强地朝我笑道，但刚喝了一口酒，吃了一片泡菜，他又放下了筷子："前些天我看到报纸上有这样的标题：'前方马瘦，后方猪肥'；还有，'前方吃紧，后方紧吃'，真有意思，我们这也是在'紧吃'。"陈婉贞略带嗔怪地望了何士清一眼，没有说话。

望着桌上浅浅的一碗红烧肉、一碗炒苋菜和一碟泡菜，我心里只是一阵酸楚。

　　两个孩子在一旁叽叽呱呱地说着什么，说着说着忽然争了起来，而且立时都跑来拉着我，使劲地嚷着"他是我的契爷"，"他是我的……"我已懂得了"契爷"的意思，这原就使我很不好意思，要不是何士清这时的神情和他的这些话使我陷入沉思，孩子们当着他们的父母这样嚷嚷，一定会使我窘得无地自容了。

　　"现在我脑子里反正就只有这么几个大字：'抗日必胜，建国必成'。"他像正经，又像嘲弄地说。

　　"算了。"默默地看着丈夫的陈婉贞微蹙了一下眉头，"我看，难。"她慢条斯理地说。"官商勾结，囤积居奇，物价暴涨，老百姓都快活不下去了。"陈婉贞的这一番话，使我感到一些突兀和惊异。但见她又继续说道："不要说前方的打仗，就说这些日本鬼子对这里的轰炸，几架破飞机就弄得大家成天出不了防空洞，这样的抗战——"

　　"去它妈妈的吧！"何士清打断了妻子那种国语教员的抑扬顿挫的调子说。

121

　　　月亮在哪里，
　　　月亮在哪厢；
　　　它照进我的房，
　　　它……
　　一个晚上，月明似镜。我和孩子们在草坪上玩。对着明月，放开了清脆的嗓子，月月唱起了电影《木兰从军》中的一支插曲。

　　"契爷，怎么我走月亮也跟着我走呀？"采采坐在我腿上，仰着脸，睁着他那双黑亮黑亮的大眼睛问我。

　　"因为月亮喜欢好孩子，所以你走它也跟你走。"其实我也说不出它的究竟，只能这样胡乱地敷衍道。

　　"那么，月亮怎么也跟我走呢？"月月插了一句。

　　"当然。因为你也是好孩子嘛。"

　　"不对。妈妈常说我画得不好，字也写得不好，又不能帮妈妈做事，这就不是好孩子了；等我长大了，我就是好孩子了。"她说得很认真，在月光下，大眼睛显得更明亮了。

"契爷，月亮里是不是有人？"采采又问我。

"没有。"我答道。

"有的。"月月忙纠正我，"妈妈说过的，月亮里面有一个阿姨，还有一只小白兔。"

采采歪着小脑袋，似乎并不相信。

"是真的有吗？"

"哦，对的，是有的。"我有些惶乱了。

"那她们是怎样上去的呢？哦，我知道了，她们是坐飞机上去的，对么？"采采又问道。

"嗯。"我含糊地应了一声。

"飞机在天上怎么不会掉下来呢？"采采又提出了问题。

都是那样难以回答的问题啊，我急于逃避孩子们困惑的眼睛，"我给你们讲个故事吧。"不管他们爱不爱听，就顾自讲了起来：

"从前，在一座很高很高的山下面，住着一个人家，这个人家有爸爸、妈妈，还有一个小孩……"

"是男孩还是女孩？"月月打断我的话问。

"男孩。"我又接下去："这个孩子长得很好看，很聪明，还会唱好多好多歌，可是他很淘气，不大听话，还老爱在地上乱爬乱抓，不爱干净。因为常用脏手擦眼睛，后来就成了瞎子，什么也看不见了。有一天他妈妈——"

"瞎子怎么也有妈妈呀？"采采插问道。

"当然有妈妈，没有妈妈谁管他呀。"月月有些不高兴地说。

"契爷，我要回家了。"采采说着就挣着要下地，"我的腿麻了，你摸摸看。"

孩子们和我的亲近，何士清夫妇的友情，使我十分喜爱这一家子了；和他们相聚，往往就像回到了自己的家。陈婉贞还是没有找到职业，她就为厂子里的一些单身汉洗洗衣被或是缝补一些衣袜之类。虽然因我不止一次地婉拒她要为我做这些的好意而恼过我，但我们间的友情却在不断地增长。

物价一日三跳，生活总是那样地折磨人。即使陈婉贞如此勤俭地安排着这一家子的生活，何士清却还是欠下了一些债务；而陈婉贞又怀了孕，她纤细的身子日渐变得笨重，甚而走路也有些蹒跚了。

长江的水直往下落，这时又出现了苦旱。铺满了鹅卵石的江岸益发显得宽阔了，这时一担水的价钱就得比平时贵上六七倍，和一些当地人一样，陈婉贞也挑上了一担水桶，在山脚旁挖了一个不怎么深的土坑，然后把身子斜倚在水坑旁，待坑里逐渐渗出的水聚有半瓢时就舀入桶中。

每到晚上，山脚旁就是散着萤火般的灯光，而其中的一点萤火就是陈婉贞的。

每当我看到她额上沁着汗珠，气咻咻地担着笨重的水桶，或是蹲在屋前的空地上洗着衣服等等的时候，我总感到十分难受。"你少干一些吧"或是"你歇一会儿吧"，我曾多次这样对她说。"我不累，真的。"她也总是以柔和的目光对着我，嘴角掠过一丝淡淡的微笑。

也许是男人们的通病。何士清虽然爱着自己的妻子，却就是缺少体贴，不爱劳作。一家子吃、穿、住的操劳，几乎就都压在陈婉贞瘦削的肩上；而除此之外，还有那些并不轻松的"副业"。

她的日益苍白的脸和无尽止的劳作令我十分不安。有时到她家，见她收了一抱晾干了的衣服进来，我拿起来叠，"你放下吧"，她夺了过去；我拿起了扫帚，"你放下吧"，她又夺了过去。"我总想帮你做些什么。"我说。"那你来做我们家的老妈子吧。"她笑着说，然而那又是多么凄苦的笑啊。

难道她就该埋葬在这沉重、繁琐而永无休止的劳碌中么？我多次这样想过，特别是每当见到挂在壁上的她作的她和何士清的炭笔画像时，就常会兴起类似的一些感慨。这样一个对英文、绘画、音乐都有相当造诣，而国文水平也相当不错的、颇有才华的年轻女子，却硬是找不到职业。要是她来我们厂子里做个文书或是营业员什么的，不都绰绰有余的么？可是很多位置都被蠢驴般的"皇亲国戚"们给占去了。

似乎和陈婉贞有同样的禀赋，月月十分喜爱画画。那时警报频仍，所以飞机也就常是她作画的题材。陈婉贞还教她认了不少字，拿着粉笔到处涂写也是她的乐事。采采虽是男孩子，却较月月沉静，常爱歪着小

123

脑袋，大眼睛一眨一眨地说些傻话和提出些怪问题来。

"猫还爱吃蜈蚣虫。"这天他听我说了猫怎样捉老鼠和喜欢吃鱼以后说。"猫不吃蜈蚣虫，鸡才爱吃，猫就爱吃鱼。"我纠正他道。"对了，对了，从前我小时候也老吃鱼，老吃鱼。"

"那你肚子里一定有好些鱼了，它们一定在里面游泳了。"

"不能，"他赶紧回答，"鱼吃在肚子里就死了。"但紧接着又问："契爷，鱼真的会在肚子里游泳吗？"

"不会，我说着玩的。"他那认真的模样使我只得改口了。

"契爷，泥巴不好吃。"他忽然说道。

"嗯，自然不好吃。蜈蚣虫才吃泥巴。"我说。

"我吃过泥巴，吃了就生病了。"

"你为什么吃泥巴呢？"我奇怪地问。

"从前我小的时候，姐姐生病了，妈妈给她做馄饨吃，我也想吃馄饨，我就想生病，就吃泥巴了。"

"吃了就生病了？"我问。

"嗯，生病了。可是妈妈没给我做馄饨，只给我买了饼干。"

小小的孩子想得竟也都那么复杂，"下次想吃什么就给妈妈说好了。好孩子是不骗人的。"我抚摸着他柔软的头发疼怜地说。

"契爷，地底下为什么会有水呀？"他又仰起小脸问我。

我的常识是如此贫乏，还没等我想好怎样回答，他忽然高兴地说："我知道了，外面的水给太阳晒干，下面的晒不着。"这几句话虽然使我摆脱了窘境，却也觉得对孩子更其负疚了。

"男人生男人，女人生女人。"忽然他又没头没脑地来了这么两句，"妈妈快要生小妹妹了。"

月月正在数着她画的飞机，采采也过去帮着数："一、二、八、七、十八、十一"先是指着纸上数，后来就扳着一个个胖胖的、有着小酒窝的小手指数起来。"日本鬼子最坏了，将来我长大了，我就买好多好多真的飞机去打它，它就不敢来了。契爷，你信不信？"他抬起头认真地问我。

连绵几天的阴雨使我没能见到小孩子们。这天下班后我去何士清家，只见门上挂着锁，我等了好久，还是不见他们回来；问邻居，说是打清

早他们的门就锁着，不知上哪去了。待我上街走了一遭回来，门缝中已
透出微弱的光晕，推门进去，眼前的情景使我大为震惊了。

何士清两肘支着桌面，垂着头，双手插在散乱的头发里，布满血丝
的眼睛定定地望着灰黯的墙壁，陈婉贞见我进门，就失声痛哭起来，泪
水不住地顺着苍白的脸颊流到她的唇边，滴在她的衣襟上。不见采采，
月月拉着她的衣襟，"妈妈，妈妈；采采，采采"地哭着。

一种不祥的预感顿时包围了我。

"吃晚饭时还好好的，……"陈婉贞一面抽泣着一面和我述说着经过。

"还不到九点就嚷着肚子痛。给他吃了十滴水，不管用；冲些万金油
给他喝了，还是一样。后来越嚷越厉害，满脸是汗，在床上爬过来爬过
去地打滚，……"她痛哭了起来；何士清还是垂着头，默不作声。

"还没见过肚子痛有这么厉害的，该不是盲肠炎吧？"我对何士清说。
可是南岸没有医院，要送医院只有过江，但这时轮渡早已收航了。

我的心房骤然紧缩了。这些时候来我们都是吃的平价米，里面稗子
特多，我已几次听说过有人由此而得盲肠炎的，采采果然是……

"等我们到了医院，已经两点多钟。全院只有一个值夜班的大夫，
护士说是查病房去了，于是打电话满医院找；可怜孩子这时……"一阵抽
泣打断了她的话。

"诊断确定是盲肠炎，"陈婉贞又说了下去，"因为路上颠簸，时间又
耽搁久了，说是盲肠已经穿破，转成腹膜炎了……"她说不下去了，月月
边哭边使劲地扳动她抽泣着的肩膀。

雨沙沙地下大了，房顶给打得啪啪直响，小屋里原就十分昏黄的灯
泡显得更昏黄了。何士清长长地叹了一口气，以充血的眼睛对着我，接
着说了下去：

"我签了字，可是带的钱又不够，……"陈婉贞抽泣着坐了起来，把
月月揽在了怀里。

"终于给动手术了。"何士清继续说，"是耽误久了，手术没……"他没
说下去，其实也不用说了。

我的心绞痛着。那如此贴近我心房的，那仰着圆圆的小脸向我说着
傻话的神态，那清脆的、亲热的"契爷，契爷"的呼唤……这一切，难道
真的不会再有了么？难道这是可能的么？

125

1941年重庆防空洞惨案部分遇难者

自从采采死了以后，我就不常去何士清家了，因为我难以抵御那么多痛苦的记忆，害怕见到月月在门板上、墙根上写的那些歪歪扭扭的粉笔字："采采没有了"，"采采死了"；我更害怕见到那被哀伤和愁苦压倒了的陈婉贞的苍白的脸庞。短短的日子里她好像苍老和憔悴了好多，纤瘦的身躯使腹部更其显眼了。

命运的作弄人竟会是如此的残酷和可怕，那是在采采死后一个多月的光景，那天何士清夫妇带着月月进城，遇上了空袭警报，他们慌乱地跟着许多人一起躲进了大梁子的隧道中。就在那一天，他们一家三口和在那里躲空袭的一万多人一起，都因窒息而葬身在那隧道中了。

126

两天后，我特意进城去了大隧道那里，为的是想以自己的心去为这一家子，也为万千受难者进行祭奠和献上我的哀思。

在隧道门前，陈婉贞一家子的音容笑貌执拗地在我脑际翻滚。充溢于我心胸的，则是日来传说纷纭的惨案发生后的一些情形，如国民兵们洗劫受难者身上及随带的财物而大发其财；一辆辆不绝于途的运尸车和人去楼空，听任宵小之徒撬开门锁肆意掳掠等等，等等。

我来到唯一大戏院前，但见售票处的石阶附近，小丘般堆着两堆大小不一，形式各异的鞋子，人家告诉我，它们都是受难者在隧道里挤落的。……

大约一周以后，厂方派庶务课长打开了何士清家的门，把他们的衣被、箱子、杂物等都收拾起，据说其中有些要被送到城里的拍卖行去，以抵偿何士清的借支。待我知道后急急赶去时，发觉还是去晚了。

门板上依稀可辨的月月画的飞机和写的那几个可怕的字，首先刺痛了我的眼睛，我几乎感到了窒息。

屋内已是空荡荡的了。铺着破篾席的竹床上摊着一些报纸和绳索，桌上堆着一些旧书，满地都是残纸和破旧的鞋袜之类，其中有一些散乱的彩色积木——那还是几个月前我送给采采的生日礼物；屋角堆着几只碗碟，敞着的铝锅里还有一锅底残粥。……

我失神地呆立在这空荡荡的屋子中央，重温着和这一家人的相聚和交谊；往事不绝地撞击着我的心。

偶一抬头，陈婉贞画的他们夫妇的炭笔画像顿时撞入我的眼帘，他们立时都在我眼前活了起来，士清那似正经，又似嘲弄的"抗战必胜，建国必成"分明还在我耳边回响；陈婉贞那亲切的、含笑的大眼睛，也还是那样直直地望着我。当我从地上拾起几块彩色积木时，眼前仿佛也重现了采采那双黑亮黑亮的大眼睛，而且像就要向我说些傻话和提出些怪问题来。

这一家子和我曾是如此地贴近，而今竟已是相隔那样遥远！

短暂被捕

127

我正专注地在伏案工作，肩头被人拍了一下。

抬头一望，一身制服的警察站在我身旁，后面还立着一名便衣。

"把你的身份证拿出来看看。"警察说。

我把身份证递给了他。"来者不善"，我暗中把挂在抽屉上的钥匙拧了一下，再不动声色地揣入了上衣口袋，站起身。

"你要干什么？"警察问。

"上厕所。"我答道。

便衣向警察努了一下嘴，警察尾随我走出了办公室。

我原先想把钥匙丢在去厕所道旁的草丛里，但警察对我寸步不离。从厕所回来，便衣开口了：

"跟我们走一趟。"

我们上路了。警察在前，便衣殿后。

上坡下坡，左拐右拐，一路无语。

我的头脑在迅速地转动，为什么单要我一个人的身份证？我感到这将是个"政治性"的问题，我是常去曾家岩、红岩或是化龙桥的，他们知道了？知道又为什么没和我提到一个字，又没要我打开抽屉？全厂上下百把员工，为什么单单找我一个人？为什么又没有问我一句话？

我的抽屉是不能给他们看到的。里面有《论新民主主义的文化与新民主主义的政治》、《论待人接物问题》、《异哉〈限制异党活动分子办法〉》，还有《他山石》和几本关于华北等战区战况的小册子，都是徐冰送给我的。当时我竟想得那么简单，把钥匙投入草丛，难道就没事了？要是他们命我打开抽屉，又该怎么办？

真是傻透了。幸好对方比我更傻，要不，那结果就不难想象了。想到这里，我有了一种"豁然开朗"的感觉——他们什么都不知道，这就使我坦然了。

在一个斜坡的左侧，紧闭着一扇破旧的木门，门外没有任何标志，"呀"地一声，警察把门推开了。

进门是一个院子，院里没有一个人，穿过院子，进入了一个大厅。

大厅左侧，立着一人多高的栅栏。警察把我推了进去，把栅栏上了锁，便紧随着便衣从右侧的门出去了。

我累了。但栅栏里没有凳子，我便蹲着休息。我环视这大厅，它高大空阔，地面铺的是青灰方砖，显得十分古旧。正面悬挂着蒋中正的戎装像，左右两侧是国旗和党旗，下面是一张圈式藤椅，椅前一张油漆剥落的八仙桌，此外便空无一物。

"站起来！"一个声音向我吼道。

我站了起来。

"抬起头来，看着我。"那声音又吼道。

我抬起头。意外地看见了一张并不陌生的面孔，却怎么也想不起在哪里见过；说话的人戴着礼帽，夹着皮包，他摘下礼帽，扣住皮包放在桌上，在桌边坐了下来。

警察端了一个盖碗茶进来，放在桌上，便退了下去。

"什么名字？"他用逼人的目光对着我。

"王树基。"

"哪里人？什么时候来的重庆？"

"上海。前年随工厂内迁来重庆的。"

"和什么人一起来的？——不要等我问一句才答一句。"

我不知道你要问什么，我怎么回答你，我想。

他从皮包里抽出一张纸往桌上一拍，突然向我大声吼道：

"你是共产党。"

"不是。"我答道。

"你们厂里有不少共产党。"

"我不知道。"

刚才我已在脑子里滤了一遍，厂里和我有较多交往的人，没有一个像是"共产党"的，虽然我也同样不是，但如果这人知道我常去曾家岩和红岩，还能不给我以"颜色"么？而且，他们居然没有要翻看我的抽屉。

"不知道？"他依然以灼人的目光逼视着我，而且又使劲拍了一下桌子，盖碗的杯盖几乎要被震落了。

"不知道。"我坦然地答道。

"好，我会让你知道的。"他收起皮包，拿着礼帽，悻悻地从右边的门出去了。

大约过了一小时，依然不见任何动静。暮色渐渐降临，大厅益发显得灰暗和空阔了。

129

我感到疲劳，干脆坐在了地上。思忖着已发生的一切，结果我仍是感到泰然。

便衣又进来了。我已看不清他凶煞的目光，但他的轮廓已经刻在我的记忆中了。

"知道了吗？"还是恶狠狠地问道。

"不知道。"

他突然从皮包里掏出了一支手枪，往桌上一拍："它会让你知道的。"

我并未被吓倒，我真的不害怕，因为我已认定，他们并未掌握我的任何情况。

正在这时，警察进来了，身后还跟着军长（我们厂的董事长）的勤务兵。

便衣从警察手里接过纸条看后，对我瞥了一眼，将手枪收入皮包站了起来，"总有一天我要收拾你这小子的。"走向门边时他还向我抛出了这么一句。

警察过来打开了栅栏，我便随军长的勤务兵走出了大厅。暮色已经很浓了。

当天深夜，我就在办公室地上掘了一个小坑(办公室是泥地)，把那些"有碍"的小册子用报纸包好，埋入其中了。

过了些天，我在新知书店看书，偶一抬头，见书案对面右角站着一头戴礼帽的人，手里拿着书，双眼却直直地盯着我，难怪那天在大厅里和他正面相对时感到那样面熟，原来那已不是初次见面了。

我心头一惊，但随即镇静下来，若无其事地缓缓放下书本，漫步出了书店。走出几步见后面并无异常，便踅入了民权路，在新生商场绕了一圈后径往海棠溪码头，渡江去南岸了。

别重庆

本来说的是今天清晨就开车的，可是临时出了问题，走不成了。战时的交通就是这样困难，不能像以前那样，火车、轮船准确的几乎不会有分秒的差错。

上午，我接待了几个来看我的朋友，午后，又进城去看了一下寇先生。我没有再去找别的朋友，因为我已经吃过他们为我送行的宴席，接受了他们的祝福："顺风，珍重，……"

往常，我一直把友情看得很淡漠，虽然那并非为了"君子之交淡如水"的作态。这次的别离，却使我深感友情的温暖和可贵；我没有能力写出这些天来我的心情和感受。

现在是晚上六点三十分。因为本来就是日短夜长的时节，又为了是雨天，所以窗外已是一片昏暗。在这小小的房间里，陪伴着我的是一张桌子和两把椅子，一张木床和一个茶几，此外就是悬在房中央的投射着昏黄光毫的电灯泡，因为没有灯罩，显得很有些孤零零地。

桌上一张今天的《新蜀报》，是我已经看过了的，手边又没有一本书。我不知该怎样来打发这寂寞的时光，于是推开门，倚着栏杆，无聊赖地呆坐望着江对面闪烁着的星星般的灯光，一个灭了，一个又亮起来。……

山城毕竟是美丽的，特别是在江的对面看它的夜色。它使我记起了香港，那个已成了"死岛"的都市。

　　江面上送来的风，使我感到了一些凉意，我披上了棉大衣，还是贪婪地观赏着这一片夜色。

　　点点灯火落在江面上，使江面有如一幅缀着条纹般的黑色绸缎，条纹在夜色中轻轻地摇曳。偶有挂着红、绿灯盏的渡轮，间或拉响一声汽笛，突突的马达声自远而近地驶来，江面便变成闪烁着的玻璃碎片；渡轮再自近而远地驶去，闪烁着的玻璃碎片就又变成了黑黑的绸缎。……

　　我的眼睛没有自江面移开，然而我的心却在渐渐移动了。

　　啊，重庆！三年多来，在你这里，我目睹了祖国和人民的受难，经历过噩梦般的灾难；见到过豪门巨富的灯红酒绿，歌舞升平；见到过"一方面是庄严的工作，而另一方面却是荒淫和无耻"。你开阔了我的视野和充实了我的人生，在你这里，有我之所憎，更有我之所爱。

　　这三年多的生活，我将视为珍贵的记忆，因而想到即将和它告别时，竟感到不胜其恋恋了。我凝望着江对岸的灯火，默想着哪一个方向住着谁，而且猜想着他们正在做着什么。……

　　夜色越来越浓，灯火渐渐疏落。

　　隔壁房间里的孩子唱起了《松花江上》，调子是那样地哀婉凄凉；我并没有思乡啊，但我的心却感到隐隐的痛楚了，一种莫名的惆怅和悲哀悄悄地在向我袭来。我进了房间，和衣倒在床上。

　　"八卦丹、万金油、全灵丹、花生米、桃片、纸烟、瓜子，……"苍老的吆喝声和着沉重的脚步声经过我窗前，牵动了我新的思绪。

　　我感到寂寞。我想写几个字，来排遣我的寂寞。我用湿手巾拭了一下眼睛，打开了窗子，一阵凉风吹进屋子。我请茶房买来了蜡烛，在烛火下写了这些。

　　心头似乎轻松了不少。明天，我就要开始我的旅程；我将登高山，越峻岭，让它们的磅礴气势抚育我，陶冶我，我将做它们的儿子，投向它们的怀抱。

　　再见了，重庆！

　　　　　　　　　　　　1943 年 10 月 6 日　　重庆南岸海棠别墅

渝筑道上

10 月 8 日

司机变了卦（我并没有少给他钱），以致原定 5 日启程的计划又得改变了。

这几天，费了不少口舌，终于弄到了一张今天去贵阳的车票。一早起来，但见天上重重地压着乌云，看来今天可能有雨。

经过种种出口检查，上午九点我跨上了一辆运货的木炭车。看样子这车"老爷"得可以。但车票来之不易，因此我也十分满足了。司机座旁已坐了两个人，一个显然是司机的"下手"，另一个就不知道了，也许是"黄鱼"。虽然我付了公路局规定的一千二百二十元的车资，可是只能坐在司机室后面的车篷里，和一袋袋的"永利纯碱"为伍。

九点四十五分才开的车，在这之前就下起雨来了。"永利纯碱"是不能挨淋的，因此车篷盖得严严实实，几乎没有一点缝隙，于是这里只能是黑糊糊的一片。车轮开始滚动时，我不能对我生活过三年多的"陪都"作最后一瞥，这很使我难受。雨渐渐大了起来，雨珠在篷顶上卜卜作响，我的心情也就更其沮丧了。

快到一品场了，这里是进出重庆检查最严的地方。虽然行前我已将略有"干系"的东西都处理掉了，但还密藏着几封对我来说是十分重要和珍贵的信件，这不由地使我很有些紧张。十二点又五分，车子在一品场停下了。

真出我意外。宪兵只是查看了我的出境证，连手提箱也没有要我打开，这格外让我为那些忍痛处理掉了的东西后悔不已。

离开一品场不久，陆续上来了几条"黄鱼"，他们大多是付了二三百元的代价去綦江的。

车子渐渐开始爬坡了。这木炭车走平路时倒也不慢，但爬坡时就如老牛一般，令人心焦。

雨住了。我撩起车篷的一角，一阵凉风吹了进来。我无法看到车前方，只能看到逐渐后退，杳无人影的蜿蜒的公路。在距綦江还有二十公里光景处，车子忽然停下，原来是被一群卖广柑的孩子拦住了。很大的广柑，一元钱四个，相当便宜。

132

下午三点十五分到了綦江，这里距重庆八十四公里。比三年多前我经过这里时它似乎添了不少建筑，显得热闹多了。车子缓缓地从熙攘的人丛间穿过，在市梢停下，不走了。

我在儿童体育院对面的一家小旅店里住了下来。旅店设备十分简陋。在污黑的煤油灯前草草地吃过晚饭后，这疲劳的第一天的旅程就算结束了。

10 月 9 日

天还没有亮，就被鸡啼声唤醒了。真是鸡毛店，我想。

醒来后，头有些痛。

昨晚下了一夜雨，虽然现在停了，可是路上十分泞滑。六点十分，迎着清新的山野朝风，车轮又开始滚动了。

车子在溅着泥浆的公路上行驶着，我能看到的仍只是车后方。

出綦江大概还不到十公里，我见到后面一辆篷顶上坐着好几个人的车子在爬向一个小丘时，右侧的车轮陷在泥泞里，怎么也转不出来，篷顶上的人还没有全跳下，车子就越发倾斜，终于完全翻倒了。幸好路旁是农田，大概不致造成伤亡。

早晨的空气格外清新，尤其是在雨后。车外的景色很美。虽然早已入秋，但眼前还是一片葱茏；路旁还不时能看到红黄白紫等色相间的野花，偶尔可听到几声悦耳的鸟鸣，远处的山峦则朦胧于云雾里。

昨天车行一日没有出过毛病，今天只半天就抛了两次锚。抛锚是令人烦恼的，却也有好处，那就是可以下车活动一下身子，畅快地呼吸一些新鲜空气。当我环首四顾，看到远山近水和苍郁的古树、邈远无际的蓝空，以及谛听着雀鸟和秋虫的啼鸣时，真感到心旷神怡，也不由地会想起"我们祖国多么辽阔广大……"的那支歌来。

车子恢复行驶不久，我见到了公路旁一条在湍急奔腾着的河流。水流清澈，当它穿过一些嶙峋的块石，便激起一股牛奶般的白色泡沫；偶尔也见到几个无人撑篙的木筏在顺流而下。

多么清澄的水。我想到了今夏山城自来水断缺的时候，我们以八十元一挑的高价买来饮用的黄泥巴水。

将近东溪的时候又下起了雨。十一点半光景进了东溪。司机说需要好好检修一下车子，今天不走了。于是我只得找了一家旅店住下了。

133

綦江住的那家叫作"东南餐旅馆"，这里的叫"抗建旅馆"。它较綦江的强多了：房间宽敞、干净，特别是被子又干净又大；綦江的却是又脏又短，短得盖不上脚。这里的价钱也公道，才二十四元一天。相当不错的客饭也只二十四元。

饭后我上街走走，街上行人不少，相当热闹。街道两侧大都是些小杂货铺、小饭店、小农具店或是小旅店等。我见到了仅有的一家书店，陈列着的尽是些过期的旧刊物，如《中国的空军》、《三民主义半月刊》、《中国青年》和《日本评论》等，书籍则除了《四书集注》、《写信不求人》，以及中国文化服务社、独立出版社的几种无人问津的图书外，没有一本使人愿意看的新书。很奇怪这样的一家书店是怎样维持生存的。

在大街中段路旁的一块布告牌上，贴了几张军队的告白和一周前的重庆《中央日报》。

这里距重庆不过一百三十多公里，但竟是这样的一片文化荒漠。

两名穿黑色制服的警察正在墙头张贴着以红绿色纸书写的，有的是文理欠通的标语："厉行物价平衡"、"中国国民党万岁"、"庆祝国庆，拥护交通，服从抗战"、"蒋主席万岁"、"厉行经济政策"，等等。

晚饭时司机说车还未修好，明天能否走成"吃不准"。说时神态自若，像是告诉你这完全算不了什么。

街头有几个孩子提着彩纸糊的灯笼在追逐嬉戏。虽然和在这里见到的成人一样，他们大多衣着褴褛，不少孩子还光着脚，却似乎玩得很高兴。

从街上回来，我心情很有些沮丧。

10 月 10 日

又下雨了。抬眼望去，一片乌云。

车子不知已否修好，但我已作了随时上车的准备。

八点多钟，忽然自远而近地传来"铛铛"的一阵锣声，但见走来一个身穿黑色长褂的高个汉子，头缠白布，光脚套着草鞋，边敲锣边喊道：

"各位保长甲长听到，奉告各个同胞，今天双十国庆节，国旗一下挂出来，不挂就要给处罚。"

这人说完一句就"铛铛"一下。于是一些铺子有人懒洋洋地拿出一根短竹竿，挂出褪了色和大小不一的国旗，也有不挂或是挂倒了的。

　　"准备上路吧。"司机过来说。虽然这时还飘着雨丝，但车子修好了我仍觉得高兴。

　　车轮又在泥泞的公路上向前滚动了。这时刚过十点。一路几乎全是弯弯曲曲的上坡路，车子也就弯弯曲曲，吃力地往上盘升，越盘越高。偶然路旁掠过一簇簇红绿相间的野生天竺，在苍黄的土丘间显得格外好看。

　　将近十二点时到了超水乡。可能今天正逢赶集，车子放慢了速度，在密集的人群、货担或摊贩的一片扰攘的窄狭街道上缓缓驶过。从街道驶出一个多小时后，我忽然发现车子已爬得非常之高了，眼前是一片云雾缭绕，什么都看不清了，我几乎要怀疑自己是在天上还是在人间。

　　我们已进入贵州省境了。下午五点左右到了松坎。司机说在这里过夜，不走了。

　　这里较东溪要整齐一些。我住入的是一家楼下饭店，楼上旅店的"适中旅馆"。它正是上次我从昆明去重庆途经这里时住过的地方。我不明白它取名"适中"的用意，只是它依山傍水，风景十分宜人。

　　10月11日

　　早上起来，窗外又在淅淅沥沥地飘着细雨，我真担心这种阴雨天气要一直陪伴我到桂林了。

　　七点刚过，我们就上路了。

　　九点半左右，车子又抛锚了。我只好无奈地下了车。雨丝仍轻雾般包围了我。我茫然四顾，除空廓和静谧而外，没有一个人影。古人作"前不见古人，后不见来者。念天地之悠悠，独怆然而涕下"诗句时的情景，也许与我这时所见相去不远吧？

　　不大一会车子修好了。这条西南公路有名的险要处，是七十二弯，尤以钓丝岩最为凶险，因为谐音如"掉死崖"或"吊死也"，这就常会给人以恐惧和不祥的感觉。我们到达这里时约在十一点半光景。这里一边是直刺云霄的峭壁，一边是深不见底的峡谷，路很窄，弯子又特别多，因而车覆人亡的事故时有所闻。感谢上帝，我们终于平安地过了钓丝岩。可是没过多久，车子又抛锚了。

　　"马达一响，黄金万两"，大家都这样说战时的公路车司机。为的是他们常带私货或"黄鱼"（这车的司机一路就没少带"黄鱼"）。因为钱来得

容易，他们出手便十分阔绰；然而他们也确实辛苦，搭客们一般都帮不
了他们什么忙，至多在发车前帮他摇摇装满木块的鼓风炉，或是在他修
车时帮着递一下工具之类。

　　修好车，已是一点多了。司机说："我们找饭吃去。"路边没有任何铺
子，司机熟悉地带着我和几条"黄鱼"一起，走过一段弯曲泥泞的小路，
找到了一户农家。

　　我们竟得到了意外的欢迎。主妇为我们烧了开水，为我们作了用南
瓜和糙米煮的饭；虽是糙米，却也香甜可口，比在重庆吃的平价米好吃
多了。见我们吃得高兴，这一家子的人似乎也感到高兴。这种淳朴的民
风是城市里难以见到的。

　　和几天沿途所见的山民们大致相仿，这一家老小也大都面黄肌瘦，
形容呆滞。他们呼吸的空气清新，吃的菜蔬也新鲜，为什么都如此瘦弱，
我想也许为的是这里阴雨多，阳光少；食物的单调也该是个重要的原因，
而且，我还不知道他们是否有足够充饥的粮食。再看他们褴褛的衣着(沿
途一些集镇上也极少穿得好些的)，就不难想见他们生活的艰困了。想来
这种穷困很可能还是"世袭"的。这里没有学校，更没有医院。什么时候
他们才能摆脱穷困和落后呢？我茫然地想。这时，我自然地想到了"陪
都"的灯红酒绿；自然，那里同样有贫穷和苦难，但与眼前所见毕竟不能
相提并论了。

　　下午三点多钟，车又抛锚了。因为路面尽是泥浆，司机没法铺下油
布，他指着远处的一个村落，要我想办法找些稻草来。这竟使我在一个
农家经历了一个奇遇。

　　一个十一二岁的女孩，同样是衣衫褴褛和面黄肌瘦，而且光着双脚。
她忽闪着一双有着长睫毛的大眼睛望着我。因为刚才帮司机作了一回他
的下手，我想洗一下满手的油污。

　　"你帮我找一点洋硷①好吗"，我对她说。

　　"没曾帮你买洋硷，先生，"她笑笑说。——那笑可实在是美极了。随
而她反问我："要不要吃鸡蛋，熟的鸡蛋？"

　　"要的，一块钱几个？"我故意逗她。

－－－－－－－－－－－－

　　①　洋硷：肥皂。

"一块钱几个?"她撇了一下小嘴唇重复道,"两块钱一个,不得少。"

"相应^①些,还是一块钱一个吧。"我说。

"对你说,先生,"她认真地说,"这是我婶娘的家,不是我的家,一块钱一个,人家不得卖你,要是我的家,先生,我不要你的钱。"

进入贵州省境后,我多次在公路旁见到过"有山有林,有路有树"和"有土有谷,有田有物"之类的标语牌,却未见过有宣传教育的。望着面前这对澄澈如水的大眼睛,我不禁想到在这样僻远的山区,不知有几百几千这样可爱的孩子都没有上学的机会,一代又一代的文盲就这样地绵延下去,真是太可怕,也太可悲了。

大约五点光景,她忽然出现在我们的车前,还是光着双脚,其实这时的天气已经是很凉了。她对我笑笑,没有说话,只是张大着那好奇的眼睛看着司机摆弄机器。车子很快要开动了,我真想给她些什么,但摸了一下口袋,什么都没有;给她钱么?似是施舍,我不想那样做。——然而为了这,之后我快快了好些日子。

在车灯的照亮下车子继续前行,晚八点左右到了桐梓。我们在"长江饭店"住了下来。

10 月 12 日

什么都准备好了,只等司机来叫我。可是快七点半了,还没有一点动静。

我找到司机,他还蒙头睡着,犹豫了一会儿,我还是叫醒了他。

"还早。"他不高兴地说,"再睡一会儿。"

"不早了,快八点了。"我说。

"什么?刚才我看表还只四点不到,"他赶紧坐起来说。原来他的表停了。

九点不到,还是在细雨中离开了桐梓。但没走出五公里,车又出了毛病,司机说要返回桐梓修理。

下午一点重又自桐梓出发。过不了一小时车子就弯弯曲曲地向高处爬去,可能因为坡太陡,木炭车的动力不那么有劲,因此爬得费力极了。"你们下去走一段吧,"司机对我和几条"黄鱼"说。

137

————————

① 相应:便宜。

我们顺从地下车走着。我回首望了一下，是绵亘不见尽头的，回旋曲折如河流般的公路，我怀疑那竟是我们刚才走过的路，这不禁使我对司机和这"老爷车"都很有些敬意了。

走了半个多小时的上坡路，虽然已很有些气喘吁吁，而且汗涔涔了，但我还是很高兴，因为我知道，在这里步行的机会今后永远不会再有了。

又走了一会儿，在路旁矗立的奇岩怪石中，我忽然瞥见有一块写着"白军弟兄不打抗日红军"的巨大山石，字是美术体。这当是"二万五千里"留下的纪念了。不知是用什么颜料写的，算来已经过将近十年的风吹雨淋，字迹依然十分清晰。

车子并不比我们走得快些。到又一个坡顶后，司机叫我们上了车。这之后就没有什么大坡了，车子走得很好。五点刚过就到了遵义。这四个小时走了七十一公里。

这也是我上次曾经过的地方。只是那次搭的是我们公司自己的车，没像这次受罪；而且那时我们有好几个人同行，这不能不使我想起了陈水永。

陈水永是到重庆不久得了重病后决定回家的，路线还是走这条西南公路，到昆明经海防转香港搭轮船回上海，但不幸竟死于海防至香港的途中而被海葬了。想到他带着重病只身颠簸于这条险峻的公路，最后终于孤独地死于途中，我就不能不感到满怀痛楚和悲愤。

遵义市道路宽敞，市容整齐而且繁荣，是我这次途经的第一个大城市。我在"首都别墅"住下了。几天前在重庆候车时所住的"海棠别墅"，招牌听来很气派，实则稍胜"鸡毛店"而已；这"首都别墅"则大不相同：房间大，四壁粉得雪白，很大的西式床和又厚又干净的被褥，桌椅、衣架、脸盆架等都一应俱全，而且都十分光洁。

特别是推开两扇落地的玻璃窗便是一个精致的小洋台(临街，每一房间都有)，洋台栏杆上残留有庆祝国庆时扎上的柏枝和鲜花，鲜花已很有些奄奄了，柏枝却翠绿欲滴。

当我站在洋台上俯视往来着的行人车马时，我又一次想起了陈水永。啊，阿永！你途经这里时是住在哪里的呢？你告诉我，我要去看你！

现在是晚上七点二十五分。这里距贵阳只一百五十多公里，如果明天途中不抛锚，那么明晚的这时我大概已在贵阳了。

10 月 13 日

司机打门把我叫了起来，说是要上路了。我看表，才三点二十分。这么早就走，看来他是下决心要在今天赶到贵阳。

车子在如漆的暗夜中行进。天很冷，而且又下雨了。

八点半就到了乌江。乌江谷深水急，有不少险滩。车子没在这里停留。十一点到达息烽后，我们便在这个小县里吃了午饭。

不少铺子都上了门板。据饭店老板说，昨天这里被拉走了许多壮丁，不少铺子的老板和伙计都给拉走了，只剩下妇女和小孩，因此只好关门了。这铺子掌柜的原是他儿子，也和两个伙计一起被拉走了，如今身边就只有他儿媳妇和一个刚满六岁的孙女，这又使我想到了那可爱的光脚的小姑娘。

重重的贫穷和灾难，总是紧压在老百姓们的身上。抗战胜利了也许会好些，我想。想到了"胜利第一"那句口号，心情又沉重起来，胜利至今还不见一点影儿。

午后一点离开了息烽。低于公路的山坳里升腾着云雾。车子不断地拐弯和上下坡，因而远山似乎也都在不断升降。

当路旁的里程碑二十五公里、二十四公里……逐渐退去的时候，我的心情开始轻松起来。

五点半到达三桥，这里距贵阳还有三公里左右。司机说车就停在这里，不走了。

我雇了马车从威西门进城。这一带很僻静，街灯昏黄。在暮色中我见到一家"上海大旅社"，便在这里投宿了。

这旅店真糟。房间又小又脏，没有一件较像样的家具；最不堪的是又薄又短，污黑得令人不敢触摸的被褥，房金却是每天四十七元，小费还在外，而昨天那么好的旅店一天才三十五元。

但我实在疲乏得不想动弹了。出去给重庆发了个电报就回来了。原想到了贵阳后，可以住入一家稍好的旅店，洗个澡，吃一餐较好的饭，然而竟住了这样一个地方，明天必须另换一家旅店，望着这脏污不堪的被褥，我有些颓丧地想。

听说这里去桂林的车票也很不好买，不知道我将在这里留几天。

滞留桂林

出门真难啊，尤其在战时。公路上颠簸了将近一个星期，真像一句歌词说的那样："骨头架子都要散了。"

在这里等车，今天已是第五天了。旅店门前挂着写有"今晨有车直放昆明、桂林、重庆、金城江……请向本帐房登记"之类的黑板，虽然我刚住下时就登记了去桂林的车，可是至今仍是杳无音讯。三年半以前我曾经过这里，但只停留了一夜，因此它并未为我留下多少印象；这次却以颇为闲散的心情留下了。

本来，这地方曾被说成是"天无三日晴，地无三尺平，人无三分银"的。但如今看来，它也算得上是个繁华的边城了。

我住在中华路中段的一家小旅店里。这是闹市区。白天，马路上行人熙熙攘攘，晚上则更显得热闹。说不出为什么，我觉得和重庆相比，这里的战时气氛似乎要淡些，也许是较少空袭之故。但热闹不下于重庆。前些时候重庆新开了一家"升平电影院"，这里的升平景象似乎并不比重庆少些。

"下江人"不少于重庆，甚或会更多些，大都衣着入时，招摇过市。也常见一些穿戴异样的少数民族，和那些西装革履或旗袍高跟鞋同时出现时，就很有些显眼了。

也有不少"下江馆子"。看到那些诱人的"下江"小吃，游子的感觉就自然地生发出来。

旅店的住客不多，相当安静。房里临窗有一张小桌。白天我大都在桌前写信或是看书。累了就合上书，上床躺一会；实在无聊了，就锁上门，去街上逛逛，或是去看一场电影。前天看了一场《歌舞大王齐格菲》，那豪华辉煌、瑰丽多姿的场面，给了我不少愉悦和满足。

天时阴时晴。昨天下午下了半天雨，今天似乎很有些凉意。还是为了无聊，下午四点过后，我又走上了街头。

行人多。店铺也是一家紧挨着一家。许多店铺装有大的玻璃橱窗，这在重庆却并不多见，因而显得比重庆气派。有些商品也是在重庆少见的，如颇为高贵的化妆品之类；不知道这类商品是通过什么渠道来到这里的，商人们总是那样神通广大。

不少商店正在举行秋季大减价，可是价钱也并不便宜。

在拍卖行里，我看到了八万元一座的美国台钟，四万六千元一件的海勃龙大衣，七百元一双的羊毛袜，等等。

书店不多。但很有些桂林出版的书刊；有的是重庆未见过的，也有重庆有而这里没有的。在书架上，我发现好几本在重庆时曾经我手出版的图书，它们对我竟是那么亲切，不禁信手从书架上取上随意翻阅，而许多往事和朋友的面影都重现于我眼前了。一切都成为过去，再也不会回来了。我想念一些为我所敬爱的朋友，"别时容易见时难"，我不知道今后能否再和他们重聚。这时我竟觉得深深的孤零和寂寞了。我不知道为什么自己总是这样软弱。"我真想痛哭，然而我感觉得我心底，已经像沙漠一般荒凉了"（纪德：《田园交响乐》）那样的感情，总像蛛网般层层粘在我心头，怎么也摆脱不掉。自然，这种感情极不健康，真该认真向自己"革命"了。

夕阳中，我在南明河畔逗留了一阵。游人不多，很安静。夕阳在河面上泛着黄金般的粼粼波纹，在重庆就没有见过这种景致；也许那里的南温泉有，但我没有去过。听别人说花溪很美，但离城有十好几公里，虽然有直达那里的马车，但我的旅费已用去不少，也就无此雅兴了。

现在，我又坐在窗下的桌前了。偶一抬头，看到了壁上的日历，就想到明天是鲁迅先生的七周年祭，我不由地翻出了摘有于我十分有益的一些警句的本子：

"什么是路？就是从没有路的地方践踏出来的，从只有荆棘的地方开辟出来的。"

"人固然应该生存，但为的是进化；也不妨受苦，但为的是解除将来的一切苦；更应该战斗，但为的是改革。"

"曙光在头上，不抬起头，便永远只能看见物质的闪光。"

"训良之类并不是恶德。但发展开去，对一切事无不训良，却决不是美德，也许简直倒是没出息。"

我仿佛觉得鲁迅先生正以如炬的目光在注视着我。他的那些警句似乎也在鞭笞着我的怠惰、懦怯和软弱，我不由地感到一阵战栗。

我还能坚强起来么？我还能有出息么？

1943 年 10 月 18 日　贵阳

141

给亡友

爱棠，八九个月我没有接到过一封大后方的信。今天好容易收到了钿弟的来信，却怎么也没有想到它竟为我带来了你的死讯！

世事如梦啊，相别还不到两年，今天却要写吊你的文章了！爱棠，我的心是多么痛楚，多么痛楚啊！

1939年，我们一同离开了上海。同船的十来个人中，除了我带着久病的身子外，你们都是那样的健康、壮实，都是一样朝气蓬勃的小伙子；可又有谁能相信，你已是这十来个人中倒下去的第三个了呢？

健壮的像牛一样的阿荣，是害了重症要回家，却死在从海防去香港的船上，而被抛入大海里的；道文是我离渝后不久跳入嘉陵江的；而你又孤零零地病死在歌乐山。体强力壮的你们竟都一个个地先我而去，这又怎能是我能想得到的呢？

你的病，开始在42年的初夏，一开始就那样大口大口地吐血；我的病，开始在36年，虽然到今天我还在断断续续地咯着血，虽然就在这一刻我胸部还在隐隐作痛，但我还活着。而你，还不过三年就被病魔征服了。爱棠，这是你的软弱呢，还是上帝的不公平呢？

我长你一岁，而吃排字饭也早你一年，我们都已在印刷界混了八九年。这些年来，我们负着生活的重轭，像牛一样地干活，干活。我们肥了人家，却为自己留下了灾难和贫穷，招致了疾病和死亡。社会给我们的，也只是欺凌和侮辱，冷漠和迫害，我们像野生的小草，默默地生长，默默地死亡。

在重庆，我们像机器一样，每天工作十四五个小时。而在"业余"之暇，我们还是各自在学习。生活的疲劳使我们感到窒息，但我们还是默默地干下去，实实在在地学习下去。我们总是受到宵小的猜忌，老板的迫害。我们都被戴上了帽子，我被送进了卫戍司令部，你则在威胁与恫吓中，战战兢兢地过着日子。

我们的国家就是这样地爱护、培育着她的"未来的主人翁"的！

病前，你总爱戏呼我为"肺王"，而以你的健康向我骄傲，但又有谁能想到你也染上了这鬼病，而病情又远严重于我呢？

曾有过那样的一次，你把吃剩的半个面包给我，我还笑对你说："上面的结核菌一塌糊涂，我不敢吃。"你则苦笑了一下，低声地说："结核菌恐怕还是你给我的。"这情景至今还历历在目。如今想来，我那"玩笑"对你是多么残忍！爱棠，果然你的病是由我而起的，我又该怎样来赎回自己的罪愆呢？

当我离开重庆的时候，也正是你去涪陵养病的时候，因而行前未能与你一面。待我到达桂林，你就一封封来信催我回去，并说你将不久于人世，以致使我日夜不安。几个月后你又来信说病情好转，而且已销假回厂，这虽使我稍稍安心，但沉重的工作和那乌烟瘴气的环境，却怎么也不能不使我为你担忧，未几，你重又大口吐血的消息就传来了。

当你在打着空气针时，我也因病发而打着空气针。虽然远隔重山，但却阻止不了我们彼此间的想念。而你每次来信总是洋洋千余言，在那里面，你又总是那样地昂奋和激动，也那样地流露着绝望的不安。为了减少你情感的波动，我曾多少次劝阻你写信，但你却说："死总是要死的，信还总是要写的。"爱棠，你不知道你那样的话是怎样地在撕裂着我的心！

你告诉我，当你不再能生产剩余价值时，公司是多么地厌弃你：住一间阴暗而霉湿的小屋，始则停薪，继则停伙，不仅无法"营养"，连果腹都成了问题。因而又使你痛感于世态的炎凉。爱棠，那真是没有必要的，对那些吮吸我们的脂膏，失去了人性的猪狗，对那些杀人的凶手们，你能对他们存些什么希望，又能要求些什么呢？

我打空气针，只须走过花桥，到七星岩便行。往返至多里许路；而你却要在烈日下渡过江，扶着拐杖，爬上七百余级的望龙门高坡，再走二三里的上坡路，而到七星岗。当你看到雪亮的小汽车在你身旁疾驶而去，看到白白胖胖的家伙靠在滑竿上，轿夫们从你身后吆喝而过的时候，你是那样的遏止不住你的激愤，你悲痛地问我：我们犯了什么罪，而要受到这样残酷的惩罚！

唉，好友，我有什么话可说呢？我该怎么回答你呢？

去年4月，你的病情变得更严重了，你绝望地叫着你还没有活够，说你不愿意就这样离开我，不甘心这样年轻就这样离开这个世界，你说你要等着我，等着我再去重庆。接到你这样的信，我是那样心急如焚，却又分身乏术，我只能要你多多静养，并分别函托渝地的一些友人多多

143

照顾你，我告诉你年内我一定要赶回重庆，我希望我到后能对你有所帮助，但谁知又来了疏散，而我终于还是无法西上。爱棠，你一定等得太久了。

战局一次次地"转退"，我也跟着一次次地流徙，以致即使不断地写信，发电，都得不到你的半点消息。昭平疏散前，我曾把来桂林后接到的一大堆信付之一炬，当我见到你的笔迹时，我曾有过战栗，而且踟蹰再三，但我还是把它们一起烧了，因为我不忍把它们准备留作你的遗笔！

而多么不幸，爱棠，你终于还是离我而去了，如今我手边再也没有你遗留的片纸只字，这又不能不说是我的罪过！

我真不信，在重庆有那么多友人，竟还是让你这样寂寞地死去。歌乐山离城达十余里，我也不知你临终前有没有人在你的身旁，要是凄凄冷冷的没有一个人，那你一定会想的很多的，你会想到故乡的亲人和远方的友人吧？爱棠，你真是太苦了啊！——你年迈的父母还都远在浙江绍兴，我也没有他们的通讯处——他们正眼巴巴地日夜盼着你回家呢吧。

过去，曾有多少次，为了耐不过这人世的寒冷，我曾想用自己的手割断自己的生命。今天我才深切地体会到：死，于自己固然是一种解脱，可是留给活人的，却是多深沉，多深沉的悲哀！

144

虽然，到今天我还痛感于缺少爱和热，但我再也不想死了。你的死，加深了我对蛀蚀我们这些劳苦弟兄的生命、吸干了我们血液的丑类们的彻骨仇恨，也加深了对那些千方百计要陷害我们的宵小奴才们的彻骨仇恨！我要活下去，我要看着那些挂着厚厚的脂肪、搂着姨太太在我们干瘪的身子上跳舞的混蛋们的死亡，也要看到我们广大的弟兄们的觉醒和成长！

在钿弟来信的末段说："大哥，看看爱棠是怎样死的，你就更该保重你那久病的身子哪！"是的，我将保重，我将留下这条命，爱棠，你安息吧，我会活下去，而且我一定要使自己坚强起来。假定世上真有所谓"命"这个东西，我就一定要向盖在我们头上的这不公平的"命"斗争，反抗！

爱棠，你知道我是早已丧失了生之斗志的人，但我不想欺骗你，我一定要好好改造自己；我虽明知自己身心的早衰，将不会使我再有所作为，但我将尽一点一滴的努力。我要使憎恨在我的身子里滋长，燃烧，我不能容忍和不能相信，我们这些劳苦的伙伴们就该一个个地被活活磨死；只要一天活着，我就决不忘记我斗争的道路！

爱棠，想到你在这不平的人世所受的十来年的磨难，而终竟无声无息地倒在遥远的异乡的时候，我就怎么也无法止住我的哭泣。我的泪水模糊了我的眼睛，濡湿了桌上的稿纸，我的心有如刀割。爱棠，真的，我们到底是犯了什么罪啊！

你的容貌举止还历历在我眼前，但你已去我那样远，那样远！过去，我一直梦想着回重庆，也无非是为的能与你相聚，可是如今，我再到哪里去寻找你，再到哪里去寻找你呢？

啊，爱棠，你回来，回来吧！我将拥抱你，守着你。要是你死而有灵，也在梦中向我显现吧，让我再见你这最后的一面吧！

我的心碎了。虽然已说了这么多，但还没有道出我心中的万一。油盏毕剥在响，灯油已经干了。永别了，爱棠！

1945 年 7 月 12 日深夜于广西黄姚

本文原载《广西日报》昭平版 1945 年 7 月 14 日、15 日

寻　觅

王仰晨

　　这小镇不是我的故乡，但在这里曾度过我童年的一半时光，因而在我内心深处，对它总有着故乡般亲切而又甜蜜的感情。

　　如今我年已花甲，而离开它，又恰恰已是五十个年头了。

　　迟早得去一次"故乡"看看。这是压在我心底已久的愿望，但却终未能有这样的机会；这次来到上海，说什么我也得去看看了，说要去看看，无非为的是要去寻觅我的童年。

　　现在，汽车正在柏油路上疾驰。金黄的油菜花、绛紫的蚕豆花、齐膝的小麦、清澈的溪流、错落有致的农舍……在耀眼的阳光下逐一从车窗外闪过。故乡快到了，再有半个多小时。

　　我惊喜地见到了"淑耕桥"。虽然它已完全不是当年的模样了，但镌刻在桥座上的这三个大字蓦地映入我的眼帘时，我就不自禁地在心里低语起来，"故乡，我回来了，回来了"。

　　我走上了小镇的街道。那铺着碎石，不知经历了多少年代，被鞋底磨得十分光滑的、狭窄的街道依然；但两旁的房屋、店铺，对我却全然是陌生的。我不免有些失望：在我记忆中那么真切，童年时我曾不断光顾的隆茂酱园哪里去了呢？万康药店哪里去了呢？鼎升米店、恒昌当铺又到哪里去了呢？还有那阿发婆婆开的，我常花一个铜元去买爱吃的咸橄榄的小杂货铺又到哪里去了呢？……

　　空气仍还是一样地清新。虽然这是星期天，但行人稀少。街头不时出现的铺着绿草，种着美人蕉、鸡冠花、月季花和木槿等等的小小绿化园地，使这里的空气益发显得宁谧和恬静。没有一幢熟识的房屋，没有一家熟识的店铺，——它们或则毁于"八一三"炮火，或则已是重新翻建过的，因而无论是新的旧的，于我全都是生疏了。

河流未变。架在河流上的桥梁也都还是旧称，但却都是重建过的了。我只能借着它们，寻觅依稀中的故居。我终于找到了它确切无误的方位，在它西侧的小桥，潺潺流水依然，但在我眼前的同样是陌生的屋子。我想到了"少小离家老大回"的诗句，希望能发现或遇见一个熟人，但所有见到的都只是陌生的脸孔和眼睛；唯有乡音仍还是我熟悉和感到亲切的，——虽然它们也有些变了。

我无数次地在故居前踯躅徘徊，而且不禁默默思念我辛劳终生的母亲，我似乎又看到她那干瘪、瘦小的身影，以及她蹲在这桥边的石阶上洗衣、洗菜等等的情景。

怎么能忘记母亲呢？她曾生过九个孩子，在我姐姐前面的五个，当他们在大的十二岁、小的三岁的那年，一星期一个，一个来月就相继被传染病夺去了生命。长年生活于灾难和贫困中的母亲，当时虽只有四十来岁，但邻居的孩子们就都叫她"老妈妈"了；"老"和死相连，所以在那时我就最不愿意听到人家那样叫她。

她是怎样地在邻居们的讥诮和白眼中生活过来的啊，每月一元钱的房租，成年累月地拖欠着；米，也是三升五升地赊欠着，就这样，拉扯着四个不懂事的孩子。……

往事如烟。愿母亲的灵魂安息。

我抚摩着小桥的石栏，久久地凝视桥下的潺潺流水。啊，我不曾和小朋友(伙伴)们一起光着脚，用小竹篮在这小溪里捞过鱼虾么？那银光闪闪、长不足一寸的小鱼，那蟋蟀般大小、晶莹透亮、活蹦乱跳的小虾，那蚕豆般大的螃蟹，曾为我带来过多大的欢乐；啊，这不就是阿康公公搭的、夜晚亮着灯笼的低矮篾棚的所在么？我不是曾不止一次地夜间钻进这篾棚，看他怎样把捉起的螃蟹一只只地扔进蟹篓，以及听他为我讲述白娘娘、小青青和蚌壳精之类的故事，而在他的故事中朦胧睡去么？

可是，阿康公公，你又在哪里？

我来到了母校的原址，而且惊喜地从墙报上知道它仍还是一所小学(但它门前未悬挂牌匾，以致我无从知道它的现名)。传达室里的一个中年人正在低头看报，他只瞥了我一眼便又埋头看报了，我就径自走进了

147

校园。

也许因为是星期天，校园里空荡荡的。教室都上了锁，教师楼里也不见一个人影，——我进入无人之境了。

在校园里，我走了个遍，也在各教室前走了个遍。如此清晰地印在我脑际的幼稚园、一年级至四年级先前的教室全已不见，它们都已是另一般模样；原在校园西南角、当年我常和同学爬上爬下的钟楼，三年级教室后侧的一片竹林也都不见踪影了。我在校园走廊的一角颓然地坐了下来，一种难言的寂寞悄然地在向我袭来。

碧蓝的天宇浮动着白云朵朵，它们与五十年前并无二致，但眼前的景象却已全非。望着悠悠的白云，我耳边似乎响起了遥远的，于我又是如此熟悉和亲切的钟声；随着钟声，纷乱的思绪开始逐一在我脑中跳跃和奔逐。

记得第一次来到学校，老师问我家里有多少人的时候，我说"有五只。一只爸爸，一只妈妈，一只——"老师笑着打断我道："不能说一只，要说一个。……"

就是在这个学校里，我从"狗。大狗小狗；大狗叫，小狗跳"开始，念到了《木兰辞》和都德的《最后一课》；那么，这时该有多少童年时代的记忆，在我的心头翻滚啊！

一些遥远而朦胧的同学和老师的面影在我脑际浮现了，我还隐约地记起了其中几个人的名字。我记起我们刚学英语时（三年级时），呼一名为"火妹"的女同学为 fire sister，嬉闹时呼一黄姓同学为 yellow dog；我也记起因背不出乘法口诀，曾被两次关学，独自坐在空荡荡的教室里的情景；想到那时我最爱看的《小朋友》和《儿童世界》；想到热闹和充满欢乐的恳亲会，以至耳边又响起了《麻雀与小孩》、《小小画家》、《葡萄仙子》之类歌声。……

但印象如此深刻和永远不会忘却的，则是"九一八"事件后的第一个"总理纪念周"（每星期一早上全校师生参加的纪念孙中山先生的例会）；当校长向我们报告日本帝国主义侵占了我东三省时，她哭了，我和许多同学也都哭了。

在那之后，就不断有来自上海的学生宣传队，随而街头墙上，也就出现了红红绿绿的各式各样的标语："宁为玉碎，毋为瓦全"、"誓死不买日货"、"捍卫国家，匹夫有责"以及"大丈夫当马革裹尸"、"匈奴未灭，何以家为"等等。

而"想，大家都知道，日本倭奴的凶暴……"也就成了那时我们最爱唱的歌。

几个孩子笑闹着来到了校园。在他们红扑扑的圆脸上都向我睁大了好奇的眼睛；但立时也就依然笑闹着奔向一株高大的、张满了绿叶的梧桐树下，顾自玩起来了。我出神地向他们望了一阵便站了起来，重又在这于我分外亲切的校园里慢慢踱着，时或停下脚步，看看嬉闹着的孩子们。

五十年前，我不也就是这般大，不也和我的同学一起在这里嬉戏么？我的童年呢？没有了，永远没有了；我童年时的伙伴呢？不知道，一个也不知道。时间带走了一切，改变了一切。

我又在原处坐了下来。

我分明记得，就是在那不久，父亲托人说好让我去上海学徒的；尽管我原就是"免费生"，家里却也无力再供我读书了。

同学们听说我要去上海，都显得那样羡慕："你要到上海去了，真开心"；"我爸爸在上海，每星期回来一次。他说上海离这里很近，坐头等车最不合算了，因为刚给你一条毛巾擦擦脸，给你泡的茶只喝了半杯，就要下火车了"；"上海多好玩啊，听说那里有个城隍庙，顶顶热闹了，那里的五香豆也顶顶好吃了，将来我一定也要去"；"我姐姐说，上海理发师傅本事真大，不要用骨针挑，只用梳子那么一梳，就把头发分出路来了"。大家七嘴八舌地说。

一个同学送给我一块橡皮，因为考试时我曾向他借过而当时他不肯借给我；从二年级到四年级一直和我同一个课桌的同学买了好几本练习簿，要我在这些簿子的封面上为他写名字，好留作纪念，至今我还依稀记得他的名字。

级任老师把我带到她的房间里，让我坐下后说："你爸爸也真是，这么小，就让你去学徒。"一面向我推过来几粒糖。

"爸爸说，供不起我吃饭了。"

"这么大的孩子，能吃多少呀？"她顿了一会儿又说："不过你爸爸说得也对，男孩子长大了再没有文化，拉洋车也能活，女孩却不行，所以

149

他说一定要供你姐姐继续读书。"

是的，爸爸曾对我说过同样的话。

"可是，你终究还是太小啊，"她爱怜地望着我说，"离开了学校，仍还一样要用功，不能长大了就真去拉洋车啊，我不是对你们讲过么？爱迪生、高尔基、孙中山他们小时候也没有读过多少书。……"

"冷暖要自己小心，不要吃得太饱。"她还是以充满爱意的声调叮嘱我："还有，做事要勤快，抢着做，扫地时桌子底下、屋角边都要扫到；看到来了客人要倒茶；要是见到地下有钱就要交给师傅，因为那是人家要试试你老实不老实。"

……随后，她从抽屉里拿出包着两双袜子的一个小纸包交给我，并牵着我的手，陪伴我走出了校门。

啊，亲爱的老师！如果你还在人间，那也该是八九十岁的高龄了，可是你又在哪里？

也就是从那时起，我开始了人生道路上的挣扎和跋涉。……

孩子们不知在什么时候已离开了这里。我从深思中醒来，以惜别的眼睛再次环视这整个校园；因为我知道，我来南方的机会并不多，而且即使重来南方，我也不可能，不会再来这里了。

150

我踏着碎石路面，沿着河流缓缓地向车站移动着脚步。河流和街道是亲见小镇在这半个世纪以至更久远的变化的。和我童年时相较，河流是显得污浊了，但如今饮用已有自来水，而且家家户户都已安上了电灯（童年时我最怕擦那被煤油熏得漆黑的玻璃灯罩了）；尽管我不曾见到一个故旧，但这里的人使我觉得都仍还如此质朴，而且看来生活得满足和快乐；虽然再也找不到一家我所熟识的店铺，但如今陈列在铺子里的东西却不知比那时要多出多少倍，而半导体收音机以至电视机、录音机、自行车、缝纫机、尼龙袜、塑料鞋、的确良、毛涤纶之类，以及那七八层楼的公寓和文化馆、电影院等等，岂是那时能想得到的么？

汽车的马达已经响了。再见了，故乡，也可以说永别了，故乡，因为我的宿愿已偿，而且我也不可能在你这里再得到我所想寻觅的了。

但我仍对你满怀感激。因为今天我毕竟在你这里重温我已失去了的一部分童年；今后，我也仍会久久地，深情地记起你。……

"夕阳"定无法挽留的。当"长辞"日益向我逼近的时候,"做什么"和"怎样做"好成果说就是会之不忘的一根鞭子。

18区 87.

王仲晨手迹

公路两旁高大的白杨,一株又一株地在车窗外疾速地掠过。夕阳的余辉和着微风,温柔地抚摸着延伸到天边的黄金般的油菜花,河面上漾动着耀眼的波纹,三三两两的归农的背影在田间小径缓缓移动,田野静谧似画;但逝去了的童年连同五十年来人间的沧桑变幻,却使我的心怎么也平静不下来;"剪不断,理还乱……别是一番滋味在心头",李煜词中的这几句话忽地在我脑际闪过;确是这样,一种怅然若失般的,朦胧而难以言表的心情,蛛网般地黏于我的心胸,层层,层层。……

汽车仍在夕阳中疾驰。虽然如今人们的平均寿命已经普遍延长,花甲之年早就算不了什么,但生命旅程的终点,于我毕竟已不会是非常遥远的了。"老大徒伤悲",我自问已没有"伏枥"的壮志,但较我年长,以至我的父辈,如今正在为建设我们伟大祖国而忘我苦干的又何止万千!"悟已往之不谏,知来者之可追"。我觉得自己仍应振作精神,为了祖国和孩子们更美好的未来,将自己的微力融入这一伟大和壮丽的事业,这是我的义务,但又何尝不是我的真正幸福!

1981 年 5 月 30 日写于上海

本文原载《长江文艺》1981 年第 12 期

151

"顽强地抗战不息"

——悼念沙千里同志

王仰晨

1936年我十五岁，在上海还没有结束排字学徒的生活。

那时成天除了干活就是干活，极少接触书报——虽然一直在摸着书稿。却有一天，偶尔在报纸上看到了有关"蚁社"活动的报道。这触动了我的学习心愿，于是给他们写了一封信，希望在学习方面得到些指引。

隔不几天，我收到了印有"沙千里律师事务所缄"的一封信。我怀着疑问拆开看，就见到了沙千里先生亲笔写给我的复信，内容如下。

152

树基先生：

廿五日的信刚由蚁社转来，你的热诚透露纸背而出，真使我感动！

你欢喜文艺作品，小品文等，并且欢喜投稿于报章，而苦于摸不到它们的门径，要我给你介绍名著参考资料，说也惭愧，我个人虽然也很喜欢文艺，可是根本没有什么研究，因为我所研究的便不是文艺一类。不过，你这样地热烈寄希望于我，我应该就我所知道的，约略告诉你一些。

关于文艺名著，我个人觉得茅盾、巴金等的小说很可以看，——而且也很值得看。小品文则鲁迅的作品，是最应拜读的了。茅盾和巴金的小说，开明书店都有卖，鲁迅的，北新有卖。关于作法等书，我以为《中学生》（开明出版）里的"文章俱乐部"一栏和其他论文，也许对于你很有益处。此外文艺杂志如《光明》（闻有光明读书会的组织，是集体讨论的团体，将来也许可以替你介绍）、《文艺界》、《作家》……都可一看。关于一般的如《生活星期刊》、《生活知识》、《读书生活》都是很应该看的读物。现在另外寄你一本《生活知识》，其余请自己设法去买来读吧！

蚁社的社费恐怕为了章程所限，不一定可以延到明年，我想你也不一定要缴费入社，——为了你的经济关系，但是可以常常到蚁社借一点书，或者参加其他活动。因为忙，我想写到这里便停吧，以后有机会再谈吧！

祝你努力！

沙千里

10 月 30 日

《蚂蚁月刊》停了好久，只能把最后一期寄上。

这封信给予我的，是出乎意外的惊喜和鼓舞。

其实当时我所谓喜欢文艺，只是上小学时喜欢看一些广学会出版的《福幼报》(刊物)和宗教故事以及商务印书馆出版的《儿童世界》(刊物)和几十种童话，都是薄薄的小册子，我还记得其中的一本《怪洋灯》，还有中华书局出版的《小朋友》(刊物)之类；而在《国语》教科书中读到的冰心的《寂寞》、柳宗元的《捕蛇者说》以及都德的《柏林之围》、《最后一课》等等，当时都感动过我幼小的心灵，使我惊服于它们的奇妙的力量；踏入社会后，各种日报或晚报的副刊，于我也大多很有吸引力。

蚁社是在南京钟山东路口的大陆商场，记不得是几层了。此后我便留意关心它和它开展的救亡活动，还有两次踟蹰于它的玻璃门外而两次均未敢贸然进入。沙公当时是救国会的领袖，想得出他的繁忙，而此后未出一个月，就发生了"七君子事件"，他与其他救国会领袖一起被捕入狱。

由于时间、经济等原因，沙千里先生向我介绍的一些书刊，当时我都未找来看过，大约半年以后我是正式工人了，才开始买些刊物看，但不久抗日战争爆发，继而我也就失业了。不记得是怎样发现新亚图书馆(它的前身是重才流通图书馆，也在大陆商场楼上)的，于是除了间或有临时工可做外，我常去那里打发时光，直到1939年我离开上海。

同年我在重庆见到了沙公。他为人温和敦厚、平易质朴，很容易亲近。和他相处，就像面对敬爱的兄长和知心朋友。他对人总是满腔热诚和体贴入微。在重庆的一件事记忆犹新：他住枣子岚垭，我住在南岸，有次他知道我要去看他时，特地写信给我，途中遇有敌机空袭警报时，可以去某处藏身。

和他相处时，我知道他非常喜爱弹词和歌曲，特别是那首《五月的鲜

153

花》。曾经听过他低声吟唱：

"五月的鲜花，
开遍了原野，
鲜花掩盖着志士的鲜血。
为了挽救这垂危的民族，
他们曾——
顽强地战斗不息。"

全国解放后，沙公和我都在北京。他公务虽忙，仍与我保持来往，给我勉励。他一生辛苦操劳，特别是领导民众推动救亡卓有贡献，但他曾一再对我说，国家和人民给予他的太多，而他自己做的太少。在抱病无法工作时，其焦急之情溢于言表。在身罹重症多年住院的日子里，他也仍在关心他人。"四人帮"大抓"反击右倾翻案风"的时候，他曾多次叮嘱我行事要谨慎。他自己曾有高烧到40度的时候，情愿忍受干渴，也不呼叫护理人员去打开水。

1982年4月14日，是个刮着四五级风的日子，我正好去医院看望他。当天又适逢有政协的常委会，尽管医护人员和家属都进行了劝阻，他还是坚持去参加了，这次外出明显给他的健康带来了不良后果。稍后我再去医院，并带去一盒早年救亡歌曲的录音带，我满心所想的是，与沙公共同重温往昔岁月。然而再也想不到，迎接我的却是沙公的噩耗。步出医院，心间仍回响着他的遗言：不搞遗体告别，不开追悼会，不留骨灰……

沧桑人间一甲子！

自沙千里先生给我那封信至今，匆匆六十个年头过去了。这真是充满了惊涛骇浪和地覆天翻的六十年！我自己也弄不清楚，经过半个多世纪，沙公给我的信，怎么会奇迹般地保存下来了这一封。沙公故去，我曾和一位朋友一起护送他的遗体去了八宝山，如今连这位朋友也已成故人了，我自己也垂垂老矣。使我惶悚的是，如今自己已颇有些跟不上时代前进的步伐了，做着一名文学编辑，却连文学似也很有些陌生了。这常使我俯仰难安，也深感有负于沙公给过我的激励。沙公的业绩和他的品质，还有我对他的思念，长留在心里，警醒我还要珍惜今后的日子。

病床前的回忆

——怀念雪峰

王仰晨

　　冯雪峰同志逝世倏忽已近十年。在这之间，我也曾多次想到过，要为他写些什么，而且觉得应该写些什么，可是也许是"我将开口，同时感到空虚"吧，终于没有写出过一个字。

　　1979 年 4 月，雪峰同志的错案、冤案得到了改正，11 月间在为他举行的追悼会上，党和人民对他的一生也作出了公正的评价。在追悼会上，我凝视着他的遗像和遗像下的骨灰盒，想到他的坎坷一生和他的晚年，不禁感慨万千，以致久久不能平静，而十年前的情景，也就逐一在我脑中浮现……

　　还不曾经历过这样的"世面"：分明是工厂开不了工，学校开不了课，机关办不了公……上下左右，什么都乱了套(不嫌"乱得不够"和要"大乱特乱")，却偏要说是形势大好，而且还是越来越好；分明是万马齐喑，偏要说是热气腾腾，分明是群魔乱舞，偏要说是莺歌燕舞；革命干部以至革命功臣成了革命对象，不是下了狱，就是在受"监护"，或是去接受"再教育"；什么都干不了，只要是有那么"两下子"的，却是青云直上，以至鸡犬升天；党内党外，要就是言不由衷，要就是假话当做真话说，——但还不能不说，因为那又会被看作是"态度问题"……

　　有时，我觉得哀莫大于心死，以致真有些心如古井般模样，我害怕自己有朝一日会发疯，因为我觉得世界疯狂了。

　　这样地进入了 1976 年。

　　1 月 8 日，受尽了病魔的折磨和摧残以后，敬爱的周总理终于离开了我们。

155

我早已年逾半百，虽还说不上是饱经忧患，相去却也不会太远，但我还是活过来了；可是这年的 1 月，我真感到支持不住了。在人民英雄纪念碑前，在宽阔的长安街上，我和千百万人民一起失声痛哭，白天、黑夜，办公室、家里，我不知哭过多少回；我不知道自己为什么会变得如此脆弱，时不时眼泪就会夺眶而出。

1 月 30 日，农历的除夕。

春节之类，于我早就淡漠了，而一个月来的深沉的痛苦，这时更使我怅触万端。节日照例提前下班，还不到四点，办公室就上了封条，可以回家了。

大街上，挤满了比平时多，也比平时显得更匆忙的行人车辆，我在纷扰的人群中挤动着，心里却感到了分外的寂寞。

暮色沉沉地下降，远处送来稀稀落落的爆竹声，点缀着这个除夕之夜。

晚上八点，出版社来了电话，说是雪峰病危，已送入首都医院。

我赶紧去了医院。

他仰卧着。病床边挂了盐水瓶。安详、平静，只是较前天下午我去他家看见他时，显得更其委顿。见我来到床前，他吃力地点了下头，嘴角动了一下，像是要笑，也像是想说话，但终于没有发出声来；"很难受吗?"他摇摇头；"喝水吗?"他点点头。我用小茶匙喂他喝了几口水，随而他像是疲倦了，合上了眼睛。

我找到值班大夫，问了一下雪峰的病情和说了一些有关他的情况，告诉大夫我们需要他，要求千方百计地抢救他的生命。

"我理解你们的心情。"大夫回答说，"他这是肺炎引起的并发症，现在已经心力衰竭，血压也没有了；病情很危险，今晚恐怕就很难度过……

"这就像钟摆一样，发条走完了，它就要停了。你们可以去把要为他换的衣服拿来。"

大夫的态度和语调是严肃和诚恳的；于我，它们则是残酷的。

回到病房，他仍合着眼，安详、平静。我和守在床边的夏熊(他的长子)默然地交换了一下眼光，什么都没有说。

"像钟摆一样，……就要停了。"望着在白被单覆盖下的他胸部的微微起伏，大夫的话在我耳边不断重复着。

窗外，是寒冷和黯黑的夜。在时疏时密的爆竹声中，我陷入了纷乱的沉思。……

和雪峰同志相识，是在抗日战争结束后的上海。当时我在一家书店工作。大概是1946年的春夏之交吧，一天，我正在伏案工作，他推门走了进来。

"老板在家吗?"

我抬头一看，是个中等身材、显得有些消瘦的中年人，他穿着一件深灰色长衫和一双布底鞋，面容略呈黯，眼睛不大，却很亮，而且似乎总是含笑的，显得宽厚、友好，同时也闪动着果断和坚定。

"好，我坐坐就走，坐坐就走。"知道了老板(当时客人们对书店负责人的亲切称呼)不在后，他这样说，声调是柔和的，却也是果决的；和他举止的敏捷一样，他说话也比较快，似乎总是匆匆。

那次他来，是为了出版他的论文集《过来的时代》。

虽然那时我还很少读过他的作品，但冯雪峰曾参加过长征，住过上饶集中营，我是听说过的。当知道我在接待的正是这位冯雪峰时，我的惊喜和油然起敬的心情就是当然的了。

157

其后，他就常到我们这里来，我也多次去过他的住所——作家书屋二楼的亭子间。亭子间里只是一张书桌，一个小书架，两把椅子和铺着一条薄被的小铁床，似乎屋主人随时就要离去的样子。

他多半还是穿那件深灰色长衫和布底鞋。那时因为书店人少(只有三数人)事多，我去找他时也多半是匆匆，除了"公务"而外，几乎没什么交谈。但他留给我的印象是深刻而鲜明的：热情、诚恳、质朴、谦逊、耿直(有时也有些偏激)。虽说是中年人，但额前、眼角已很有了些皱纹，在他消瘦而略呈灰暗的脸上，似乎记载了他几十年风霜雨雪的苦难经历……

1947年我进了解放区。再次见到他已是在1953年的北京了。

(护士走了进来，在他唇鼻之间放上一块浸湿了的、折叠好几层的纱布，也许这可以使呼吸时咽喉舒服些，我想；而后隔不多久就来换一次。）

1954年秋，在《人民日报》上读到了《质问文艺报编者》，其后就连续在报刊上看到他写的检查，这使我感到震惊和茫然。1957年夏（那时我已调到出版社），我有机会多次旁听作协党组扩大会，听到那些对他疾言厉色的批判，以至"骗子"、"伪君子"之类的叱责；看到他当时强抑着的愤怒和激动，……这都使我感到困惑和迷惘。

之后不久，《人民日报》头版出现了通栏标题：《冯雪峰是文艺界反党分子》。

我无法想象当时他对这一切是怎样想和怎样生活的。

又不久，他被定为"右派分子"了。因为他煽风点火（在出版社动员鸣放——帮助党整风）；同情所谓"丁陈反党集团"，（在此前一年，作协党组已宣布过这"反党集团"之说不能成立）；"向党进攻"（他批评过有些同志官气太大，说过人民的出版社办成了衙门……），如此等等。

在上级已把他定为"右派骨干分子"以后，1958年2月间的一个晚上，出版社的支部大会上通过了开除他出党的决议。在那个会上我也举了手的（我曾在日记中详细地记下了这晚的情景和我的感受。1967年抄家成风的时候，我把所有的日记都销毁了；如今自然觉得十分可惜，但在当时那样做还是对的，而且还十分侥幸，因为就在那几天以后我家就被抄了——虽然不是出版社来抄的）。不久，他就被撤销了所有职务。

（我又看了一眼覆盖着他的微微起伏的白被单，他依然合着眼，安详、平静。啊，你这参加过长征，战斗一生而又坎坷一生的老战士！

你是在沉睡，还是在回忆、思索？如果是回忆，那么，往事将怎样地在你胸中掀起波涛滚滚？如果是思索，那你又在思索着什么？

为什么你总是默默不语？我多希望你再和我，也再和你的儿子说说话啊！）

他是刚强、坚韧的，默默地承受了这一切；他又是克己的，就在这时，他主动让出了自己居住多年的小院和公家配给他的全部家具，迁到出版社的一个狭隘而拥挤的集体宿舍（"文化大革命"中，他作为"牛鬼蛇神"，又被挤去了三间屋子）；随后出版社的编译所为他放了一张桌子，作为一个普通编辑，他开始着手《郁达夫文集》和1918至1949年的短篇小说选的编辑工作。

对工作，他是全神贯注、认真严肃和一丝不苟的，至少用了一年以上的时间，他进行了《郁达夫文集》的编辑工作，撰写了郁达夫略传和著作目录，亲自抄录了不少原稿，而郁达夫日记则至少抄了五六万字，订成厚厚的一册。

编选短篇小说选时，他总是要找到最初发表的报刊，在文末注明出处后，还注明后来收入哪一个集子；为了做出这些注释，他不知翻查了多少资料。对入选的作品，他还一一进行文字的校订，原稿不能损坏，也都亲自抄录；用剩的稿子则都仔细捆扎，妥善存放。……

往事如特写镜头般一一在我眼前闪过：忽而他成为"叛徒"，被勒令请罪；不时会在他面前出现那些横眉立目、动辄向他拍桌子的"外调"人员，埋头于写那些没完没了的"交代"材料的日日夜夜。那时我看到他真正的愁眉苦脸了，并不在于自己买了好多稿纸和复写纸，也不在于写得太辛苦（自然是很辛苦，因为他要写的材料几乎根本没有短的，而每份材料都要复写四份："外调"者一份，两派群众组织各一份，留底一份。这样，就得力透七层纸。写呀，写呀，戴上老花眼镜，白天黑夜地写呀，写得他右手食指、中指的上端都弯曲变形了——以后再也没有复原），而在于某一材料有时会被某一"群众组织"勒令"保密"，当时这于他又谈何容易，由此不能不一再遭到训斥。"怎么办呢？"他曾多次带着愁苦的神情问我。

1969年春节前，一个"群众组织"的负责人忽然勒令他交出自存的一份材料（足有三十来万字），"这不行啊，"他张着惶恐的眼睛说，"你把我的底稿都拿走，以后我写起来困难太大了，因为我要时时对照的。"

也许已意识到将是凶多吉少了，顿时他显得神情沮丧，声调也有些惨然。

"不成，一定得交！"对方斩钉截铁般说，毫无通融的余地。

当他气得双手抖颤地交出那些材料时，眼泪都流出来了。

这一夜，他伤心得没睡好觉，直唉声叹气。有人问他是否病了，他说，"把我的底稿都弄走了，这叫我太伤心了。"

出版社被"连锅端"，我们都去了"干校"。他的体质并不好，而况当时已年近古稀，但他干得却不比一般小伙子少，不愧是农民的儿子，这

159

不只是就他的气质、外貌说的(那时他若和老农们在一起,是不易看出他是个知识分子的);差不多的农活他都能干一样,像一样,娴熟、敏捷。种水稻、担粪、放鸭子、做土坯,以至抬水泥电杆,……他都干过,我特别记得他管菜地的那阵,挑的粪桶都是满满的;每天别人都在吃晚饭或是早已吃完了,他还是弯着腰,在暮色中侍弄那一片菜地……

那些年,正是"四人帮"十分猖狂的时候,他们还要挖什么"30 年代的出版黑线",于是把矛头指向了三联书店,特别是生活书店和邹韬奋同志(他们的罪恶目的是针对周总理的)。大约在 1970 年深秋某晚的群众大会上,激于义愤,他站在飒飒的寒风中,不顾当时自己的处境,愤慨地批驳了攻击三联书店的谰言,对 30 年代左翼文化出版战线的功绩,作了充分肯定的评价。那是他在"干校"时所作唯一的一次大会发言,给人们留下了深刻的印象。

(夜深沉。但爆竹声却益发繁密起来。我觉得它比以往哪一个除夕都繁密;这不知是我的错觉,抑或事就是那样,如果是后者,原因又何在呢? 这于我至今仍还是个谜。

雪峰张眼望了我一下,随即又把眼睛合上了。我俯在他枕边叫了他几声,没有反应;我让夏熊再叫叫他,夏熊摇了摇头。

他好像又沉睡了。)

从"干校"回来,我和他的接触多了起来。

出版社成立了鲁迅著作编辑室(那时称编辑组)我们想请他和我们一道工作,但被认为"不合适","对外影响不好",于是只能让他在家里看看稿,不必来社。

他家住得多挤啊,三代人挤在一起。他的"房间"是以布幔在不足二十平方米的屋子里拦成的一角;一张单人床,一张书桌和一把破藤椅,还有一张休息和待客用的破旧小沙发,便把"房间"挤得满满的了。

桌上、墙角、床底下、走廊上都堆满了书。

每次去看他,总可以从他脸上看到那孩子般的欢喜。泡茶、递烟,还要请你吃糖,不吃,就剥了糖纸硬塞给你——你是拗不过他的。

有什么问题要请教他,他是很高兴的,闸门一打开就没个完,似乎想把所知道的全告诉你(但这时我听到风言风语了:"穿新鞋,走老路","崇拜反动权威"……)。

　　一谈到鲁迅，他的眼睛就发亮，自然地流露了崇敬和激情。但我从没有听到过他硬把鲁迅和自己扯在一起，或是以谈鲁迅或以他的丰富经历来炫耀过自己。

　　1974 年秋，当我们开始委托一些高等院校的中文系协助重新注释鲁迅著作时，为了解决疑难问题，给他写信或是找他面谈者纷至沓来，这不知耗了他多少时间和精力，他却总是乐此不疲。

　　当他发现了年轻的鲁迅研究者时，总会那么兴致勃勃地向我介绍他们的情况，以至给我看他们的来信或来稿。但他又是严格的，当他看到稿子中一些不好的倾向时，他会生气甚而愤怒的："怎么能这样呢？这，这，……"他指指摊在桌上的稿子对我说。

　　对那曾经炙手可热的鲁迅写作班子，他更不止一次地表示过他的轻蔑和愤怒："这叫什么研究鲁迅，这样的形而上学，乱贴标签；这是污蔑鲁迅，糟踏鲁迅"，"鲁迅要是像他们笔下的那样，也就不成其为鲁迅了"……

　　1958 年排印的《鲁迅日记》，错漏较多，在断句方面也有些问题(有的手稿原无标点)，我们请他据影印手稿本再校订一次，他一口答应了下来。其后的一些日子里，如果去他家，就总可看到他俯首桌前。桌子上，沙发上以至床上都摊满了书。

　　(值班大夫走了进来，以听诊器在他胸部听了一下，在他床前默默地站了一会儿，又默默地出去了。)

　　大概从 1972 年下半年起，到 1975 年春做癌切除手术前，他常来我家小坐，每次来，都在晚上七点左右。

　　从他家到我这里，没有直达的交通工具，因此他都是在金鱼胡同口上下车，来回都得走两站多路，这总使我觉得过意不去，他又坚决反对我送他，送出胡同口都得"斗争"一番。

　　每次来，他都坐在固定的地方。

　　有一次来，刚坐定，他就以含笑的眼睛望着我说：

　　"我已经跟×××同志谈过了，也向他道歉过了。"

　　在他脸上，我看到有如祥林嫂告诉别人说自己已在土地庙捐了门槛时的那般神情，立时我的心感到酸楚了。

161

"以后你还要多帮助我。"紧接着他又补充了这么一句。

没有丝毫的虚矫，从他的神情上使我听出这声音来自他心的深处（这是怎样的赤子之心啊），这使我感惶悚、歉疚以至痛苦。

这是因为有人告诉我，某君为了一件事对他有些"微辞"，其实那"微辞"的本身却是站不住脚的。

1959年他曾动过胃切除手术，1975年已是七十三岁的高龄了，还要接受一次大手术（左肺上叶切除）是需要勇气的，而况多年的肺气肿和支气管炎已经使他十分屏弱和疲倦。

他的刚强、坚韧和对生命的乐观，使他胜利地度过了这一关。一个多月以后，他出院回家了。

出院后的情况并不好。吃得少，睡不好；白天屋前巴掌大的小院里孩子们的吵嚷使他烦躁。他已走不动多少路，也找不到个安静的去处，只能蛰居在这布幔拦成的斗室里。

气管炎引起他不断地咳嗽（这时他已不抽烟了）。天冷了，斗室里生了炉子，因为家里常没有人，还要自己添煤弄炉子。

为此我找过一次当时出版局的领导，希望协助解决他住疗养院的问题，同时也代为陈述了他要求回到党内的强烈愿望（这是他曾和我多次谈起过的）；但都一无结果。

每十天半个月的，我总要去看看他；并为他带去外地一些知与不知的朋友对他的问候。他需要有人去看看他，我知道有几位经常去看他的朋友，可我还是极少在他那里遇到过别的客人。那时确实有些人还没有恢复"自由"，但有些原来就有，或是已经有了"自由"，应该去看看他的人，却并没去看过他。

他从未向我说过他的寂寞，但我知道，他是寂寞的。

他仍还顽强地生活着。虽然那时的报纸令人看了就生气，但每天的报纸他是必看的，有时也看看书，给相识和不相识者写复信。

10月份，他说话失声了（因为癌细粒已扩散到颈淋巴结），但去看他时，他仍还热情和愉快地接待我，还是泡茶、递烟，拉开抽屉看看，要是有糖，还得塞给我。而且说话仍还不少。那嘶哑的嗓音使我感到难过，也担心他会太累。"不累，不累，和平时一样。"他笑笑说，还是那孩子般

162

的笑。

12月15日，他告诉我，自己大概只能活一年多了，这时重又提到他想回到党组织的愿望，神情是黯然的。

1976年1月9日清晨，电台播送了周总理逝世的噩耗。其后的十多天里，我总如丧魂失魄一般，心神莫属；直到24日下午，我才去看他。

那时我们都还没有除下臂上的黑纱。我和他谈到了去向总理遗体告别，以及在那前后人民英雄纪念碑前的情景和我的感受，他的头渐渐低下了，掏出手绢擦拭着眼睛。我又告诉他，江青在向总理告别时不脱帽，这怎样地激起了人们的普遍愤怒，他说他已听别人说过了，于是我们自然地谈到了后来被认作是"谣言"的那些事。当时他激动得语声抖颤和不时挥动手臂的情景，就在这时也还历历如在眼前。

也就是这一次，他和我谈了一些有关《且介亭杂文末编》(征求意见本，1975年10月印出)中的注释问题(这是我早就提出要他和我谈的。他去世后，这本书还打开着放在他的书桌上)。对注释中一些不符合历史真实的地方，他毫不留情地提出了批评；特别是对其中一些以《纪要》为"口径"的语言，更毫无掩饰地表示了他的憎厌。我感到了他对我们这工作的责备。他责备得有理。

告辞时已是薄暮了。他显得疲倦，也许是心情不好，说话多了和咳嗽较频的缘故。

但他没有忘记叮嘱我，不要再和别人重复我们谈到的一些事。

28日下午，我又去看他，一则是为的快过春节了，一则是想请他继续说说对《且介亭杂文末编》注释的意见。

他靠在椅子上，神情委顿，说是在发烧；我要他去看病，他说已看过了，大夫说是感冒。

30日(也就是农历除夕)之夜，我和夏熊在首都医院的病房里陪伴着他。

知道他，关心他，希望他活下去的人一定是不少的。但他们都不可能知道这时他正在病房里度过他生命的最后几个小时。

这是沉默的一夜。如果他还能说话，而且知道自己就要离开这个世界的话，我相信他还会说不少的。首先，他还会像以往那样，不，一定

163

比以往更其感情深沉地，再次提出回到党组织怀抱的迫切心情。然而他似乎一直在沉睡，只是偶尔张一下眼睛或是微微动一下身子。

从早上六时五十分起，他就进入了昏迷状态，呼吸越来越微弱，终至已很难看出被单的起伏；十一时四十二分，他停止了最后的呼吸。……

2月7日(丙辰元旦)下午，在首都医院太平间前的走廊上，我们向躺在舁床上的他的遗体告了别。除了他的亲属外，他的生前友好在场的不足十人。16日下午，在八宝山为他举行了没有悼词的悼念仪式。

…………

岁月匆匆，五个年头过去了。

五年，在人类长河中是多么短暂的一瞬，但对于我们的国家、民族来说，这又是怎样非同小可啊！因而虽只是短暂的一瞬，却也会令人兴起不胜沧桑之类的感喟。

如今，雪峰的追悼会终于开过了，《悼词》恰如其分地概括了他的一生，他那将近二十年的"回到党内"的宿愿，也终于成为现实。我想，这自然都是可以告慰他于九泉的，但死而无知，毋宁说是告慰生者吧。

由此我不能不想起那噩梦般的十年浩劫。在那十年中，我们党和民族的优秀儿女遭荼毒的何止万千(参加雪峰追悼会的就有多少人是劫后余生啊)，而其中识与不识者身心所受的折磨与摧残，其残酷程度超过了雪峰者又安能胜数？！

往者已矣，唯愿这样的历史将不会重演，也绝不能再重演了！

本文原载《收获》1980 年第 2 期

悼曹靖华同志

王仰晨

"他终于走了。"放下电话，我怔怔地想。

各种各样的回忆在向我作着冲击，我无法平静地工作了。我站了起来，凝望着窗外秋天的蓝空。抹着明丽的阳光的团团簇簇的白云，在纯净得透明般的蓝空上缓缓地移动。蓝天是那样的高旷和邈远，使我想象到在它上面的琼楼玉宇。那里该安息着众多伟大的灵魂吧？我想。

最后一次去探望靖华同志，是在上月的 17 日。我进病室时他正安详地睡着。先我到达的鲁迅博物馆的叶淑穗同志悄声对我说："他刚睡着。看来他神志不太清楚。好像没认出我来，只是对我说，'我刚去参加了一个会回来，很累'，就合上眼睛，睡了。"

他卧病已足有五六个年头了，但突然出现全身黄疸，却是今年 7 月中旬的事。在这之后，病情发展得就相当快，几乎是急转直下。现在他安静地躺着。我惘然地望他那已呈现明显变化的面容和肤色，经验告诉我，他不久就要离去了。这样的想法有点近乎冷酷，但这却是不能回避的严酷的现实。

九十高龄了，我默默地想。忽而想起了三个多月以前在北京大学临湖轩为庆祝他九十寿辰举行的座谈会。他自然无法到会，但在会上播放了一段他的发言的录音，那洪亮、浑厚而有力的声音，几乎令人难以相信是身患重病的九十老人所发的。现在它们似乎又在我耳边回响起来：

举行座谈会，我当之有愧。我庸碌一生，毫无所长；稍做了一些工作，也是在党的培养、教育、扶持和帮助下作的。……没有党，我不会活到现在。……感到遗憾的，还有因年长多病，不能继续为党和国家做什么工作。……衷心祝愿我们伟大的社会主义祖国繁荣昌盛。……

我仿佛又听到了放完录音后会场里响起的爆裂般的掌声。他的这个发言，有过于谦抑之处。但我以为，重要的还在于它使我们看到了老人眷眷于党，眷眷于祖国和人民的赤子之心，这也是令人感动和难忘的。

那次座谈会的气氛以及一些同志的发言，都给我留下了强烈的印象，使我久久难以忘怀。

在座谈会的一周以后，他得到了苏联列宁格勒大学授予的名誉博士学位，在他逝世前一个月，又获得苏联最高苏维埃主席团授予的各国人民友谊勋章。这自然都是对他为两国的文化交流和人民友谊所作巨大贡献的褒奖。

靖华同志桃李遍天下；他的著译大概也有三数百万字吧？我自然未读过他的全部著译；但我还分明记得，由他翻译的《铁流》和《虹》，我是在抗战期间重庆一家印刷厂的隆隆机器声中读完的；《我是劳动人民的儿子》则是在湘桂大撤退中自桂林去昭平的漓江舟中读完的，那书别致的开头"兵士从前线回来了"至今我还留有极深的印象。我知道他的这些译作（还有反映苏联国内战争的《保卫察里津》等）对抗日战争时期前方或后方如我般的万千青年带来过多大的鼓舞、希望和力量。至今我还记得阅读它们当时的激动心情。

记得两三年前有一次他和我谈到北京大学的一些同志准备为他编印文集时，他认为同志们的盛情可感，但那样做则徒耗人力物力，并无必要。但我以为这样做还是必要和有意义的，因为它们也是我国人民精神财富的一部分。

有时，他在和我谈到对当前社会上出现的一些消极现象时会感到愤怒、困惑、疑虑和不安。谈着谈着，也就会追想已逝去的噩梦般的灾难岁月，以及那时的艰苦生活和战斗。虽然我们可说是忘年交，但我终究已在向古稀逼近，所以我也经历过一些和他相近似的忧虑，对他的心情也就十分理解。我想不出该怎样说，只是觉得我们虽应确信前途是光明的，但也应看到前进的道路依然是漫长而曲折的，而且不免还有痛苦。现在我只能重复他说过的话："衷心祝愿我们伟大的社会主义祖国繁荣昌盛！"

"黯然销魂者，唯别而已。"靖华同志虽以九十高龄离别这个人世，但仍不免使我感到黯然。

　　"夕阳"是无法挽留的。生命的历程对每个人来说都有它的终点；在到达终点前应做些什么和怎样做，这正是我近年来常会想到的问题。草草做此小文，一以悼念靖华同志，一以惕励自己认真地对待自己的余生。如此而已。

本文原载《人民日报》海外版

任叔同志的一封信及其他

王仰晨

一

大约在 1958 年，任叔同志写过一封信给我，所谈的是作者思想与写作的关系，先作部分摘引：

你这束旧作中的生活内容是不广阔的。大致可分为这样的几类，1. 抒发个人的感慨；2. 大多是身边杂事；3. 或者过去的回忆；4. 或者是亲子之情与友情的抒写；5. 另外就是从书本上看一些你所尊敬的人物的纪念和追悼。总之一句话，你的作品没有突入到社会阶级斗争的核心，没有突入到人民生活的内脏。如果作品的生活内容只限于上面这些，那在今天说来，就没有太多的社会意义了。

为什么使你的作品的生活内容比较贫弱呢？这就涉及到你的思想感情了。在你的作品中充分可以看出，你对事物的看法凭感情而很少凭理性，重主观而忽略客观。……至于你的文章的调子，总是那么带感情的，甚至是忧郁的、低沉的感情。看出你只是凭感性或感觉来接触事物的。一个作家，仅凭感觉接触事物是不行的。……

二

然后略述一下往事。

1958 年 10 月上旬，任叔同志带领出版社人事处、外国文学编辑各一人和我，一同去了一次南方。

　　火车在夜间运行。窗外，四野都是星星点点的火光，那正是全民在大炼钢铁。当时的情景自然地使我想起了解放战争期间的胶东某地，我在一个漆黑的夜晚所见蜿蜒于山间小道，不见首尾的支援前线的农民运粮小车的盏盏灯火。

　　我们在芜湖、安庆和合肥等地都曾稍事逗留。那正是热火朝天的"大跃进"的年代。在农村的墙头屋角，满是"人民公社是天堂"等的大字标语。当地的干部陪同我们参观了他们的示范田，我当真见到了绿油油、齐刷刷、高达三米光景的玉米林和别的一些超常的农作物。我特别记得有次在一个拥满男女老少和喧闹的大厅里吃饭的情景：不下十五六桌的桌面上摆满了鸡鸭鱼肉等美味佳肴，饭桌间散立着扑鼻饭香的一桶桶白米饭；饭前大家起立唱歌(不是《东方红》，但唱得相当整齐)，唱毕大家就吃将起来。……

　　后来我们又去了九江、南昌，参观了八一纪念馆，看望了方志敏烈士的夫人缪敏同志。其后出版社同来的两位同志去瑞金参观访问，我则随同任叔同志去了上海。

　　在上海，蒯斯曛同志接待了我们(他见到任叔同志时那充满感情的"任叔"的亲切唤声，这时仿佛还在我耳边回响)。谢澹如同志则带领我们参观了中共一大会址等，任叔同志还分别看望了一些旧友和著译者；之后我们又去杭州住了两三天，看望了许钦文、谷斯范等同志，就径返北京了。

　　当时我调入出版社仅只两年光景，任叔要我和他同去南方，我明显地觉得这主要在于他想让我观察和感受一些当时弥漫于各地的热火朝天的气氛，从而扩展我的视野和开阔胸襟。这样的厚爱，至今还令我深为感动和感激。

　　任叔同志是一位满腹经纶、著作等身而又热情洋溢的爱国主义作家和原则性极强的英勇的战斗者。在"孤岛"时期的上海那样极其险恶的政治环境下，以他犀利的笔写下了大量的战斗杂文，在其后的新加坡、马来西亚以及印尼等地艰困万状的条件下，他无视个人安危，积极忘我地从事于抗日宣传和组织等活动，并作出过重要和卓越的贡献。

　　他有时虽则貌似严峻，实则和蔼可亲，平易近人，毫无闻人学者的架子。在和他相处的那些日子里，这方面他为我留下了特别深的印象。

169

时隔四十多年，当时我们曾谈过些什么已大多忘却(只隐约记得他谈到过 30 年代他们在上海举行飞行集会等的情形)。

一次我和他在黄浦江边漫步。因为一个多月前我曾请他看看并提提意见的一束旧稿中有题为《黄浦江边》的一篇，就问他是否看过那些旧稿，他说"啊哟，还没有"。这就是前面所引他的那封信的由来。

三

其实为了这，绕了这么一个大圈子，似乎并无必要，我只是想记下那短暂相处的一段经历；而况那封情真意切的信，确也体现了一位领导同志对下属深挚的关切和爱护。可惜的是后来我竟未抓紧时机与他作一次深谈，那真是一件莫大的憾事。

任叔同志信中对我的小资产阶级情调由来的分析是中肯的。只是他并不知道我是在教会学校上的小学，基督教教义的熏陶使我在其后的几十年中，几乎很难摆脱它给我的思想影响；其次是少年时社会底层生活的磨难以及那时开始的肺结核，使我在文学作品的阅读中特别容易(也乐于)接受一些消极颓废的思想感情，以致逐渐形成一种挥之不去的可憎的孤僻、抑郁的性格。这正是世界观的改造于我显得格外艰困的原因之所在。在学习和实践方面，任叔同志对我提出的要求，我未曾去认真地努力过，所以"纯洁的人，正直的人"的境界，实在与我相去尚远，我唯有以此视作是任叔同志对我的策励和期望。

可是几十年过去了，如今我也早已步入暮年，但在各方面都少有长进，真是愧对故人。

"文革"前夕，一次在公交车上挤动的人丛中，忽地瞥见了我熟悉的一头银发，挤前一看，果然是任叔同志；在他身旁站着的是微微发胖和已呈老态的胡仲持同志。那时任叔同志早已被"批"得遍体鳞伤并被调离了出版社。车上人声嘈杂，他只是和我谈到了自己胆固醇高等情形，而这就是我们的最后一面。

任叔同志的最后竟是那样凄惨，无论给以什么样的诅咒都不会过分的"文革"，把我们这伟大民族成千上万的优秀儿女送上了它的祭坛；这样旷古未闻的灾难为我们祖国造成了难以估量以致无法弥补的惨痛损失，每念及此，万般悲愤就会自然地涌上心头而难于自抑，即使也知道应该"向前看"。

俱往矣，就到此为止吧。今年是任叔同志的诞辰百周年纪念，谨以这小文聊寄我对他的深切思念。

2001 年 4 月 28 日于北京

本文原载《巴人先生纪念集》，人民文学出版社 2001 年出版

琐忆及其他

——怀念徐冰同志①

王仰晨

我刚参加了你的追悼会回来。

当我进入会场，迎面见到你的遗像和遗像下的骨灰盒的时候，我就怎么也止不住我的眼泪了。你的音容笑貌，将近四十年前的往事，四十年来的风雨变幻，逐一在我脑中回旋，在我胸间翻滚。如果不是在大庭广众之间，我必已痛哭失声。

不断拭着涌出来的泪水，我不敢再看你的遗像，因为我怕看到你那如此熟习，如此充满友爱的眼睛；但我又不禁一次次地去寻找你的眼睛，

---

① 徐冰（1903～1972），原名邢萍舟，笔名西萍。河北南宫人。1924年在柏林加入中国共产党。1925年与朱德等被德国当局逮捕，被驱逐出境后转赴苏联入莫斯科中山大学学习。1928年回国后在中共中央秘书处工作。担任过上海反帝大同盟中共党团书记，并在中共中央职工部和中华全国总工会工作。1932年秋被逮捕入狱，1933年春经党组织营救出狱，到北平继续从事地下工作。曾编辑《世界论坛》、《中外论坛》等进步刊物，宣传抗日救亡。1935年在太原、北平组织华北救亡会、北平文化救亡会、华北民众救亡会等。同年冬参与北平"一二·九"学生爱国运动的组织领导工作。1936年西安事变后，参加营救北平草岚子监狱中大批在押的党员干部工作。1937年初到延安，4月在白区工作会议上代表北方局做工作报告。抗日战争爆发后，任中共中央党报委员会秘书长、解放社编辑，参与编辑《解放》周刊、《新中华报》，与成仿吾等合译过《共产党宣言》、《哥达纲领批判》等马克思主义经典著作。1939年到重庆，任中共南方局文化宣传委员会秘书兼文化组组长，是周恩来在统战工作方面的得力助手。1944年11月任中共重庆工作委员会委员。解放战争时期，先后任北平军调处执行部中共方面顾问、中共山东潍坊市委书记、济南市副市长。1949年参加和平解放北平的接管谈判工作，担任北平市副市长。中华人民共和国成立后，历任北京市副市长，统战部第一副部长，中国人民政治协商会议全国委员会副秘书长、秘书长、中共中央统战部部长、第四届全国政协副主席等职。被选为中共第八届候补中央委员，第一、二、三届全国人大常务委员等。"文革"中受到诬陷和迫害。1972年3月22日因病在北京逝世。1979年8月27日，党和国家为其平反昭雪。——本书编者注

我终于无法抑制自己的哭泣。

往事浪涛般地撞击着我的心。

我记得，皖南事变后不几天，在曾家岩五十号的前厅里，你怎样激动地向我讲述顽固派的阴谋和我们遭到的惨重损失；为了使我能更好地理解，你还不时以激动的颤抖的手指，在桌面上为我指划着当时敌我双方的军事形势。……

我记得，你曾多次给过我一些油印或铅印的小册子，《他山石》、《异哉所谓限制异党活动紧急治罪法》等等。它们使我更清楚地认识了当时的现实，也更坚定了我追求真理和我们终将取得胜利的信念。

我记得，当我向你提出要求去新华日报工作时，你怎样地劝我留在外面，说报社"保险"，在外面却可以多得到锻炼；又说外面的薪金多些，对我的健康会有好处（当时我正患着肺结核），并多次嘱咐我常去冠生园喝些牛奶。……

我记得，有次你问我能否去主持一个小印刷厂。当我表示了胆怯和犹疑时，你是那样温存地笑着鼓励我，要以徐伯昕同志[1]为榜样，好好学习并精通自己的业务。

173

我记得，每当我送去聊表心意而微不足道的一些钱，你又劝阻我不成时，总要我从中取出和带回一些；有次一位从事囤积居奇的友人给了我一些文具，当我为你们送去而你同样劝阻未成时，你以那样炽热的眼睛看着我，并久久地握着我的手，对我说了那么多。……

我记得，当你知道了我工作环境的一些复杂情况时，你是如何地为我担忧，病中还写信给我细细叮咛，而且为我的离开重庆作了安排。

最最难忘的是我离渝前你给我的信。字里行间，充满着你对我的关怀、信赖和爱护，令我读信时不禁热泪盈眶。你反复要我"好好注意自己的身子"，叮嘱我"好好学习业务，好为将来的新社会更多更好地服务"，等等。至今我几乎还能记诵它的全文。

---

[1]　徐伯昕（1905~1984），江苏武进人。1926年协助邹韬奋办《生活》周刊。1932年再共同创办生活书店。历任民进中央常务副主席、政协第六届全国委员会常委、中国出版工作者协会副主席等。——本书编者注

　　我如此地珍爱着这封信。离开重庆后我妥善地把它带到了桂林，经过湘桂大撤退时的辗转流徙，"复员"时经过广州、香港带到了上海，后来又带进了烟台解放区，而在烟台撤退时，它竟和其他一些珍贵的纪念物一起，被匪徒们劫走了。

　　亲爱的徐冰同志，你给我写信时总是称我为"树基弟"的，我心里也当你是我亲爱的大哥，从那时到如今，三十多个年头过去了，时光过得多快，我又该怎样来回首这地覆天翻的三十多年啊！

　　……那噩梦般的所谓"到处莺歌燕舞"的日子，也结束了将近三年了。可是心灵上的创痛，似难使我有片刻的安宁。这一时期以来，人们不断地在参加追悼会。被悼念的，大都是在那灾难的十年中含冤饮恨离开了这个世界的同志。——你，以及今天我们同时悼念的四位①，不也都是的么？我们失去了那么多，有的是可追回的，有的却永远不能了，永远！

　　为了建立一个独立、民主、繁荣和富强的新中国，半个世纪以来，你们在对国内外敌人的无比艰困和残酷的斗争中，无畏地胜利地走过来了。本来，你们完全可以带领我们一起再走一段很长的路，但在那可诅咒的"史无前例"中却一个个地在备受屈辱和摧残后不幸地倒下了。

174

　　已经过去了，我们民族所经历的这旷古的灾难和悲剧。然而，还是有那么多的问号，愈来愈甚地苦恼和折磨着我，几致使我感到窒息。请不要以责备的目光看我吧，我知道你在告诉我，要坚信历史唯物主义，坚信正义终将战胜邪恶，光明终将取代黑暗，无数先辈先烈们的鲜血不会白流。党和人民经历了严峻的锻炼和考验，必然会将你们未竟的事业一代代地继续下去。

　　先烈和先辈们的忠魂，将给我永远的鞭策和激励。

　　永别了！亲爱的徐冰同志！

1979 年 8 月 27 日于北京

---

　　① 张经武（1906～1971），原统战部副部长。吴溉之（1898～1968），原最高人民法院常务副院长。邹大鹏（1907～1967），原中调部副部长。伍云甫（1904～1969），原卫生部副部长。——本书编者注

欧阳予倩与昭平版《广西日报》

王仰晨

友人汤建民兄要我写有关欧阳予倩先生和《广西日报》昭平版的文章，虽然我觉得应该写，却由于当时和欧阳先生的接触不多，提起笔来也就感到困难，这里只能从记忆中摘出一些片断。

欧阳先生温文儒雅，和蔼可亲，我总是视之为极可尊敬的长者。当时他是《广西日报》昭平版的社务委员之一，但较少来报社。我们都很尊敬他，却和他交谈不多。

当时我编过一个时期的副刊。记得高尔基逝世九周年，副刊拟出专刊时，我曾请他写了"高尔基逝世九周年纪念特刊"几个字，请人据手迹木刻制版后用于那天(1945年6月18日)的专刊；同日还刊出了周谷年兄作的一幅颇具水平的高尔基木刻头像；欧阳先生还主动写了一篇《高尔基艺术剧院》，连同另外一二篇纪念文章，这个纪念特刊就很有些"像模像样"了(50年代中，我将存留的这份报纸寄给了苏联的高尔基博物馆，并收到过他们的感谢信)。在当时那个特定的环境里，相信它产生了一些好的宣传效果。

欧阳先生很关心和支持副刊的工作。那时我们还办了一个诗刊，约两周出刊一次，那年的诗人节，他还专为诗刊写了《诗人·诗人节》一文。

我有一位年轻的朋友因患结核病悲惨地客死重庆，我写了一篇悼念文章《给亡友》，他看到后很鼓励了我一番，并认为文章写的"非常真情"。

1945年春夏间(确切日期不记得了)的一个晚上，为庆祝欧阳先生的银婚，在报社的院里举行了一个庆祝晚会，报社全体工作人员都参加了，他们夫妇和女儿(敬如)也都参加了。会开得十分热闹，我记得欧阳先生在会上还为大家唱了一段昆曲助兴。

在《广西日报》昭平版工作、生活的那段日子和许多场景，都如此地令人久久难以忘怀并值得回味，记得欧阳先生曾多次说过，这是他"平生与人合作的最愉快的日子"，我们不少人也都有类似的感觉。如果能完整地写下它的始末，如果有那些日子的录像，该多好！

解放以后，为了彼此都忙，我几乎和欧阳先生没有什么往还。只是在 60 年代初①，为了出版他的《自我演戏以来》，我曾去过他家几次，他的亲切接待至今在我脑中仍历历如昨。

欧阳先生是我国新兴的进步戏剧事业的奠基人之一，是热爱真理，有强烈的正义感和充满爱国主义热情的优秀知识分子。即使我和他接触不多，但他可亲可敬的形象却长存我心间。而每当想到他时，也总不免有些怅然若失。岁月匆匆，他逝世至今竟已三十五周年了，草草写下这么几行，聊作我对他的纪念。

1997 年 11 月 14 日于北京

---

① 应为 50 年代末，恐是记忆有误。——本书编者注

莫乃群同志和《广西日报》昭平版

王仰晨

时间过得真快，乃群①同志逝世倏忽已经六年多了。

和乃群同志相识，是 1944 年湘桂战争后，在《广西日报》昭平版共事时开始的。

1944 年 4 月间，日寇为了打通大陆的南北交通线，向豫、湘、桂等省发起新的战略进攻。国民党军在日寇的大举进攻前节节败退，溃不成军，致使敌寇如入无人之境，短短四个多月后便侵入广西境内，桂林市当局随即一次次下达疏散令，9 月 12 日下达了强迫疏散令，两个月后桂、柳即相继陷落。半年多时间里我们丢失了二十多万平方公里的土地、一百几十座城市，六千多万的同胞沦入了深重的劫难。

桂林强迫疏散后，当时桂林的一些文化人士如欧阳予倩、张锡昌、胡仲持、千家驹、陈闲等都撤至桂东，许多已无法西上重庆等地的人也大多疏散到了桂东南（包括平乐、昭平、钟山、信都、贺县、八步等地）一带，令这一地区的人口骤增。当时人们都十分关注和迫切需要了解时局的变化和发展，但因已和川、溪、黔等"大后方"断了一切联系，消息也就十分闭塞。

当时适有自桂林疏散来桂东，带有部分职工和印刷器材的印刷厂，以及省教育厅的收报设备和技术人员；乃群同志是桂林《广西日报》的总

177

---

① 莫乃群（1911～1990），广西藤县人。早年留学日本，归国后历任《广西日报》总主笔、总编辑，香港《文汇报》总编辑，建国后历任广西省副省长、自治区副主席、广西文史馆馆长等职。1942 年与王仰晨在桂林相识。——本书编者注

主笔，富有办报经验，这都是办报的有利条件。在张锡昌同志(中共党员、民盟盟员)的建议和推动下，这些文化人经过反复考虑、酝酿以及多方联系，克服了重重困难后，作为桂东南地区抗战号角的《广西日报》昭平版终于诞生了。

报社成立了领导机构社务委员会，委员包括欧阳予倩、张锡昌、莫乃群、千家驹等七八人，乃群同志被推为总编辑兼发行人。1944 年 11 月 1 日，报纸印出了创刊号(在这之前曾出版了油印试刊约二十期)。

翌年 1 月下旬，敌寇又将进犯昭平(后于 2 月中旬沦陷)，报社不得不将人员、物资等转移至距昭平县城约五十公里外的黄姚镇。当时没有任何交通工具，机器、铅字等全赖肩挑背负于崎岖曲折的羊肠小道，而且还需翻越两座陡峭险峻的大山，其时又值天寒地冻，因此艰辛之状不难想见，但坚定和崇高的信念激励着大家胜利地渡过了这一难关。2 月 7 日，报纸在黄姚复刊了。

由于当时地区特殊的政治环境，报纸能不受干扰地以中共中央"坚持抗战，反对投降；坚持团结，反对分裂；坚持进步，反对倒退"的原则作为它的指导方针。通过新华社、塔斯社、路透社和合众社等通讯社以及旧金山、新德里等地的电讯或广播，报纸对国内外时局作如实的反映。除了立场鲜明、针对性很强的社论分别由社务委员撰写，以乃群同志执笔为最多外，它还设有多种专栏和形式多样的副刊，因而得到广大读者特别是知识分子普遍的欢迎和好评。

尽管当时的物质条件十分困难，报社工作的运转却都很正规，收报(电讯)译电、编辑发稿、排字校对等都在夜间进行，由于没有电力，照明用的是油盏或电石(碳化钙)灯，印刷机则由人力摇动。全社职工只四十人左右，吃的是"大锅饭"，每月只象征性地发给几个零花钱，但由于充满民主团结和友爱的气氛，大家无不心情舒畅。全力以赴地对待各自的工作(因为人力紧张，有的同志还身兼数职)。就是这样，每日四开一张、发行量高时达三千余份的报纸，在早上八九点钟时就可印完；因为连一辆自行车也没有，发行至临近一些县、镇的报纸都是组织人力接力赛般递送的，相距约五十公里的八步镇也能看到当日的报纸。

1945 年 8 月敌寇投降后，9 月 30 日，报纸胜利地完成了它的历史使命而休刊了，前后生存了十一个月。

因为社务委员中仅乃群同志一人有过新闻工作的经验，所以即使有张锡昌同志主持全社的日常工作，乃群同志的工作负荷仍还相当重。由于参加编辑工作的年轻同志大都缺少经验，而他又具有强烈的责任感，因此几乎每晚他都和大家一同工作。他不善辞令，但慈祥和蔼，总是笑容可掬和兄长般地对待周围的同志，因而得到大家的爱戴和崇敬。

报社迁到黄姚不久，他就和大部分社务委员同志参加了中国民主同盟，从此他便十分热心于民盟的建设和发展，并在其后参与民盟中央及广西区委的领导工作。1983 年 7 月，他光荣地参加了中国共产党，据我所知，这是他孜孜以求的毕生愿望，更是他一贯追求光明和进步，忠诚地献身于人民革命事业的必然结果。他一生经历的道路，就是我国广大爱国主义知识分子走过的道路，因此在我和他的接触中，常会想到邹韬奋、李公朴、闻一多、陶行知、朱自清等光辉的名字。

建国后他当选为全国人大代表，除了担任广西壮族自治区的行政领导工作，还兼任了不少社会工作；晚年虽然体力日衰，但在筹建广西民族出版社、修订《辞源》、撰写和主持编辑出版广西地方志和人物传，及历代文献等工作中都倾注了大量的心血。很可惜，他给我的信已大都散失，但在残存的二十多封来信中，仍可看到他的刻苦自律及对祖国和对人民、对自治区和他从事的工作的一片深情。为人民的事业，他默默地奉献了自己的一生，真是鞠躬尽瘁，死而后已。

作为人大代表和民盟中央常委，他常来京参加会议，每次来京我们总有晤谈的机会，有时他还邀集昔日黄姚报社在京的同志聚首畅谈，这种机会不可能再有了，这实在令人黯然；但他的音容笑貌和奋斗不息的精神将常存于我脑际，促我自省和自励。

值此乃群同志的纪念文集即将出版之际，匆匆草此小文，聊作对故友的深切的思念。

1996 年 8 月 14 日于北京

本文原载《桂系报业史》

179

对唐弢同志的怀念

王仰晨

这好像只是昨天的事。

我和他并排坐在这十分简朴的小客厅的沙发上，挈云同志坐在我们的对面，听着我们的闲谈，偶或也插说几句话。

那天他的精神和情绪似乎都不错。我们只是随便地闲谈，谈身边的琐事，也谈国家大事；有使人高兴的，也有令人扼腕的。他谈得较多，有时还伴着琅琅的笑声。空气和谐而宁贴。我很想多呆一些时候，但为了少浪费一些他的时间和精力，一个多小时以后，便起身告辞了。他进内室拿出一本出版不久的散文集《狂犬人生》，签名后送给了我。然后和挈云同志送我到楼梯口。

那是 1990 年 4 月 17 日的上午。

但就在二十多天以后，他因突发肺炎而住院了。他原患的是对老年人极具威胁的心肌梗塞和脑血栓症，这病已反反复复地折磨了他二十来年，但他顽强地活下来了，而且不曾停止过他的工作。

这次的病情却是如此凶险。我曾几次去医院看过他，都未见他有什么反应，更不能说话。去年 9 月下旬去看他时，仍还是那样；但当我向他示意告辞时，他竟神情专注地望了我一会儿，随而费力地抬起左臂，缓缓地摇动了几下。他认出我来了，我惊喜地想：过个把月再来看他时，也许我们可以交谈了。

可是之后我竟不曾再去过。年底前原决定了要去的，却又没能去成……

说什么都是多余的了。

我不会原谅我自己。没能和他作最后的告别并为他送行，使我久久地陷于难以摆脱的疚歉和惆怅中。

和唐弢同志的交往开始于 70 年代初，酝酿编辑《鲁迅全集》的时候。

他曾亲聆过鲁迅先生的教诲，是鲁迅的战斗传统的出色的继承者之一，又是国内屈指可数并卓有成就的鲁迅研究的前辈和专家，对中国现代文学他也具有极为精到的研究。他曾以自己的作品和战斗活跃于 30 年代的上海文坛，熟悉并掌握不少有关的史料和掌故，这就使我在新版《鲁迅全集》和别的一些工作中，都得到过他热情和具体入微的帮助；不止对我，当《鲁迅全集》的注释工作全面展开以后，参与过这项工作的同志无论登门或书面向他求教，都能从他那里得到满足；他的丰富的藏书，也曾为我们解决过不少问题。

这都为他平添了许多工作量和耗去了他不少可贵的时间和精力。

虽然他是一位知名的学者、专家，但平易近人，朴实无华，诚挚坦率，蔼然可亲，所以我们很快地就成为较相知的熟人了。他渊博的知识和丰富的阅历，使我觉得他似乎就是一座知识的宝库。因此即使是不经意的闲谈，也常会使我有所收获，并从中领略到一种特别的乐趣。当我知道他原是未读完初中就进邮局做了拣信工人，通过繁重的工作之余的自学和实践而取得了这么高的成就，从而为我国的学术文化作了如此巨大的贡献时，我就不能不更充满了对他的敬意。

记得在那人妖颠倒，极"左"思潮泛滥和猖獗的年代，我们的谈话常不免会涉及某些丑类形形色色的表演和一些丑恶的社会现象。在那样的时候，他对它们的憎恶和鄙视之情，就往往会溢于言表，且亦不免要说出一些当时"犯忌"的话来。这也就自然地增进了我们的相互了解和信任。二十年来，从他那里我得到过不少兄长般的关心，鼓励以至卫护；但凡有求于他时，也总是有求必应。他去世后，有一位同志告诉我说，他曾叮嘱过这位同志要支持我的工作；尽管这未必只是为了我个人，但我对此的感动和感激还是很难尽言的。

他实在走得太匆促、太早了。他原还可以做许多工作，可是死亡带走了一切。对于我们(对他也一样)，这真是永远无法弥补的遗憾。

最最令人深为惋惜的，莫过于他还在写作中的《鲁迅传》的未能终卷了。这书他曾酝酿多年，并作了大量细致扎实的准备工作，可是其间由于助手问题迟迟未能很好地解决，来自多方面的频繁干扰（为此他曾几次离家避居他处），疾病的折磨以及一些难以摆脱的不如意事带来的烦恼等等，都影响及他写作的顺遂进行，以致如此重要的一部著作竟也不得不随着他的去世而夭折。

虽然如今行世的《鲁迅传》已不下十种左右，今后必然还会续有新作出现，而且其中必有佳作，但他写的这一本将是任何别的本子都难以取代的，于鲁迅研究领域来说，这实在是无可补偿的巨大损失。

我爱唐弢。虽然他已走完了他的路，但他的等身著作将长留人间，他对事业的专一和执著，他的鲜明的是非爱憎，他的刻苦自励和奋力进取以及严谨、质朴的学风和作风等等，都将永远是我和不少同志的学习楷模。

愿唐弢同志安息。

1992 年 7 月 16 日

本文原载《唐弢纪念集》，社会科学出版社 1992 年出版

缅怀赵家璧同志

王仰晨

墙上的镜框里是穿着长衫，昂首前行的鲁迅先生的相片，书柜里满满地排列着良友版的各种图书，写字台上是有些散乱的书刊和摊开的信稿。小客厅显得十分雅致和宁静。我和他坐在临窗的小沙发上边喝茶边聊天，较多的是我聆听着他的谈话，娓娓地。

和家璧同志已有过多次这样的小谈，只要有机会去上海，我都在这小客厅里受过他的亲切接待，有时也被留在那里，和他一起享用由他夫人烹制的佳肴……

183

30 年代位于北四川路海宁路附近的良友图书公司和《良友画报》、《良友文学丛刊》等，于我都并不陌生；但开始和家璧同志交往，则已是 70 年代后期的事了。

可能出于对鲁迅先生的尊敬和对鲁迅作品的热爱，因而他十分关注当时我正从事着鲁迅著作的出版工作。记得他对我们出版的《鲁迅书信集》曾提出过一些重要的意见；对鲁迅著作各单行本的"征求意见本"（那是为新版《鲁迅全集》作准备，主要是征求对注释的意见）更是十分重视，认真审读并提出中肯的意见。80 年代初，因为新版《鲁迅全集》在上海排印，我们几个人住在出版局招待所工作时，因为对这一工作的支持和关切，他曾不止一次路远迢迢地来看望我们，这都令我久久难忘；在那期间，我因病两度住入瑞金医院，也都是他代为奔走张罗的，这使我至今仍对他充满感激之情。

也还可能因为我们是"同行"，所以即使在新版《鲁迅全集》出版以后，他仍一样地关注着我的工作，一再给我写来洋溢着兄长般的友情和亲切激励的信，每次来京，也总要邀我和他晤谈，这常常使我受益匪浅。

编辑工作中的编制选题、组稿看稿、制定版式、看校样以及与出书有关的其他各个环节，诸如插图、制版、装帧设计、印刷装订及出书前后的宣传推广等等，家璧同志或了如指掌，或举重若轻；而无论编、写或是译；他不只应付裕如，且都具有相当高的水平，这在当前的出版界堪称为凤毛麟角，他是编辑出版工作方面当之无愧的通才。

他之所以能做到这一点，主要在于他的敬业精神。有了这种精神，才能将全身心倾注于事业，才能在工作中有胆有识地锐意进取、开拓创新；也正因为这样，才有了他事业的辉煌，才能在我国的新文学事业的发展过程中，为我们留下了一批里程碑式的作品。

老一代的出版家以他们谨严的作风，务实的精神和丰富的经验，为我国的出版事业奠定了坚实的基础，如今它较前已有了极大的发展，呈现了前所未有的兴旺发达景象，在繁荣学术文化、传播知识和积累文化等方面都发挥了不可低估的作用。

然而使人感到遗憾的是，若干年来，我们不少好的传统却被视作"老一套"而在渐趋淡化，特别是近年来由于经济大潮的猛烈冲击，更出现了令人十分担忧的滑坡现象，一些见利忘义、唯利是图之徒，或则抄袭拼凑，或则胡编乱造以及肆无忌惮地盗版和买卖书号等，使庸俗低级和质量粗劣的出版物相当程度地占领了图书市场，污染了社会，贻害了读者，也造成了人力物力的巨大浪费。

记得家璧同志在一次和我的通信中对出版界的现状感慨了一番后写道："我们这些老年人只能尽力为之，此外也徒唤奈何耳。"果真只能"徒唤奈何"么？但愿不断变革和改进着的现实会给我们一个否定的答复。

岁月如流，家璧同志逝世倏忽将及周年，草此小文以为纪念，并希望他那种极为可贵的敬业精神，能够在出版事业中被继承和弘扬下去。

1998 年 1 月 30 日北京

本文原载《赵家璧先生纪念集》，上海文艺出版社 1998 年出版

纪念李何林同志

王仰晨

虽然知道何林同志的离去将已无力挽回，而且已是朝夕间事；但得到他逝世的消息以后，我还是难以抑制深沉的悲痛；我也不能不想到我们将近二十年的交往，以及在这之间建立起来的友谊。

抗日战争后期，在广西敌后的一个偶然的机会里，我读到了他编写的《近二十年中国文艺思潮论》，那是我接触到的第一本中国现代文学史。至今我还记得在桂东一个小镇的小楼上守着油灯夜读时的情景，以及它带给我的喜悦、激动和教益。可以说，从那时起我对他就十分景仰了。

70 年代初，怀着对鲁迅先生的崇敬并面对当时一片荒芜的读书界，我们打算编选出版一些鲁迅著作。可能是由王冶秋同志建议，请何林同志与我们合作，共同进行这项工作（当时何林同志还在天津）。从那时起，他与唐弢同志和我们一起，先后编选了《鲁迅杂文书信选》、《鲁迅杂文选》和《鲁迅创作选》等，在他的倡议下，还对所收的每篇作品都作了包括作品产生的时代和作品的中心思想等的题解，为了着眼于普及，还都做了较详尽的注释。

在"文痞"姚文元的棍子下，我们编选的集子（大都各在三十万字以上）在付型或已开印时都先后被迫撤下，以致我们的努力也尽付诸流水。但通过一个时期的共同工作，何林同志的严谨的治学态度和一丝不苟的工作作风，他的博学和待人接物时的谦逊和蔼等等，都加深了我对他的敬慕。

因为当时还是"四人帮"的"天下"，冯雪峰同志侥幸自五七干校回到北京后，未被同意来出版社工作而只能蛰居在家，不久又患了绝症。虽

185

然北京有他的不少朋友，但那时有的还未被"解放"，有的则不敢登门，常去看他的就只有可数的几位老友，因而相当寂寞；但何林同志每次来京时都毫不在意地去看望他（这都是我亲遇的，我不知道那时何林同志已否获得"解放"），这曾给我留下很深的印象。

1975年，何林同志调京任鲁迅博物馆馆长。他来京后，我们的交往便渐渐增多了。其后在新版《鲁迅全集》的编注工作中，他更是多方给我们以热情的支持和帮助，这里就不细述了。当时他虽然年事已高，但在鲁迅博物馆馆长任内，仍兢兢业业、呕心沥血地做了大量垦拓性的卓有成效的工作，如创办了鲁迅研究室（它曾培养了不少鲁迅研究者），领导并主编了《鲁迅手稿全集》（影印本）和很有分量的四卷《鲁迅年谱》，创办了《鲁迅研究资料》和《鲁迅研究动态》，还组织编纂了《鲁迅大辞典》（这工作还在进行中）以及对鲁迅博物馆进行了扩建等等。

我总是十分懒散，虽然出版社距何林同志住所并不远，却很少去看望过他，相反，他倒是常来出版社看我和编辑室的一些同志。每当我对此表示歉意时，他总是说"我来你们这里方便，出来散步或去东四邮局，就可以来坐坐，你们来我家却要专门跑一次，所以这算不了什么"；他知道我去办公室一般都比较早，因此好几次都是一清早就来出版社，登上三楼把门轻轻一推就进来了。那时他已年近八旬，因此每次这样的来访都会使我感到非常歉疚。

大约在1985年间，他和黄源、适夷、史莽等同志倡议将瞿秋白同志编选的《鲁迅杂感选集》中所收的文章加上题解和注释后重印一次，另从瞿秋白编未收的鲁迅在1932年以后的作品中选出篇幅与前者大致相等的若干篇，同样加上题解和注释后，编印为《鲁迅杂感选集》的下册，这于普及鲁迅著作和一般青年读者显然都十分有益。之后经分别约请的一些鲁迅研究者撰写的题解也大多已由何林同志审订（少量约稿尚未收到）。我被指定担任这本书的一些技术性工作，由于种种原因，这事却搁置了下来。何林同志病中曾不止一次地和我谈起这事，并说这将是他此生的最后一本书，虽然我总是劝慰他，也表示了我定将完成这工作，却迟迟至今未能动手，每念及此，更感到愧疚无已。

何林同志的病是87年年初发现的，开始时以为是坐骨神经痛，2月份以后曾先后入住天桥医院、肿瘤医院和301等医院。期间我曾往探视过几次，起先他还对我说是坐骨神经痛；3月间告诉我"骨上长了瘤子，是良性的"（其实2月下旬已被确诊为癌了）。

大概在7月下旬我去看他时，癌细胞已侵入右脑，也许他已知道自己患了绝症，神情有些委顿，说话似乎也很吃力；和我握手时先是流泪，随之都哽咽了，以致我从医院回来后，为此难过了好些日子。

9月中旬我又去探望他，当他认出了我时，顿时又哭泣了，他动了几下嘴唇，像是要说话，却又说不出来；他的左侧上下肢都已不能动了，右腕则颤动不已，我轻轻地抚摩着他紧握我手的手背，只能说几句愚蠢而又空泛的安慰的话，面对这样一位长者的泪眼和显见消瘦了的病容，我真的心如刀绞。我知道他的哭泣绝非畏惧死神之临近，而是在于他留恋事业，难舍自己的亲朋好友，他不愿和不甘就这样匆匆远行。在这样病痛的折磨和熬煎中他苦苦地挣扎着，但终于还是被病魔所征服。

现在，我还是坐在我的办公室里，我多希望他再一次轻轻地推门进来，但这可能么？望着桌上的电话，我又多希望再一次从耳机里听到"仰晨，我是何林"的亲切的声音，但，这又可能么？

在近二十年的交往中，我确实觉得何林同志那种强烈的事业精神和高度的革命责任感都会令我倾倒，他的许多突出的长处和可贵的品格都是自己很难企及的。而给我感受更深的是，他不只是一位博学的学者和敦厚的长者，更是一位爱憎分明、嫉恶如仇的战士，是一位铁骨铮铮、一身正气、继承了鲁迅战斗传统的"横眉冷对千夫指，俯首甘为孺子牛"的鲁迅式的战士。他是我们这一代知识分子的杰出典范！

何林同志已走完了他的人生道路，并在最后将自己的遗体献给了祖国的医学研究事业。他真是无私地奉献了自己的一生，不愧为中国共产党的优秀党员，今天我们又多么需要像他这样的共产党员啊！

只是何林同志逝世以后，我才日益感到自己对他的爱戴是那样深，然而这却来得太迟了。我会将这样的爱连同对他的思念深深埋在我的心底，它们必将晨钟暮鼓般促我自省，给我以策励和力量。何林同志的事业和精神将与世共存，直到永远！

1989年7月15日北京

本文原载《李何林先生纪念集》，天津人民出版社1996年出版

187

濛濛细雨中的思念

——怀念雷石榆同志

王仰晨

灰蒙蒙的天空里弥漫着雾般的细雨。我怔怔地面对着窗户,渐渐地,我仿佛觉得全身心都被裹入这雾般的细雨中了,这是因为我想到了石榆兄。岁月如流,石榆兄的周年祭转瞬即将到来,于是连同他的面影,往事逐渐在我的脑际浮现。

初识石榆兄,是在抗日战争初期的昆明。他正在主持全国文艺界抗敌协会昆明分会的工作,并主编《西南文艺》;我是由上海内迁的一家印刷厂的排字工人。当时由于滇越路忙于军运,我们的全部器材都堆积在海防(今胡志明市)的仓库里运不出来,以致工厂无法开工。

对于我这个来自"孤岛"的青年人来说,昆明,真是个既古老,又年轻的,充满了抗日救亡的蓬勃朝气的城市,因而抗战初起时那火一般的热情,重又在我的心底燃烧起来了。当时我有足够的时间,可以参加有关抗日救亡的一些活动和集会,也就是在那些活动中我结识了石榆兄。

当我们的印刷器材等陆续运到昆明时,工厂又决定迁往重庆了。1940年初夏我到了重庆,经过一番紧张的筹备工作,很快地工厂就开工了。

工厂承印了中华全国文艺界抗敌协会主办的刊物《抗战文艺》。一次,在分配给我拣字的一组稿子中,我发现了两首石榆兄的诗稿,我写信告诉了他。也就是从那时起,我们开始了通信。

1941年末或1942年初,我曾寄给他一些习作,希望听听他的批评意见。后来他从中选了一篇小说在他主编的《文学评论》创刊号上发表了,他还在文末写了一段按语;重庆《新华日报》在评介这个刊物时也据以对我的习作说了一些激励的话。不用说，这曾给予了我多大的鼓舞。

这之后，我和他有过较多的书信往还。大概在 1943 年末，他从昆明去江西途经桂林时，我们曾作了一次短暂而愉快的相聚（那时我已在桂林工作）。其后他在江西某地的一家报社（记不得报纸的名称了）编副刊。他还是十分关心我的习作和健康（当时我患有肺结核），曾在他那副刊上发表过我写的一些小文章。

石榆兄是一位热情的（有时我还觉得他很天真），富有正义感的爱国主义诗人。学生时代他就接受了进步的文艺思想并开始了创作活动。30 年代初在日本留学时参加了"左联"的东京分盟，主编刊物和以日文进行诗歌创作或撰写文艺评论等，为宣扬反战和爱国主义思想，为中日文化交流作了不少有益的工作，以致遭到日本反动当局的驱逐出境。

回国以后，他一直活跃在进步文坛。抗战爆发后，他以更大的热情，以笔为武器，全身心地投入了如火如荼的中华民族解放运动。……

到了抗战后期，由于交通阻隔，我和他失去了联系，也不知道他去了哪里。直到 50 年代我和他在天津重逢时（他在天津师院任教），才知道他在抗战结束后去了台湾，任一家报纸的主笔和兼编副刊；后来又执教于台湾大学，因积极参与进步的文艺活动而遭国民党当局逮捕和终至被逐出境。之后他到了香港，仍还是教书和写作，不时在当地报刊上发表为时代所需要，与时代相呼应的诗歌、散文和杂文等等。总之，他始终不曾离开过进步文化运动的战斗行列。

我不知道他是在什么时候回内地（这是现在的说法，当时可以自由出入香港）的。有着他这样经历的高级知识分子，在那"史无前例"（有一位作者在文章里称之为"臭名昭著"）的日子里，自然是"在劫难逃"了。但令人欣慰和在意料中的，是他坚定和勇敢地面对邪恶的"四人帮"并战而胜之，和全国人民一起欢欣地看到了这伙反革命匪帮的末日。

1978 年秋他因事来京。久别重逢，虽然在他脸上我已明显地看出了他的苍老，他却仍还那样精神抖擞和英姿勃勃，这特别使我感到高兴。在他留京的一些天里，我还邀请他参加过几次我们正在进行着的新版《鲁迅全集》注释稿的讨论。那时他已在河北大学任教，因为彼此都忙，我们也就少有书信往还了。

189

　　然而我知道他始终在执著于自己的工作。在授课、编写讲义和整理旧作等等的同时，仍未中止过他的学术研究和诗文等的著述，完成并出版了《日本文学简史》，其间还为中日文化交流出访了一次日本。

　　大概在1994年间他得了脑血栓症，之后就一直为疾病所苦并数度住院，幸有嫂夫人丽敏悉心照料，得以多次渡过难关。1996年7月间他出院后给我的信中说，"现虽渐见康复，但体力、精神仍感不足，怕费脑力，信件回复大都由敏弟代笔。……老而患病，确是人生最大苦事，一切只得靠敏弟照料，可是她已是上了岁数的人了，……"次年6月在又一次出院后的来信中说，"回家后继续服药治疗，至今手腕稍能活动，但两腿仍乏力，靠敏弟扶着在室内慢步走动片刻即坐下休息，已不再动笔写任何东西，不得已给国外朋友复信，亦靠敏弟代笔，但她也有疾痛，不胜往日的劳累，……她也七十挂零了。身边无可依靠的年轻人，只好相濡以沫过着晚景。"

　　这是他给我的最后一信。

　　据丽敏兄的信说，这次他患的是高烧肺炎，兼有多种并发症，如肠道紊乱、湿症和褥疮等等。并说"这次病得非常痛苦，但他很坚强，也很乐观地和病魔抗争。我把中国作协给抗战老作家的铜牌放在他床头鼓励他，他也说'有信心'……"

　　然而不幸，他还是未能闯过这一关，于1996年12月7日下午3时许离开了这个世界。

　　在印着斑斑泪痕的丽敏兄的来信中还有这样几句话："临终前他对来看他的每一个人微笑，那笑容纯洁、天真、善良，……"

　　窗外刮起了大风，真是朔风怒号的样子。

　　我的心沉甸甸地，想得很多。

　　曾有过多少次，我渴望到保定去呆几天，畅快地和他作促膝谈，我有许多话要对他说。因为即使我们的友谊早已过了半个世纪，却还很少有过这样的机会。

　　可是他走了，这样的机会不会再有了，永远！

　　记得前些年他在给我的一封信里说："我们相识时，正是你年少英俊，我也风华正茂，曾几何时，都先后变了白头翁。古人所谓'浮生若

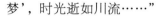

梦',时光逝如川流……"

他说的"相识时",他二十八岁,恰恰长我十岁。

近六十个年头在倏忽间逝去了——这地覆天翻的六十年!

即使如今人们的平均寿命已普遍延长自然规律却总是一样地冷峻和无情。"白发渐多故人稀",如今好像每年都有远行的故友。每当这样的时候,我常会颇多感慨,也总要增添几分寂寞;交往如此之久的石榆兄的离去,更令我感到分外的寂寞。

人生总是苦短。

假如时光能倒流,多么希望一切再从头开始;你,石榆兄,一定也会希望这样的,希望能再活一次,因为你还有不少未做完和想做的还未开始的工作。

然而,这是可能的么?

"来日无多","来日无多",呼啸着的朔风仿佛卷着这几个字,频频地在撞击着我的耳鼓。

是的,来日无多。

我该怎样做呢?石榆兄,你告诉我!

1997 年 11 月 15 日于北京　　191

本文原载《新文学史料》1998 年第 1 期

我所敬重的榜样

——戈宝权①先生

王仰晨

戈宝权先生是我十分敬重的学者和翻译家。敬重他，是因为大半个世纪以来，他在我国的学术文化界和国际文化交流等方面，曾做了大量有益的工作。

自然，应该特别称道他在介绍、翻译俄国和苏联文学方面所作的突出贡献。

戈宝权先生在进步思想的氛围里成长和发展，因而始终能清醒地追随时代前进的步伐，坚定地以自己的聪明才智，贡献于进步的文化事业。而当他能熟练地驾驭俄、英、法、日以及东西欧等许多语种以后，除了执著于外国文学的翻译、研究等工作并出版了不少著译而外，为了国际、国内政治形势发展的需要，在党组织的领导和安排下，他还大大地扩展了自己的工作领域。

建国以后，他更是先后多次出访过苏联、东西欧和美国、日本等三十多个国家，广泛地进行讲学或是其他各种学术文化活动，在促进东西方文化交流、增进世界和平人民间的了解和友谊等方面，都做了许多卓有成效的工作，由此使他享有广泛的国际声誉，并先后多次获得国际、国内的多种荣誉称号。

戈宝权先生在学术文化研究方面的勤奋追求和锲而不舍的精神也令

---

① 戈宝权（1913～2000），江苏东台人。外国文学研究家、翻译家，国际文化交流活动家。《译文》、《世界文学》、《文学研究》、《文学评论》编委。从 1975 年起，兼任北京鲁迅博物馆鲁迅研究室顾问，并协助人民文学出版社注释《鲁迅全集》工作。——本书编者注

人十分钦佩。他除了研究过普希金、托尔斯泰、高尔基等俄国作家，研究过莎士比亚、罗曼·罗兰等西欧作家而外，大约在 70 年代初，他还开始了对鲁迅的研究，出版和发表了有关这方面的专著和论文多种。由于他在外国文学领域的渊博知识，人民文学出版社编注新版《鲁迅全集》时，他曾被聘为顾问之一，协助解决过不少注释工作中遇到的有关外国人物、事件等方面的疑难问题。80 年代初，他还应邀出席了在美国加州举行的"鲁迅及其遗产"的国际学术讨论会，进一步向世界介绍和宣传了鲁迅。

戈宝权先生能熟练地驾驭那么多外国语种，当来自他的刻苦和勤奋。随着当今科学技术日新月异的发展，特别是电信事业的迅猛发展，世界似乎已变得越来越小了。各种新事物和新思潮等日益涌向改革开放中的我国大门，由此很好地掌握一种或一种以上的外文，已成为我们日常生活、工作中的必需，更是促使我国社会主义建设事业稳妥、迅速发展的必需。如今，学习外文的条件较以往已不知好出了多少倍，但真要学好，则非有极大的决心和毅力不可。

学海无涯，时不我待。在这瞬息万变的世界里，需要我们探索、追求、学习和研究的东西实在太多了。在这方面，执著于自己热爱的事业、孜孜不倦地学习和不断进取的戈宝权先生，的确为我们树立了极好的榜样。

193

本文原载《戈宝权纪念文集》，江苏教育出版社 2001 年出版

悼泽霖兄

王仰晨

8月15日上午九时许，健飞兄来电话告诉我说，泽霖兄已在这天凌晨不幸去世，我拿着话筒的手顿时就颤抖起来了。

虽然泽霖兄的病缠绵已久，但半个多月前还听说过他的近况还好，因而这噩耗就不能不使我深感突然和震惊。

近些年来，已有不少朋友先后离开这个世界，但是泽霖兄的去世，更强烈地震撼了我。"故人云散尽，余亦等轻尘"那样的感喟，也立时自我的心底升起，并紧紧地包围了我，使我感到分外的悲哀和寂寞。

泽霖兄具有强烈的事业精神和高度的责任感。在湘桂大撤退那一段艰难的日日夜夜里，为了维护事业的利益，他所表现的那种废寝忘食、无私忘我的献身精神，对当时曾和他共事的同志来说，都是很难忘却的。而且我以为，就是从那时起，致命的疾病的种子就悄悄地潜入并埋伏在他的身子里了。

泽霖兄的感情真挚、质朴和豁达。他的是非爱憎鲜明而炽烈，是个疾恶如仇的人。我曾见到过他的愤怒和悲哭，那是为了时代和民族。他的情感是那样深深震动你的心灵，使你的感情也完全融合和沉浸在其中。他的赤子之心是触手可及的。"老吾老以及人之老，幼吾幼以及人之幼"，于他身上，就表现得更其完美。他是这样的人，如果你要他的外衣，他会把内衣也剥给你。我相信凡是和他稍有交往的人，今天都不难在自己身边找到他给留下的纪念品。……

泽霖兄有着很深的文学造诣。他曾读过不少古今中外的文学名著。

他特别崇敬鲁迅先生，也能背诵鲁迅先生的许多诗句，他曾将自己的书斋题为"师鲁斋"。他喜欢诗，也很能写诗。记得在抗日战争后期，我在为昭平版《广西日报》副刊打杂时，在他的倡议和支持下，我们曾一起编过几期很受读者欢迎的《诗刊》，他自己就是个诗人。

近二三十年来，虽然我们天南地北各处一方，但将近半个世纪的友谊并未因而淡漠或疏远。1983 年末我在阳朔参加一个会议后曾去广州看了他，在将近一周的时间里得以和他朝夕相处并促膝长谈。我们几乎无所不谈，他甚至还和我谈到对自己后事安排的一些考虑。……在这之后的几年中，他来信时曾多次邀我去穗，有次还说过将是最后一次相聚的话，但我却迟迟未能成行，由此终成永恨！在他最后几次来信时，对我的称谓由"仰晨兄"改为"树基知交"（这是我的旧用名），我理解他作这种改变时的心情，我的心不能不由此感到阵阵的酸楚。

"亦余心之所善兮，虽九死其犹未悔。"泽霖兄常喜欢吟诵屈原的这两句诗，我觉得这是可以反映他在人生道路上的苦苦求索的（这半个多世纪以来的道路又有多少坎坷和忧患啊）。和这一代万千善良、刚直的爱国知识分子一样，功名利禄或是什么桂冠他都视若敝屣，而只是在默默的奉献中度过自己平凡的一生；然而这平凡中凝聚着对祖国和民族的赤诚和深沉的爱，因而又是深蕴着不平凡。

愿泽霖兄的灵魂，在共和国母亲宽博、温暖的怀抱中得到永久的安息。

1988 年 8 月 21 日于北京

本文原载三联书店《联谊通讯》1988 年第 3 期

195

"第一要他多"

——怀念包子衍同志

王仰晨

　　岁月匆匆，子衍兄①去世已一年多了。一年多以来，他的面影曾多次在我脑际浮现，而每当这样的时候，一种沉重的悲哀就总会伴随着很深的惆怅，紧紧地包围了我。

　　和子衍兄的交往并不很久。大概在 1974 年的夏秋间，冯雪峰同志第一次向我介绍了他当时还未曾谋面的这位朋友和他正在撰写着的《鲁迅日记类编》。言下对子衍兄在逆境中从事这项工作的热诚、执著和勤奋、刻苦的精神深为赞赏，但也说到了他这工作做得不免颇多烦琐处，担心其中很有一些可能会是无效劳动。

　　雪峰同志是以极其亲切的感情和语调对我作这一番介绍的，因而当时的情景我也就记得十分真切。

　　新版《鲁迅全集》的注释出版工作，最初酝酿于 1971 年，由于种种原因，直到 1974 年下半年才逐渐展开。当时因编辑部只有五六人，所以委托一些社会力量(主要是高等院校的中文系)协助我们分担这项工作。我们以《全集》中的各单行本为单位，分别组成了一些注释组并很快就正式投入了工作。1976 年 4 月间，由出版局在济南主持召开了鲁迅著作注释工作座谈会。那时在济南工作的子衍兄来旁听过几次会。短发下清癯的脸上闪动着一对真诚、热情和智慧的亮亮的眼睛，一袭旧灰布制服裹着他细长的身材，看来他并不很健康，却很精神，嗓音也洪亮。一支支不

---

　　①　包子衍(1934～1990)，浙江镇海人。上海社会科学院文学所副研究员。——**本书编者注**

断的烟卷使他的牙齿显得有些焦黄。那是我和他的最初相识。

《鲁迅日记》这次是第一次收入《全集》。因为注释的工作量和难度都相当大，所以注释工作的进度较迟缓。济南会议时，子衍兄曾表示愿意参加我们的工作，我们也有同样的愿望，但其后为此所作的几番努力却都付诸流水。直到 1977 年冬，他才带着对《鲁迅日记》研究达二十年的研究成果，被借调来我们的编辑室。大约一年多以后，经他推荐，我们又从上海借调来了王锡荣同志协助他的工作。

1979 年 10 月间，我们决定要在鲁迅诞生一百周年纪念时献出一套新版《鲁迅全集》。当时除《日记》、《书信》外，各单行本大都已有了注释初稿，但对这些注释稿的讨论、修改和定稿，工作量很大，不在这些方面补充人力，《全集》的如期出版势必无望。通过一些领导部门和有关单位的支持，我们终于又借调来了好几位专家、学者，这些同志来到以后，编辑部顿时就显得沸沸扬扬了。

我们的工作条件实在太差。办公室兼作卧室的屋子小的难以转身，盛夏时便如蒸笼一般。没有电扇，也没有洗澡的地方，……借调来的这些同志，除了领取他们原工作单位的工资外，就没有任何报酬，加班加点(当时已成定例)不仅没有酬劳，甚至连宵夜费也没有。没有名，没有利，为了这共同的事业，子衍兄和其他借调来的同志就都这样白天黑夜地默默作着奉献。这是些多么可爱、可敬的"吃的是草，挤的是奶、是血"的知识分子！

子衍兄已毅然承担了《鲁迅日记》的责任编辑。虽然《日记》已由原注释组做了许多工作，但仍需做大量的工作，子衍兄的负荷也就极重，凌晨两三点钟才离开办公室于他已是常事，肚子饿了就啃几口凉馒头，喝一杯清茶。只要推门走进他的斗室，就总可看到他面窗而坐着的消瘦的身影，以及缭绕于他头顶上的劣质烟的呛人烟雾。

由于他对《日记》的研究曾下过苦功，所以与鲁迅有关的一些人物、书刊、社团、事件等资料或掌故，他大都十分熟悉。每每我遇到了一些疑难问题求助于他时，总能得到较满意的答复；即使他一时记不起或记不真切，只要他一翻他的"百宝箱"，便可很快地拣出有关的卡片，问题往往也就迎刃而解了。他带来了好几个这样的"百宝箱"。可是，有些注释条文却还会因资料不足或欠扎实而难以修改或难以落笔。这样，除了案头工作而外，他还不时需外出访问一些人或是去图书馆、报库，艰辛地查抄资料。有一个时期他往往一早就挎上草绿色的帆布背包出去，直到万家灯火时才带着一身疲倦回来，然后又坐在桌前对这些材料进行整理或是根据调查线索分别写信，于是斗室里重又烟雾弥漫……

　　《日记》中五六十万字的注释、索引稿的修改、撰写和定稿的工程实在太艰巨了，而况时间又是那样急迫。虽然曾先后有好几位同志参与了这工作，但终于能如期完成并达到了一定的质量水平，倘没有子衍兄所作的努力和将他二十年的研究积累作了无私奉献，那的确是难以想象的。如今每当我看到书桌前的这十六卷《鲁迅全集》时，常会不自禁地将目光停留在其中厚厚的两卷《日记》上，随而子衍兄的音容笑貌就立时会在我眼前浮现；接着也就会想起为《全集》的出版作"最后冲刺"时我们几个人同在上海市出版局招待所（《全集》在上海排印）相处的那些日日夜夜。

　　子衍兄为人真挚热情、质朴无华，胸怀坦荡，有鲜明和强烈的是非爱憎。他对事业的专一和执著，在研究工作中表现的谨严、求实和锲而不舍的精神，特别是他视名利若敝屣，想着的只是工作，而且总想多做和做好工作等等，都是我十分钦佩的。

　　我以为，在他和雪峰同志的关系中和在他为雪峰所做的工作中，也很可以看出他的为人来。

　　当雪峰的冤案刚获平反，他就以惊人的速度写出了内容详尽和坚实的《雪峰年谱》稿（后来由上海文艺出版社出版）；1979 年 11 月间雪峰追悼会前后，他为开好这个会日夜忙碌奔波；1980 年他怀着义愤为雪峰写辩诬的文章（刊于《文学评论》1980 年第 3 期）；1983 年 5 月他在义乌举行雪峰诞生八十周年纪念活动（包括成立雪峰研究会），从参与筹备到结束的全过程中辛勤操劳；由他倡议、主要由他编辑的三十多万字的《回忆雪峰》（中国文史出版社出版），从搜集有关文稿到奔走组稿，更倾注了他大量的心血，其中的挽联、悼诗等大都是由他抄存的，等等。

　　他和雪峰的交往不过两年光景，他之所以忘我地做了上述的一些工作，我以为，这是因为他热爱鲁迅，而雪峰又是鲁迅的挚友；他崇敬雪峰的道德文章，雪峰的坎坷境遇和冤案更使他满怀不平和同情；雪峰身患绝症时仍满腔热诚地对他《日记》的研究工作给以指引和鼓励，这又不能不使他感动和感激……

子衍兄自己也是不幸的。他同样遭遇到"错划"的命运，由此而在妻离子散、劳动改造、穷愁潦倒和白眼冷遇中生活了二十来年；自然也经历了被"错划"者在"文革"中难以幸免的万般磨难。……重行分配工作以后，我依稀得闻，他的处境仍还不佳，本可避免和应该避免的一些恼人的事每每纠缠和困扰着他，以致原是豁达爽朗的他竟也常陷于郁郁中。

然而他还是辛勤地工作着，他的研究领域还在不断拓展。他研究过民国史、学运史，研究鲁迅、冯雪峰，还研究左联、现代文学史以至中共党史。病前他还为现代文学史的研究走访了巴金、夏征农、丁玲、叶圣陶、李何林、戈宝权、赵景深、唐弢、艾青等许多作家，并留下了访问的录音资料。……他还计划着做不少工作，也能做许多工作。他才五十多岁，而且正是日益成熟并大有作为的时候，无情的死神却夺去了他的生命。我不能不为他感到悲哀，更为我们知识分子群中一再重复的英年或盛年的早逝现象感到悲哀。

1989年4月间我去上海时，在一次大雨滂沱中由王锡荣同志陪我去子衍兄家看望了他，那已是他手术过后的八九个月了。他显得稍稍白和胖了一些。可以看出我们的突然到来使他感到十分高兴。"昨天我还想到过你呢！"他对我笑嚷道。在和我们谈到他的病中生活和他病愈后的工作计划时，他仍流露着自信和乐观，而且依然带着我熟悉的笑容。但他那嘶哑的嗓音却给了我以不祥的预感。我们顺从地和他一起吃了由他夫人为我们做的面条。因为下午还有事，饭后不一会儿我们就起身告辞了。他送我们到大门口。没能留住我们，他似乎有些失望，依依地向我们伸出了他的手。那天我是怀着沉重的心情和他握别的，而后挪动着同样沉重的脚步，在没胫的积水中艰难地向车站走去。

多么不幸，这正是我和他的最后一别！

鲁迅先生曾这样说到过韦素园：

……并非天才，也非豪杰，当然更不是高楼的尖顶，或名园的美花，然而他是楼下的一块石材，园中的一撮泥土，在中国第一要他多。

我会久久、久久地思念你的。别了，子衍兄！

本文原载《收获》1992年第4期

199

给 彭 琳

王仰晨

电话里传来了你的死讯
顿时震撼得我目瞪口呆
我无话可说
——不是无话可说
只是不知该从何说起

时间前移半个世纪
湘桂战争已经拉开帷幕
——"疏散","疏散"
"紧急疏散","强迫疏散"
一道道的疏散令
使"文化城"——
　　如大厦之将倾
　　似巨坝已溃崩

肩挑背负手提着破烂的家什
扶老携幼挪动着艰难的脚步
头上是骄阳似火
脚下是烟尘滚滚
大人的叫骂，孩子的哭嚷
沸沸扬扬——

伤心惨目的逃亡图在街衢流淌
大桥上下，漓江岸边
同样是扰攘喧腾，沸反盈天

那是油汗涔涔的你
嗓音嘶哑地
调度、指挥着满载纸张、铅字、机器……
行将疏散东去的大小木船
　　说话——直截了当
　　动作——干脆利落
　　走路——大步流星
好一个玛柳特迦
——这是你给我的最初印象

敌寇步步进逼
如入无人之境
人们喘息未定
铁蹄旋踵又至
长滩、平乐、八步、黄姚、昭平……
都曾留下过我们工作、生活的脚印

在桂东我们迎来了胜利
燃烧般的热情重又在你心底升起
广州、上海、烟台、大连……
　　同样跃动过你矫健的身影
　　　　　洒下过你辛勤的汗水
大军过江你就重返上海
戴月披星
以全部的爱和热
奉献给年轻的共和国母亲

201

哪里的工作脏、累、苦、难
哪里就会出现你的笑貌音容
事业的成败衰荣
无时不充溢于你的心胸

待人你有如长姊慈母
忠肝义胆，赤诚满腔
对己则似出脱尘世
　　　　　一无所求
——这是我恒久记忆中的你

你少有女性的妩媚和娇柔
但你同样有柔情如水
　　　同样有情愫脉脉
我不太了然你的恋爱和婚姻
却见过你艰难地吞下的苦酒满杯

202

有道是——
　种瓜得瓜，种豆得豆
我独不解
缘何你遍撒爱的种籽
而收获的——
却只是荆棘和蒺藜

人生多苦辛
至今我仍茫然——
何以历来的"运动"
于你总似在劫难逃
"史无前例"中更是堕入炼狱
从此精神分裂的可悲烙印
成为"运动"给你的慷慨馈赠

直到八十年代末
你还在翘首于对你的"落实政策"
呜呼，呜呼
这颠倒人间的"史无前例"
理应受到永远的咒诅

你曾声言
　"落实"之前
断绝和所有旧友的往还
然而如若去沪
我的探望却从未遭你拒绝
你仍待我如长姊
殷殷问询起居和短长

哪次登门
你都独坐于昏暗潮湿的斗室
凝神地阅读着毛泽东著作
在你的桌上、书架上
满堆着大字、小字
直排、横排的毛泽东著作
——"除了读毛选
　我哪里也不去
　什么电视、半导体、报刊、书籍
　我也全都不听，不看"
对此你似颇有几分自得
直直地注视着我的眼睛
使我几乎感到战栗

子女于你
咫尺天涯

你茕茕孑立
　一如孤寡
就这样蛰居斗室
陪伴着各种版本的毛泽东著作
送走一个又一个的白天和夜晚

　——"落实政策之前
　决不改变自己的生活
　我觉得这样蛮好
　一点也没啥寂寞"
不止一次
你微笑着给我这样的回答
——可那又是怎祥的"微笑"呵

你时而清醒，时而混沌
我宁愿你仅有后者而无前者
也许那将减却你的几分痛苦
每次握别我都心痛欲绝
回首频频
终至你的身影杳然
在一个沉沉黑夜
你终于悄然别离了这人世
凄凄清清，清清凄凄
无人伴侍
更无人为你哭泣

自此你将遨游于碧云蓝天
年年岁岁，岁岁年年
茫茫宇宙
我又能往何处将你寻觅

有如滴水之于大海
我们自未能且亦未敢——
与诸多先贤、前辈相比拟
然而——
为抗战，为新中国
你从未吝啬过你之所能
因此——
你尽可俯仰无愧地
融入历史的永恒

你的面影深印在我的心底
过多的"?"如尖利的铁钩挂在我心里
这颗心在痛苦地哭泣
——虽然这不只是为了你

"天长地久有时尽
此恨绵绵无绝期"
　休矣，休矣
　千百往事，万般思虑
　连同着你——
　我亲爱的，尊敬的，可怜的朋友

1995 年 3 月 16 日于北京

本文原载三联书店《联谊通讯》1995 年 7 月

第三部分

编辑生活剪影及其他

冯雪峰伯伯漫忆

海客甲

快三十年没见了，任寰和我重在星巴克聚首。他早已把家安在了剑桥，这几年又回乡来捞世界了。这家伙还是那么博闻强记，稗官野史和文人政要的逸闻，都是他爱聊的话题。和其他同学一样，他非常自然地聊起了当年到我家借书读书的故事，中间还提起了我们对冯雪峰和曹禺等几位伯伯的议论，这些事若无人提起，我自己多已淡忘了。

冯雪峰伯伯频繁去我家里，是在他七十岁前后、我二十岁上下的那几年，从年龄上说我们差不多是相隔一代的人了。他容貌清癯，是个温和慈祥的老人。

我隐约知道，冯伯伯早年与爸爸（王仰晨）的私交比较泛泛甚或并非融洽，他们相识于1946年的上海，十年后在北京成为出版社内的上下级同事。那时冯伯伯的处境早已开始不妙，很快就被定为"右派"，继而被开除出党。在党内的会上，全体出席者都举了手，包括被开除者本人。爸爸也举了手，却在日记里写下了自己的困惑和迷惘。这种源于朴素感情的困惑和迷惘，或许就是他们之间消弭隔阂并且友情日深的基础。60年代末到70年代初，他们又共同经历了"五七干校"的岁月。

从干校回京后，爸爸在鲁迅著作编辑室负责，冯伯伯本是社里的老领导，此时却被安排在鲁编室做了普通编辑——还不止是普通编辑，更是一位被限制在家里看稿的编辑，原因是他去出版社上班"影响不好"。冯伯伯1958年被开除出党之前，已有三十一年的党龄。1961年给他摘去了右派帽子，但无形的帽子仍在头上，"仍在人民手里"。他已不是党

209

员，甚至已不能正常享有一个公民的权利，工作对他已是一种恩惠。

　　冯伯伯家住在北新桥，我家住在南河沿。从他家到我家，市内公共汽车大约是六站地，两地之间没有可以直达的汽车。据我所知，冯伯伯为免换乘之烦，有时索性安步当车。参加过红军长征的他，尽管已年逾七旬，也未必就肯输给这段都市坦途。所不同者，彼时心中有理想，身边有同志，他知道自己是为什么要跋涉，是要走向何方。而此时的他，知道自己是要走向何方么？来找爸爸固然是有工作要谈，然而恐怕也是为了寻找能接纳自己的同志。当有一位同事乃至一个家庭给他认同、愿意接纳他的时候，自然成为他非常想去的地方。爸爸后来回忆说："他从未向我诉说过他的寂寞，但是我知道，他是寂寞的。"北京对他是一个熟悉而又陌生的城市，他可以到处游走，但是没有什么地方会接纳他，就像一个幽灵，无法进入真实的有生命的世界。要努力保持做人的尊严，他只有矜持这一件武器，他生前最后的作品《锦鸡与麻雀》，仍能出现那种不无倨傲的自我隐喻，会不会就是此时走在街上形成的想法？

　　那时家里住平房，是个破落的四合院。爸妈和我们兄弟住两间北房，奶奶住两间西房，爸妈来了客人，我通常是拿上自己的书，躲到西房里去看。如果是爸爸的客人，连妈妈也常是躲出去和邻居聊天，或是躲到西房这边来。冯伯伯来时却稍有不同，妈妈一定要亲手奉上一杯茶，稍稍陪坐一会儿。冯伯伯多是估摸着爸爸下班到家的时间来访，有时他来得稍早或爸爸回家稍迟，也有我在家，那时我已经把兵团战士的荣誉抛弃在黑龙江边，回到家成了爸妈的食客。冯伯伯每次来总是坐在一个固定的位置，那是长沙发靠近写字台的一头。我知道沙发的那个位置已经有些塌陷，也知道冯伯伯是个很有来历的老头儿，但是从没有感到让他坐在那儿有什么不妥。他坐在那儿显得很安逸，也许他真是很满足，为了有这么一个不是自己的家却经常能容纳自己的地方。在爸爸妈妈都未到家的时候，他或是我都不用费力找什么话题，他就是看报纸或是看自己带来的材料，我就是看自己的书。那个年龄的我，从不关心冯伯伯找爸爸谈些什么，鲁迅的作品我也看过一些，但是编辑注释的事情让我觉得枯燥。现在试去回想和冯伯伯有过什么交流，已经很茫然了。

　　从现存的几封冯伯伯写给爸爸的信上看，那时搞鲁迅著作的编辑注释，差不多是他们的全部工作，甚至是全部生活。冯伯伯虽然"在野"，却为鲁编室的工作发挥着无可替代的作用，他每周至少也要到家里来一两次，以保持必要的沟通。单位和邻居中都不乏政治嗅觉灵敏者，开始啧有烦言，使爸爸像"文革"初期那样，再度过上了头皮发紧的日子。鲁编室的孙用伯伯，也是与爸爸走动较多的一位客人，但他偏爱写信，来家里没有冯伯伯频繁。好像冯伯伯和孙伯伯之间，过从也很密切。哥哥的印象是，这两位老人有时在这里遇见，就会坐到很晚，有时随爸爸送客走出院门，在如磐的暗夜和昏黄的街灯下，看着他们渐远的背影，心上是一片苍凉。

　　冯伯伯 1975 年因肺癌做了手术。他生病住院期间，医院遇事就会通知出版社；而出版社并不出面，只是转而通知爸爸。爸爸乐于为冯伯伯操办这些事情，单位里也同样乐于让他去操办这些事情。爸爸在相当长的一段时间里，时常下了班先不回家，去医院或是去北新桥看望冯伯伯。他还找到国家出版局，为冯伯伯寻求联系疗养的可能，代陈回到党内的愿望。爸爸这一时期的通信，不断与黄源、唐弢、楼适夷等几位伯伯说到冯伯伯的病情，他对自命是冯伯伯的朋友却托故不去探病的人，相当不以为然。1976 年 1 月，周恩来总理去世的消息带给了冯伯伯最后的打击。当月下旬，爸爸两次去过冯伯伯的家里探望，后一次的隔天就是阴历除夕，冯伯伯在这天病危被送进首都医院(协和医院在"文革"期间的名字)，出版社照例打来电话通知爸爸，时间是晚上 8 点钟。冯伯伯在农历乙卯年的除夕夜晚进入弥留，在丙辰年的元日午时撒手人寰。

　　爸爸一直陪在病房，并亲手为冯伯伯净身和更衣。

　　冯伯伯的追悼会在 1976 年 2 月、1979 年 11 月开了两次。第二次的追悼会，原定要在 4 月里开的，因为悼词中的意见分歧，一拖就是半年。冯伯伯的晚年，真不知是生活在人间还是鬼域，直到他已入鬼域，也还躲不过人间的鬼魅。记得萧三先生送给他的挽联是："尊敬一个忠诚正直的人，鄙视所有阴险毒辣的鬼。"这也让人想到我们民族的前朝旧事：宋代有岳飞，先被高宗赐死，二十一年后再获孝宗下诏平反；明代有于谦，先在英宗复辟时被弃市，七年后再获宪宗下诏复官赐祭。我知道这属于不伦不类联想，一位革命导师有言在先："所有的比喻都是蹩脚的"，我不是想说他的话不能放之四海而皆准，只是想说，为同一个人开两次追悼会也是很蹩脚的事情。

　　此文写到中途，意外地发现正临近了冯伯伯过世三十周年的日子。那么，我作此文的时候，想必也有研究者们正在作文，想必冯伯伯的名字将再次与他的业绩联系在一起，被赞誉为皑皑的雪峰。作为一个曾在山脚边淡然经过的人，一个无为的后辈，我从没有试图抬头去仰望和攀登雪峰，现在偶然将这些浮光掠影的记忆形诸文字，完全是由少年时的同学任寰所引发，此文他也会看到，不知他又会说什么。

本文原载《中华读书报》2006 年 2 月 14 日

父亲与曹靖华①先生若干事

海客甲

　　父亲与曹靖华先生的交往，从他本人那里没听到过一个字。他病重自知不起时，一面叮嘱不要搞追悼会，一面提到过寥寥几人，吩咐我通报情况，那其中有曹苏玲②阿姨。

　　他去世后，我写了信给未曾谋面的曹阿姨，为说明详细情况，随信也附上了自己的一篇怀念文。回信③来得极快，阅信才了解到，父亲与曹氏父女有过为时不短的交谊，并且经历过凄风苦雨的考验。

213

　　曹阿姨信中说：

　　"文革"初期中央文革在向许广平先生索要鲁迅书信时，也派"联络员"白联谊等二人身着军装，气势汹汹地闯入我家，索要鲁迅给我父亲的

---

　　①　曹靖华(1897～1987)，河南卢氏人，翻译家和作家，北京大学教授。早年投身于五四运动，1920年加入中国社会主义青年团，1925年加入未明社。北伐战争中任苏联顾问团军事总顾问的翻译。两度赴苏联学习和任教。1939年在重庆任中苏文化协会常务理事，主编《苏联文学丛书》和《苏联抗战文艺连丛》。建国后历任中国作家协会书记处书记、《世界文学》主编、中国翻译工作者协会名誉理事、中国苏联文学研究会名誉会长等职，并任中国作家协会、鲁迅博物馆、中国外国文学会顾问。1987年获苏联列宁格勒大学荣誉博士学位，获苏联最高苏维埃主席团授予各国人民友谊勋章。翻译《铁流》等苏联文学作品近三十种，著有散文集《花》、《飞花集》等。——本书编者注

　　②　曹苏玲(1930～　)，曹靖华女。20世纪50年代初毕业于北京大学西语系、北京俄语学院俄语系。历任人民文学出版社外国文学编辑部编辑、编审。中国作家协会会员。有英、俄文学译著及合译作品多种，1999年获俄中友协中央理事会颁发"俄中友谊荣誉章"，2004年获中国翻译家协会授予的资深翻译家证书。整理出版曹靖华著、译、纪念集和画册等多种。——本书编者注

　　③　曾刊《美文》2006年第2期，题为《曹靖华女儿的一封信》。——本书编者注

书信(鲁迅致曹靖华信约292封,现存85封,1965年捐献给鲁迅纪念馆75封,暂留彩笺书写的10封,后由家属捐献)。当时在我父亲搪塞下,白某说过两天再来取。……你父亲听说后,主动提出由他将信取走保存在你们家里,才躲过这一劫,使鲁迅书信得以保存下来。稍后揪特务时,我父亲被打成苏修和国民党双料特务,聂元梓组织的专案组在一个雪天的深夜里闯入我家,把他蒙上双眼捆绑而去,下落不明。母亲情急之下,给周总理写了一封信,……你父亲得知这一情况后,又主动提出将信交他转给邓妈妈。信交出后不到十天,我父亲就重获自由,如果不是你父亲转信,后果很难设想。(2005年11月1日)

这次转移和保存鲁迅信的事,不仅我不知道,后来问过母亲也说并不知情。在那段不堪回首的日子里,司空见惯的审查、凌辱、迫害,随时可能从天而降,人们避之犹恐不及,即使在战争年代出生入死过来的人,也难以承受那种在革命名义下的冲击。安静文弱的父亲竟有如此的定见,他要担当这件事,又不能把它告诉家人,因为它可能伴随的灾祸,没有哪个人哪个家庭能够承受得起。

后来与曹阿姨见面,她还提起过那段特殊日子里的另外两件事。其中一件是,“文革”中曾规定停止给“黑帮”供应取暖用煤,念及曹氏全家皆是老弱,煤厂法外施仁派送了一车硬煤。这些煤送来后就卸在了大马路边上,而曹家是住在路边坡下的院子里,曹氏老夫妇只好携女儿和一位远亲老媪,艰难地用簸箕、铁桶、脸盆等运煤回家。父亲乘车经过刚好看见这一幕,就提前了一站下车,帮忙一起运煤。用曹阿姨的话说,当时未必没有熟人视而不见地走过,你父亲如果不下车,也没有人会知道的。另外一件事情,是曹阿姨的儿子年幼顽皮,几乎曾酿成了“反动标语”案,父亲也曾尽其所能去化解。

在编辑鲁迅著作的工作中,父亲与曹先生有频繁接触。对父亲的为人和工作,曹先生多有称许。有时遇到不以为然的人或事,他就会说起王仰是如何如何做事的,然后感慨地说,好人难得啊,这样做事的人现在是没有啦。夫人在旁时,总是喜欢跟上一句:“好人没用!”类似的对话和感慨,在曹先生与李何林先生的对话中也出现过。

父亲为曹靖华先生编过散文集《望断南来雁》,这我原不知道,直到偶然发现了他的一些手稿,见到其中有为曹先生散文集所写的《编后记》,

214

才知道他选编过这样一本书。父亲长时间从事鲁迅著作的编辑工作，了解曹先生与鲁迅先生"相知较深情谊至笃"，应是选编这本"关于鲁迅及其他"的散文集的契机，书内记录了曹先生与鲁迅、瞿秋白的交往经历，以及将他们视作终生导师的心迹，为新文学运动保存了鲜活的史料。

对曹靖华先生的贡献，父亲评价为："作为苏联革命文学作品在我国的老一代的传播者和翻译者，他更是屈指可数的卓有成就的一个。"对其为人，父亲评价为"质朴刚正，爱憎分明，嫉恶如仇"；对其文章，父亲评价为"构思、意境和语言，都蕴含着一种自然、质朴的美"。父亲的《编后记》写于 1987 年 8 月 10 日夜，未出一月曹先生就去世了，去世时是九十岁。书是黄河文艺出版社 1988 年出版的。

曹靖华先生逝世后，父亲再作了《悼曹靖华同志》一文，刊在《人民日报》海外版。文中回顾了在抗日战争不同时期读到曹先生不同译作时受到的鼓舞，文末在缅怀的心情里要求自己，"一以悼念靖华同志，一以惕励自己认真地对待自己的余生"。此前一年，父亲已经办理了离休手续，此后的十余年，他的健康状况也不容乐观，但直到去世，他一刻也没有放弃过工作。与此同时，他也一直在关心曹先生作品的整理和出版事务。曹阿姨在给我的信里说：

我父亲的 11 卷《文集》、2 卷《纪念文集》、书信集和画册，虽不是人民文学出版社出版，却自始至终浸透了你父亲的心血。我写的有关后记，怀念我父亲的文章，甚至为苏联杂志写的有关文字，篇篇都经他过目修改。……尤其让我敬重的是，每次他都再三叮嘱不要提到他做的工作，更不要署他的名字。

今年 3 月我在编我父亲的年谱，你父亲知道后，要我编完寄给他看看，我知道他身体和眼睛都不好，怕再增加他的负担，他却说："还是寄来看看吧，不然我不放心。"我于 3 月 4 日给他寄去，21 日接他电话说视力进一步恶化，实在难于完成，寄回稿时附了一张字条："后面的二三十页我没把握在二三日内看完，于是一并寄上，请谅。因时间急迫（交稿时间迫近。曹注），不容我把这事做完，实在歉疚。已改动过的，最好尽可能请人看一遍，我还没看第二遍。"足见他的认真，我没想到他当时已病入膏肓，现在读来，痛悔不已。（同前）

这些事情和这些话，后来与曹苏玲阿姨会面时，她也多次向我重复

215

提起。我知道这并不是因为她健忘或是唠叨，而是因为真诚的感念，她需要借这种诉说来宣泄情感，而我将这些原属私人的讲述重新整理成文，既是出于对前辈的敬重，也是要留一点记录给后人。

本文原载《出版史料》2009 年第 3 期

父亲与茅盾的通信及其余话

海客甲

原不知《茅盾全集》中收有作者给父亲的信。父亲去世后整理他的遗物，意外见到他写给茅盾(沈雁冰)的两封信，还有茅盾写给他的三封信。联系到韦韬时，才听他说全集中已收有茅盾给父亲的信，但肯定不是我所说的这几封。

父亲写给茅盾的是工作通信。作于 1957、1961 两年，没有信封。第一信抬头写的是朱长翎，实则是写给沈的，朱是沈当时的秘书。此信两页，谈的是十卷本《茅盾文集》第五卷的编辑事务，用的是人民文学出版社稿纸，父亲时任该社小说组组长。沈的回复共六段，对应原信的内容，一一写在段落的空白处。第二信抬头写"茅盾同志"，信中从《茅盾文集》第八卷的校改，谈到第九卷的编目，再说明了他自己将调去作家出版社的事。信仍是写在出版社稿纸上的两页，沈仍是在原信的空白处写了回复，统共是七段。

茅盾写给父亲的也是工作通信。1977 年两封，1978 一封，都是生宣信纸，牛皮纸信封，用毛笔竖写。前二信所谈是《子夜》再版的事，兼及说到为小说《义和拳》题写书名，后一信所谈是编选《茅盾选集》的事。

父亲的去信和茅盾的来信，中间相隔了二十年时间。在这中间，茅盾在 1964 年当选为全国政协副主席，1965 年辞去了文化部部长职务，1974 年从朝内大街迁居到交道口后圆恩寺胡同了。父亲身历了人民文学出版社与作家出版社从分到合的过程，曾任现代文学部副主任，一度到湖南"四清"，一度到湖北干校，自 1971 年回社任鲁迅著作编辑室主任。

以上五封信曾提供给《美文》杂志，刊在 2006 年第 3 期。刊发时编辑穆涛为它起了《雁影录》这样一个诗意的题目,其中即寓有沈雁冰的名字,又扣着鸿雁传书的意味,尽管人民文学出版社与茅盾当时的住家及文化部只是隔街斜对,我还是欣赏他的才思和情怀。

四十一卷本《茅盾全集》中收入的,是作者的另外十封信,父亲保存着其中八封的手稿。八封信中,有七封的写作时间在前,大致写在前述父亲去信的时期,都是毛笔竖写;七封信中六封的抬头所写是编辑部,都是利用公函或打印件背面写的;一封所写是父亲的名字,是用中国作家协会的稿笺,我臆测这是出于礼貌的考虑吧,因为此信是写给个人而不是写给编辑部的。这七封信在全集内的年代编排,我有些疑问,可能由于茅盾的信都是只写月日不写年份,日久后要把它们依序理清,已有难度,现在要对之做一番探究,恢复确切的顺序,似乎颇费踌躇也不是非常必要了。另余一信作于相隔多年后的 1977 年,是用钢笔竖写在两页日记本纸上。在全部来信中,只有这封与茅盾作品的编辑事务无关,是为提供一份材料给父亲用作编辑《鲁迅全集》的参考。

从这些信中可以看出,50 年代末《茅盾文集》的编辑工作,茅盾是亲身参与了。从文章分类编排的宏观考虑,到具体而微的版式要求都提供了意见,他对编辑业务的熟悉,是得益于早年在商务印书馆主持《小说月报》的实践吧。茅盾是个身份特殊的作者,当时任职文化部部长,还是全国文联副主席和全国文协(中国作家协会)主席。父亲是个繁忙的编辑,此时同时做着《巴金文集》的编辑工作,小说《青春之歌》和《平原枪声》也是在同期编发的。父亲信中充分体现了对作者的尊重和处理稿件的一丝不苟。

父亲与茅盾交往的时间虽然不算短,但基本是业务联系,他们的关系到后期才现出人情的暖意。能说明这个现象的例子是,家里自 60 年代初即见的一套《茅盾文集》,作者签名下的日期是 1977 年,这无疑是补签的,而以父亲的性情,若不是与作者十分熟稔,肯定不会提这种要求的。父亲保存的其他茅盾作品,也是后期的才有签名,一幅茅盾手录题赠给父亲的本人诗作,落款是 1978 年。茅盾身后才在香港出版的长篇小说《锻炼》,是韦韬、陈小曼题赠的,他们在上面写道:"仰晨同志惠存 这是父亲生前嘱咐要送给您的书,现由我们代为奉上。"可见父亲与茅盾的友情在后期更加增进。

其实对于茅盾，父亲不仅心仪他的文学成就，还因为祖父的关系，在心里有些天然的亲近感。20 年代在上海，茅盾就职商务印书馆编译所，是中共组织在商务的领导人，祖父就职商务印书馆外栈房，是印刷所第一届工会委员长。现存商务工会与资方谈判的文献，不只一份上同时有祖父(王景云)与茅盾(沈雁冰)及郑振铎等人的签名。

　　这一层关系，父亲并没有对茅盾说起过，即使在谈话中，茅盾曾有提到祖父的名字，父亲也没有表露出什么。知道父亲与茅盾的工作关系以后，哥哥曾好奇地问起，茅盾知道你和爷爷的关系吗？父亲告诉他的，就是本段开头的话。父亲就是这样的性情，我想，在接触胡愈之、叶圣陶等在商务服务过的老人时，他肯定也不会提到与祖父的关系。

　　茅盾于 1981 年 3 月去世，编辑《茅盾全集》的筹备工作随后展开。那时父亲刚结束《鲁迅全集》的编辑出版工作未久，楼适夷伯伯曾写信劝阻他说，"我看您还是不必出力了，如果他们邀您参加编委，您当然可以开会去去，了解了解，犯不着多投入精力了，反正有人会搞"(1982 年 11 月 28 日)。然而最终，父亲还是被挂上了编辑室副主任的职务。而这项工作的难做，完全超过了他的想象。

　　《茅盾全集》的编委会由周扬挂帅，三十五名编委也多见名流，但里面实质介入全集编辑工作的人，只有父亲和叶子铭二人而已，叶所做的工作偏重组织和注释方面。截止到 1984 年，父亲已将全集的前十八卷编成发稿，据说稿件编注质量与出版要求差距不小，做得相当吃力；同时，由于编辑思想与作者家属不能一致，情绪也颇不愉快，以致决意退出全集的编辑工作。他在写给胡真叔叔的信中说过：

　　　这套书，我原想贯彻始终的(除非提前"呜呼")，近来却在犹豫中，因为在编法上我与茅公家属的分歧意见较多，而对方是绝不妥协的，只能我让步，否则僵持不下。我不愿意自己花费不少时间精力认真定了稿的书，印出来后让人看了像孩子"过家家"(北京话，假烧饭的意思)似的，没有个章法而贻笑大方。……我在上海时和巴公、赵家璧同志谈到我的处理意见，他们也以为我的做法是对的；回来后也就此请教过唐弢同志，他也同意我的意见。这些情形我都告诉了对方，并声明这不是以他们的意见来压他，只是说明我的考虑是对的，对方仍还寸步不让。(1987 年，日月不清)

219

　　这期间，父亲还在担任《瞿秋白文集》(文学编)的编辑和终审工作。1985 年，他开始与巴金合作编辑《巴金全集》。待到巴金的二十六卷全集全部发稿，编辑《巴金译文全集》又将提上日程的时候，《茅盾全集》仍迟迟没有完成。在茅盾家属的请求下，父亲再度接手了《茅盾全集》后七卷(不含第四十一卷附卷)的编辑工作，这时他已在古稀之年，手中在做的和心里想做的事都不少，他心情复杂，既不想放弃自己的编辑理念，又不想让别人误会自己在端架子，我猜想，他的委曲求全也关乎对茅盾的感情，关乎社会责任吧，他肯定不愿意看到这部全集成为"烂尾工程"。

　　重新清理前述的旧信，就带出了这些旧事。回想自己做编辑的短暂日子，实在是远没有父亲那样的责任感，工作上是完全没有建树，行事上是比父亲消极得多却又"大牌"得多，如今已不必吹嘘他也不必检讨自己，只是把一段往事和个人感慨记录于此。

父亲和巴金的过从

海客甲

　　我生活，我写作，总离不开朋友，树基就是其中的一位。可以说，我的不少书都有他的心血，特别是我的两个《全集》，他更是花费了大量的精力。

　　……半个多世纪以来，我们相互关心，相互勉励，友情始终温暖着我们的心。

——巴金《巴金书简——致王仰晨》小序

　　几十年来，我就总觉得是在他兄长般的真挚关怀以致呵护下生活和工作的。尽管我和他长期不在一地，但友情却使我们的心十分贴近。

——王仰晨《巴金书简——致王仰晨》编后记

　　早已有心做件事，就是把现存巴金给父亲的信整理一下。这些信有四百余封，有些是按年份束成小札，有些是混放的。混放的部分不仅是时间无序，还有不少信件与信封是分离的。要把这些信件和信封对号还原，按照年月排序，再分别插入资料册的塑料袋里，工作量还是有点儿大的，好在这些信曾经编成《巴金书简——致王仰晨》一书，已经在1997年出版过，有这本书作工具，对要做的事很有帮助。

　　书信成书出版后，阅读起来比原件方便得多，然而原件上除了写信人的笔迹之外，信纸、信封这些要素，无不承载着信息，又是书本所不能相比的。还有一些附件，也是书中没有收入的，这些包括巴金写在清样上的短语，写在邮政汇款单上的附言，寄给父亲用作工作参考的资料等。伴随岁月的推移，巴金流利多姿的笔迹，渐变得瘦硬峭拔，再变得苍老失神了；也有个别的信是由他口述，由绍弥、小林等人代写，尤其是写到半途改由他人代写的信，表明他是在力不从心中努力过的，——他约在八十岁时患上了帕金森病。信纸往往是一时期沿用一种，有的是收获社或浙江文艺社用笺，有的是纯白纸，也用过笺头印有毛泽东语录的横格纸。信封也往往是一时期采用一种，多是当时市面流行的普通或航空信封，也有收获社的牛皮纸信封；个别信封的下沿沾有鲜红的油彩，个中原因也许是只有我才能解释了，那是当年北京市邮局分拣处留下的痕迹，是用来区分统计白班和夜班的分拣差错，当时我正在那里工作，曾不只一次经手把巴金写来的信分到我家所属的支局。信封上所用的邮票，前期非常单一，以后伴随社会开放，明显地变得多彩多姿了。不用说，这些书信同时留有写信人与收信人的手泽，作为亲属是特别有感觉的。

　　这些信件写在 1965～1996 年间。收信地址有数次变迁，大致是南河沿大街、虎坊路鲁编室、朝内大街人民文学出版社、十里堡北里四处：首尾的两处地址两个阶段，先是父亲住家在四合院的时期，后是父亲进入离休，住家已迁入东郊小区的时期；当中的两处地址两个阶段，以《鲁迅全集》编辑工作完成前后划分。寄信地址基本是上海武康路，也有个别写的是作协上海分会或寄自北京和杭州。父亲曾表示，其中 1980 年没有信，可能与自己当时忙于《鲁迅全集》的编辑出版工作有关，1982 年 3 月到 1984 年间没有信，疑是被弄丢了。由于曾有过百封左右巴金来信失而复得的前事，所以不排除还有若干书信至今仍沉睡在某个角落中未被发现。

　　父亲和巴金 1942 年在重庆相识，从那时到以上通信开始前历经二十三年，我想梳理一下他们在这中间的交往，但是线索不多。相识之初，父亲是在南方印书馆印刷厂做工务主任，经田一文介绍与巴金相识，当时田负责文化生活出版社的重庆社务，巴金负责主持同社的桂林办事处。翌年里父亲也到桂林，巴金曾邀约他一起去看曹禺的话剧《日出》，奥斯特洛夫斯基的话剧《大雷雨》，又在春节时请他去办事处聚餐。1943 年春天，父亲有一度患病咯血，巴金找到新知书店看他未遇，又请书店同事陪同去住处看他，在那次返程中途经一座旱桥，巴金险些失足跌落两三米下的桥底。父亲说，抗战开始前后，他已经读过了当时可能找到的所有的巴金作品(参见《我编两套〈巴金全集〉》)，他保留至今的巴金作品，有题赠字样的最早在 1947 年，无题赠字样的最早在 1938 年。

抗战后巴金定居上海，父亲也曾一度回到上海，后于 1949 年定居北京。建国后巴金常到北京出席会议，或是出国访问经过北京，几乎每次都会约见父亲，也有的时候座中还有他人，如曹禺、曹葆华、李健吾、陈荒煤等人，父亲与曹禺相识早于巴金一年，是在 1941 年。父亲 1956 年进入人民文学出版社，该社自 1958 年至 1962 年出版了十四卷本《巴金文集》，这项工作基本是父亲负责完成的。他与巴金的通信，始自 1945 年，这些信原本与曹禺、茅盾、李劼人、杨沫等作家的信保留在一起，在"文革"中被父亲亲手毁去了。

后来收在《巴金全集》中的不完整的日记，对他们的交往有少量记录，内容涉及工作也涉及生活，例如 1962 年 12 月 29 日项内记有："去淮海路邮局取回王树基汇还的借款一百五十元，……复树基信。"据了解这次借款是用于去黑市采购鸡蛋，度过饥馑的日子。1963 年 12 月 28 日项内记有："八点起。给王树基写信，并附去《家》三十八章修改稿一页。……复树基信并附《家》改正稿。"从中可以知道，《巴金文集》的编辑出版工作结束后，父亲仍然在为巴金旧作的单行本做一些工作。1964 年 6 月 2 日项内记有："八点半起。写信，封好《携手前进》原稿全部并附贤良桥畔金星红旗照片一张，致树基信一封和萧珊给他的信。……寄树基《携手前进》原稿全部和金星红旗照片一张。"父亲认识萧珊，也是 1943 年在桂林的时候。6 月 25 日项内记有："……复树基信，他认为《携手前进》书名不像文学著作。我决定改为《贤良桥畔》。"由此可以联想到后来巴金在给父亲的信里说过一段话，此时一下子没有找到，大意是说，你所提出的意见，我有时采纳，有时没有采纳，但我都会认真地进行考虑。

1976 年父亲主持编辑出版《鲁迅书信集》的时候，恶劣的政治环境曾带给他不小的伤害，巴金在信中宽慰他说："我想鲁迅先生若在，他对你这样工作一定会满意，一定会鼓励你。"(9 月 25 日)当时还处在风声鹤唳的政治运动中，巴金自身的处境也还没有改善。

1981 年夏，难得动笔的父亲写了散文《寻觅》，巴金看到后说："你的文章在山上拜读了，颇喜欢它，现在交给小林去看。"(8 月 20 日)1990

年母亲患病住院，巴金在信中宽慰过父亲后，在后续的一信中又建议他，把正在编辑《巴金全集》的工作暂时停下来。(12月6日、30日)父亲的身体多病，巴金也时常表示关切，他曾说："想起你的健康我感到内疚，我的书在消耗你的生命，我除了感谢，还能讲什么呢？"(1991年1月18日)这里所列举的信，我都是在父亲身后才看到，只有巴金对他那篇散文的肯定，曾听父亲提起过，平日里常见心事重重的他，那天有些喜形于色，那印象就在我心里一直留着。

1984年秋，父亲开始着手《巴金全集》的分卷编目工作。这套全集的出版计划是父亲在上年提出的，并为出版社所接受，巴金本人是在一年以后才同意做这件事。这项工程历时八年，在他们的合作下于1993年竣工。1994年年末，他们再度合作，开始编辑《巴金译文全集》。

在父亲与巴金的交往中，有件事在日记或通信中未见痕迹，但是我铭记在心，因为它关系到我。那是在70年代后期，通常不肯开口向别人求助的父亲，烦请巴金伯伯为我搜求过日语教材。后来我学日语，主要就是用的巴金伯伯利用出访的机会带回的小学、中学到高等中学的日语教科书，因为第一批带来的全部是上半学年的课本，后来又带了一批下半学年的课本把它配齐，两批共二十余册。后来我翻译出版过一些译作，也是从选译这套书上的文章开的头。

1997年年尾，巴金九十四岁诞辰的时候，我陪父亲去过上海，当时巴金住在华东医院。这年6月里，十卷本的《巴金译文全集》出版工作已经告竣，巴金采用给父亲写信的形式，为每卷都写了《代跋》。在此前已经告竣的《巴金全集》中，他也是用这种形式为二十六卷中的十八卷写了《代跋》，以及为全书写了《后记一、二》。在上海期间，我们见到了刚刚出版的《巴金书简——致王仰晨》，这是父亲为巴金编辑的最后一本书。一次在餐桌上，作家萧关鸿带来了头天的《新民晚报》，上面刊有他的文章《文学大师和他的编辑》。

2001年，父亲到浙江开会，返程中到上海看望了巴金，那是他们最后一次会面。2005年，父亲和巴金相隔四个月先后辞世。过去我对父亲的工作和社交关心很少，直到他离开了，才在怀念中去读了一些有关的材料，有的外界知道的事情，我并不知道或知之甚少，甚至他临终前还在做的《巴金全集补编》的事我也不知其详，以致对他的未竟之事有些理不清头绪了。仅就父亲和巴金的过从而言，现在我所了解的内容可能算比较完整的，想到了就先把这些内容梳理一下，是我能做的也是应该做的。

还有两件不无关联的事，也想在这里提到。

其一是偶然看到一册《简明巴金词典》，是甘肃教育出版社 2000 年 9 月出版的，内容分为十辑，其中一辑是"相关人物"，"收入与巴金来往密切的人物及其论著中所涉及到的人物"，这本书的《序》里面说，"参加撰写的大多是在中国现当代文学特别是巴金研究方面从事多年研究工作的人"。很自然地想翻看一下自己熟悉的人物和事情，意外地发现父亲未收入书中。

其二是《巴金全集》获得第二届国家图书奖荣誉奖之后，颁奖大会在人民大会堂举行，出版社没有通知父亲，自作主张派人去代领了获奖证书，这件事父亲本人是事后一段时间才得知消息。据我所知，国内著名作家出版全集时，都有庞大的编委会，《巴金全集》是罕见的例外，不仅没有设编委会，父亲作为编辑也没有把名字放在书上，这是他自己情愿的，并不意味着出版社可以依此越俎代庖和掠人之美。

把这两件事放在一起说，是因为它们都说明了编辑行业为社会所忽视的现象。编辑不仅为一般读者所忽视，也为研究者所忽视，又为他们任职的出版社所忽视，甚至可以说是被无视。同一现象也存在于巴金身上，多数公众只知道他是作家和翻译家，而忽视了他也是出版家和编辑家。唯其如此，更要完好保存这些书信的原件，除了寄托个人的情感，也是为了让未来的人们还有可能看得到相关历史的全貌。

父亲给巴金的信，数量应与巴金来信相当吧，巴金在全集第二十二卷《代跋》中写道："我的书橱里有不少朋友的信件，其中有一大叠上面用圆珠笔写满了蓝色小字，字越写越小，读起来很费力，但也很亲切。不用说这是你的来信，我生活忙乱，常常把信分放在几个地方。我有一种奇怪的感觉，那里好像有什么东西在发光。这不是什么幻想，这闪光是存在的。我明白了。它正是我多年追求而没有达到的目标：生命的开花。是你默默地在给我引路。"这些信，巴金研究会给我寄来过部分复印件，表示也有编辑出版计划，待到此案实施，就可以对照阅读父亲和巴金的往来书信了，我期待那个日子。

225

父亲与曹禺交往琐记

海客甲

父亲与曹禺的交往，如果算上他们晚年失和的一段时间，大约有五十五年历史。这里所说的"晚年失和"，也许并非确切，下文将会谈到。

据父亲回忆，他与曹禺相识于话剧《北京人》初版之前，那时曹在四川江安国立剧专任教，父亲在南方印书馆（从上海迁到重庆）的印厂任工务主任，曹曾有信与他商讨剧本的出版时间。那个剧本，好像写作于1940年，1941年由重庆文化生活出版社出版。这家出版社是巴金先生主持的，父亲与巴金相识，大约是在同时稍晚，他曾在旧文中说到，1943年秋在桂林，巴金曾兴致勃勃地邀他去观看《日出》的上演，曹也曾多次向他盛赞巴金。40年代的初期，父亲去桂林之前是在重庆，经常出入设在曾家岩的八路军办事处，据闻曹禺也是那里的常客。

父亲在20世纪50年代进入人民文学出版社以后，经手编辑的图书中就包括了曹禺和巴金这两位友人的作品，如《曹禺选集》和十四卷本《巴金文集》。三十余年过后，父亲又完成了二十六卷本《巴金全集》和十卷本《巴金译文全集》的编辑工作，而七卷本《曹禺全集》是由花山文艺出版社出版，他便无缘这件工作了。

现存父亲的笔记有这样一段：

前两天晚上，去看了曹禺同志。

谈话中他告诉我，北京出版社将他解放后散见报刊的文章收集起来，请他自己看一遍，预备为他出个集子。他说："我感到很兴奋，原来这些文章写了也就算了，现在他们帮我收集了，还要出集子，这是我没想到过的事……"另外又说了一番对自己的文章谦虚的话。

　　这件事使我颇有所感。看看人家，想想我们的组稿工作，我感到歉然，怃然。有人说我们是"大社主义"，此其一例乎？

　　这段文字未记时间，估计写于1957或1958年，文中提到的集子，应该是曹禺的《迎春集》。1958年后父亲一度在作家出版社工作，他在这段时间里编辑了《曹禺选集》，完成这项工作，也许可以看作他对笔记中所记之事的补救。1959年曹禺曾到青岛疗养，在那里写给父亲两信，里面都提到了《曹禺选集》的事。

　　月来连读您的信，因为一直在头昏目眩，提笔又头痛，就延至今日才作复。最近，失眠好多了，精神也好了一些，感谢你的信，你的信都给了我很大的安慰。

　　大致，安心养病，才能有效。现在每日在海滩晒太阳，打太极拳，站桩，晚间读毛主席的选集，精神好多了，也能睡、能吃了。我无论作什么都过分紧张，因此好终日疲乏、烦躁不安，这一点我才知道要克服。我的病与自己的政治修养太欠缺有关。你若有功夫，给我多提些意见。

　　整风学习中，你一定很忙。几年来，我拖拖拉拉地病，都未能参加学习，只有赶紧养好病，安心养病，不久回到工作中补课。

　　青岛风景优美，气候温和，现在十月末梢头了，海滩还有人游泳。我住一小楼上，对面便是大海，晴天丽日，浪涛挟着海风，迎面而来，爽朗极了。但是非常想北京，想首都的建设，首都的人。首都一切是可爱的，离开北京才更体会在北京的幸福。

　　我的选集如已出版，望寄二三本来，准备送人。书价请由稿酬扣。

（10月28日）

227

　　在70年代初期的几年里，笔者曾多次奉父命去张自忠路路北曹禺先生家。那时曹禺时常向父亲借阅文学翻译作品，笔者做的是居间传送的事。具体的书名，现在只记得杰克·伦敦著《野性的呼唤》这一种了。笔者在曹先生家也见到他的夫人方瑞，记得有一次，对他们兴奋地谈到读曹禺早期剧作的感受时，明显也感染了曹禺的情绪，他一边示意笔者说下去，一边在观察他夫人的反映。彼时，他经历过了长时间的创作低谷在先，又经历过了"文革"的冲击在后，显然很愿意听他人提及自己的"当年勇"。

　　1977年，"文革"的阴霾初散，父亲积极建议重版一批优秀文学作

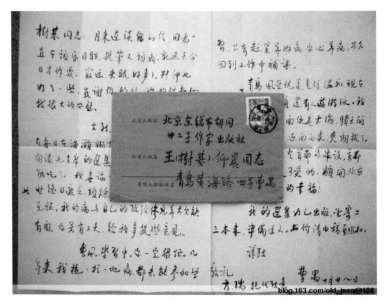

曹禺致王仰晨信（1959 年）

品，《曹禺选集》也因此有机会再版。为新版后记的修改事，曹禺不止一次写信给父亲。9 月 13 日有一信说：

> 稿①收到，改得很好。实在感谢！
>
> 但有些地方，我又改了一些，又托朋友按格抄了一遍，以便付印。不知好否？
>
> 你的腰病如何，十分念念。如是骨刺，请按我告的疗法，即，按桌立起，□转腰部，时时刻刻地勤磨骨刺处，定会逐渐不痛。开始，有点

---

① 指 1978 年版《曹禺选集·后记》。此稿父亲至少改过两次，现存的抄稿上，仍能看出再次改动的痕迹。主要有：一、"它反映了**旧**中国十八层地狱般的半封建、半殖民地**的旧**社会的一个侧面……"，添加了前三个黑体字，删去了后两个黑体字。二、"他们象征着能创造未来的力量——虽然他们备受压迫、剥削，除了一双劳动的手而外，一无所有。"句中破折号原为逗号。三、"新中国成立以后，在党的文艺政策照耀下，《日出》曾重印和上演过（**1954 年，我曾对它作过一些文字上的整理和修改**）。"添加了括号内的黑体字。四、"《日出》是个存有较多缺陷的作品，因此以往它的重印和上演，曾一再使我深感不安；正因为这样，出版社要在这时重印这本书，我就不能不作一些认真的考虑，但我终于还是同意了……"这一段，原文是："《日出》是个存有较多缺陷和某些并不那么健康的情绪的作品，正因为这样，它的重印和上演就曾为我带来不安，出版社要在这时重印这本书，经过一些考虑，我还是同意了……"——本书编者注

疼，坚持下去，就不疼了。我现在腰痛已经好多了。

12 月 17 日又有一信说：

改稿①奉上。你的严谨、高度负责精神和你我二人多年的友谊，耀（跃）然纸上。衷心感谢！但此话也是多余，这样，反尔（而）见外了。你我都还年轻（虽早巳六十有余），然要保重身体，劳逸结合才是，珍重珍重！！！

1974 年方瑞女士去世时，父亲写了信把曹禺的情况告诉给巴金。当时社会上还在"批林批孔"，巴金是蛰伏在家翻译赫尔岑的回忆录，他在给父亲的回信中说：

很感谢你告诉我家宝的情况，我也很难过。他和方瑞的确是相依为命的，这些年他什么事都靠她替他安排，帮助他，连他写文章也是她笔录。没有想到她会先离开他，就像蕴珍先离开我一样。我更担心的是他的精神状态。你说今后尽可能多去看他，这很好。有什么情况，请你常常告诉我。

但是后来出现的情况，却是父亲无法告诉巴金的了。不知道确切的时间，也不知道是发生了什么事，曹禺与父亲的关系后来出现了隔阂。开始听说，曹好像有些回避他，言语间似还不很确定；后来再提起，好像就比较确定了，但起因是什么，却无从知道。巴金致父亲的信里，多处提到曹禺，却也未牵出相关的线索。巴金日记中至少有两处提到，"家宝来，树基先走"(树基是父亲的曾用名)的话，但是年代较早，与二人关系出现罅隙的时间并不吻合。直到 90 年代编辑《巴金全集》期间，父亲曾有信给现代文学馆的刘麟先生，其中提到：

还有一件不大好办的事，即曹禺处是否还有信，这如有遗漏也只好算了；只是前些时候巴公来信说，曹禺创作六十周年(?)时曾给过他一贺信或贺电，要我去医院问问他并补入全集，我想借此机会去看看他并解一下铃也好(至今我全不明白这"铃"是什么)，但想到他的傲气和冷漠，我还是无此勇气(倒不一定是自尊)，不知你能否助我解决这一难题，如你感到为难亦不必勉强，缺了也算了，反正书信也未收齐。

其后刘先生也未能承担此任，所以这个结一直没有解开。直到父亲

229

---

① 同上页注。

临终前住在医院里，还曾对我旧话重提，遗憾之情溢于言表，那时曹禺伯伯去世已经十年了。

当年的铁狮子胡同 3 号，现在是张自忠路 5 号，门首至今不变地坐落着记忆中那个石拱门，门边墙上嵌了一方石刻，说明是欧阳予倩先生的故居，在 1986 年列为东城区文物保护单位了，曹禺故居应是在院内更靠北面的位置。巴金致父亲的信中提到，曹禺搬去三里屯新居后，原来的平房还是保留着。笔者曾去寻访过，因见有"闲人莫入"的警示，只好知难而退，那三间北房现在是不是还在，是什么样子，都不知道了。

2006 年 1 月

本文原载《出版史料》2006 年第 2 期

曹禺伯伯漫忆

海客甲

那天到东中街去看爸爸的旧同事，特意向西多坐了两站地在张自忠路下车，专为看看曹禺和欧阳予倩两位先生的故居。

5 号院的门首，至今不变地坐落着记忆中那个石拱门，门边墙上嵌了一方石刻，说明是欧阳予倩先生的故居，在 1986 年列为东城区文物保护单位了。不知怎的，我却记得这院子的门牌是 3 号。年纪尚幼的时候，爸爸领我去过欧阳予倩先生家一两次，那印象已经模糊；二十岁前后的时候，爸爸差遣我跑过几次曹禺先生家，命我见面喊万伯伯，那情景好像并非多么遥远。

院门上"闲人莫入"的字样，足以令我裹足不前。心里虽有放不下的期待，但还是怕看人家的冷脸，怕听人家的冷言冷语。欧阳伯伯的故居既在，万伯伯的故居呢？后来他迁居到北三里屯，他的住处未必能保留下来吧——那时设为文物保护单位的建筑极其局限；还有呢——那时的惯例是对在世者的评价极其保留。

70 年代初的几年，我赋闲在家。不记得为什么事，爸爸差我到万伯伯家去过一趟；后来又有了好几次，记得都是为了送书，万伯伯要爸爸帮忙找些想看的书。这些书中记得清楚的，是杰克·伦敦的《野性的呼唤》，之所以单单记得它，是因为我曾告诉万伯伯，家里还有同作者的姊妹篇《雪虎》，可是他好像闻所未闻，反问我说："《雪狐》？"万伯伯住的房子不算好也不算大，三间北房中西边的一间像是书房。他进去出来都要从身上拿出钥匙开门或是锁门，让我觉得很有些可笑。我知道他身边有几个和我年龄相仿的年轻人，常来常往的，也许万伯伯是要对他们设限吧？如果有过书籍比金钱宝贵的年代，那时就是，因为"文革"几乎将马列以外的书籍一扫而空，文艺书只能在朋友间私下流通了。

万伯伯的剧作写得真好。不记得是先就读过，还是因为接触了他之后出于好奇才去读的，总之是难忘它们给我的震撼。对于文学作品，我并不具备多少鉴赏力，但是读万伯伯的剧作，你只要去感受就够了。只要你在读，你就不可能不被带进去，不可能不感受到那种冲击力。并不是所有的作品都能给人那样强烈的感受的，即使是许多中外名著通常也不能。但是读万伯伯的剧作，那种感受真是清晰，那时读的《雷雨》和《原野》，直到后来我对它们的情节都记忆模糊了，却还忘不掉阅读时的感受，呼吸和心律肯定都不在常态了。读冈察洛夫的《悬崖》和莎士比亚的《李尔王》等作品，我也有过类似的感受。见过有人说万伯伯是"中国的莎士比亚"，或称之为"摄魂者"，我认为后者是更形象的比喻，他的作品确实能抓住读者的魂魄，至少我的阅读感受是这样。

我记得当面对他说过自己的感受，而他显然也听得很受用。他用狡黠的目光鼓励我再说下去，一边又移目去看方瑞阿姨，毫不掩饰眼中的得色。可能他太低估了面前的大孩子，他一定是认为我不可能具有他年轻时那样观察力，其实他的心理活动清清楚楚地暴露在我眼中：他非常愿意听到别人肯定他的作品，也非常愿意让他的妻子听到别人肯定他的作品。我不清楚他在"文革"中的经历，不知道他是否为自己的作品吃过很多苦头，但显然他对自己的作品极其看重，想来那时候他已经久违别人的赞颂了。我觉得他急于从方瑞阿姨的表情中寻求肯定，或是寻求仰慕之情。从中我朦胧地感受到一种爱情的浪漫，又为自己好像比这位父执还要世故感到奇怪。

好几年以后，万伯伯的剧本《王昭君》发表之前，曾经对爸爸说，他自己有种接近成功的兴奋，而以往有这种感觉的时候，作品就会是成功的。爸爸把他这话转告给我的时候，也有溢于言表的喜悦。但是后来，无论是从刊物上读这个剧本，还是坐在剧院里观看这部剧，好像都没有看到我所期望的东西，我说不清我期望的是什么，或许就是被"摄魂"的感受吧？万伯伯建国前后的创作，实在是判若两人；他后半生的创作殊无可观，虽然这在作家中不是个别的现象，但在他身上尤为显著，由此带给他内心的苦闷和煎熬，应不是局外人能领略的。

　　爸爸与万伯伯订交，我猜测是在重庆八路军办事处，因为他们有一个时期都是那里的常客。爸爸的旧文中说，他与万伯伯相识于话剧《北京人》初版之前，那时万伯伯在四川江安国立剧专任教，曾写信给他商讨剧本的出版时间。这个剧本，好像写作于1940年，1941年由重庆文化生活出版社出版。这家出版社是巴金先生主持的，爸爸与巴金相识，大约是在同时稍晚。那篇旧文中又说到，1943年秋在桂林，巴金曾兴致勃勃地邀他去观看《日出》的上演，万伯伯也曾多次向他盛赞巴金。有意思的是，爸爸在50年代进入人民文学出版社以后，先后一手承担了这两位老友的作品编辑工作。家里现存有万伯伯给爸爸的三通书信和一通明信片，前二信写于1959年，寄自青岛，提到的是一些政治生活话题和《曹禺选集》事；后二信写于1977年，寄自本市北三里屯，说的是《曹禺选集》再版后记的事。后一次爸爸的主要精力是在搞《鲁迅全集》的编辑注释工作，忙得席不暇暖，但还是为《曹禺选集》的后记提供了修改意见。万伯伯的后一封信全文如下：

　　仰晨兄：改稿①奉上。你的严谨、高度负责精神和你我二人多年的友谊，耀（跃）然纸上。衷心感谢！但此话也是多余，这样，反尔（而）见外了。你我都还年轻（虽早已六十有余）②，然要保重身体，劳逸结合才是，珍重珍重！！！家宝12月17日。

233

　　不可思议的是，他们的友情经历了战乱的年代与和平建设的年代，又经历了"文革"的风风雨雨，却在后来出现了问题。尤其荒唐的是，爸爸并不知道是什么原因影响了他们的关系。我不止一次地听他念叨过这件事，他说不知道为什么，万伯伯开始回避他了。这件事让他伤感，又让他困惑，而且他始终未能觅得良策，去弥合友情的罅隙，这成了他的平生憾事之一。直到他临终前住在医院里，还曾对我旧话重提，那时万伯伯已经去世十年了。

　　平安大街一开通，沿途的众多街巷概被收编，无复旧时面目。或可作一个蹩脚的比喻，就像三峡截流抬高了长江的水位，一些旧景物都面目全非了。张自忠路也在收编之列，虽然它的街牌还挂在原来属于它

---

　　① 指1978年版《曹禺选集·后记》。——本书编者注
　　② 曹禺时年六十七岁，王仰晨时年五十六岁。——本书编者注

的地方，但它现在只是平安大街上不起眼的一段而已。欧阳予倩伯伯的故居未得重见，曹禺伯伯的故居更不知在与不在，只有从心间寻觅痕迹了。

2008 年 3 月

孙用伯伯漫忆

海客甲

爸爸辞世后，整理他的遗物中间，总会牵动一些前尘往事，孙用伯伯就是这样浮上了我的记忆。他给爸爸的信中，那么频繁地问到我，这是自己一直不知道的。看着这些差不多是来自三十年前的问候，关于孙伯伯的为人、他的业绩、他和爸爸的往还、他给我的关爱，点点滴滴纷至沓来，于是试把这些整理成文，以志纪念。

在我印象里，孙伯伯身量高大，面色红润，不是通常的江南秀士的模样。他的性情非常和善，又非常内向，这是一眼就可以看出的。他的内向，不只表现为寡言，更表现为少见的腼腆，他和生人讲话一定会红脸，笑起来一定会用手去掩住嘴，就是与我这个当年的毛头小子接触，也是这样的。

1982 年孙伯伯寿辰前，萧乾先生带信给孙绳武[①]先生和爸爸说：

昨天我去看望孙用同志，谈话间得悉今年五月是他八旬整寿。归途我一直在想：这位老同志为我国文艺工作辛勤地工作了一生，是较早的鲁迅研究者，又是译诗的老前辈。在他这个寿辰，我们（社也好，个人朋友也好）应不应有所表示？怎样表示？我想主要还是应在文字上，如《新文学论丛》可否于 82 年内某一期刊登一二篇关于孙用同志在鲁研方面的贡献，《外国文学》可否也在年内某期组织一二篇谈他译诗的文章。自然，倘若不违反规定，我们这些他的老友（以十人为度）也可在五月间某日，

235

---

① 孙绳武(1917~　)，河南偃师人。翻译家。历任人民文学出版社外国文学编辑部主任、副总编辑。——本书编者注

孙用在家中

（摄于 20 世纪 80 年代初，孙顺临提供）

把他们夫妇接到一个安静素雅的地方喝盅老酒。……不过要说明一点：孙用同志完全不知我有此意，而凭我对他多年的了解，他如知道，会涨红了脸，坚决反对的。

萧乾先生这"涨红了脸"四字，描摹得十分准确，虽然所说的是莫须有的事，但只要是熟悉孙伯伯的朋友，读到此处必定是有会于心，莞尔一笑。

身为翻译家，孙伯伯的翻译生涯其实颇多蹭蹬。他早期的译诗集《异香集》，出版中先遇延宕，而后竟被遗失了；译作《勇敢的约翰》，虽得鲁迅先生的协助，也"颇碰了几个钉子"①，调换了书局，辗转两年才得以出版；他翻译普希金的名著《上尉的女儿》（旧译《甲必丹女儿》），本是很出色的，但到后来陆续出现的新译本竟达十八种之多②，他的译本就被这种繁荣所淹没，他的名字也难得为新一代读者所了解了；他翻译裴多菲的名诗《自由，爱情》，由于殷夫的名译早已深入人心，他的译作纵然信达也鲜为人知；他翻译的印度史诗《腊玛延那 玛哈帕腊达》（《罗摩衍那 摩诃婆罗多》）节译本问世未久，季羡林先生翻译的《罗摩衍那》全译本跟着就出版了。我问过喜欢普希金和裴多菲、喜欢诗歌的朋友，据说是并不知道孙用的名字。我还看到有人写的淘书记，也将孙伯伯的事迹搞得张冠李戴。由此我想起鲁迅先生给孙伯伯的信里也说过，"请先生恕我直言：'孙用'这一个名字，现在注意的人还不多。"时坎命蹇？何以孙伯伯生前和身后的际遇都是如此？译诗多难啊，我自己对此也有过尝试，也零星地发表过，未几就放弃了，浅尝辄止固不足

---

① 引自 1931 年 5 月 4 日鲁迅致孙用的信。——本书编者注

② 参考戴天恩《20 世纪普希金〈上尉的女儿〉的 21 个汉译版本》。——本书编者注

236

取，知难而退却未必不是幸事，也许一定得有孙伯伯那样魁梧的形体，才能在这条路上走下来吧。

孙伯伯的译作，我所读不多，不过颇能列举一些：除了上述《勇敢的约翰》和《上尉的女儿》，还有《裴多菲诗选》、《密茨凯维支诗选》、《塔杜施先生》、《腊玛延那　玛哈帕腊达》和《卡勒瓦拉》等，另有与冰心合译的《马亨德拉诗抄》。其中最脍炙人口的，也许是裴多菲的那首《我愿意是急流》：

　　我愿意是急流，山里是小河，在崎岖的路上、岩石上经过……只要我的爱人　是一条小鱼，在我的浪花中，快乐地游来游去。……我愿意是废墟，在峻峭的山岩上，这静默的毁灭，并不使我懊丧……只要我的爱人　是青青的常春藤，沿着我的荒凉的额，亲密地攀援上升。

如果推举倾诉爱情而又超越爱情的佳作，它无疑可以入选。

孙伯伯是个重感情的人。看鲁迅给他的十余封书信就可以知道，鲁迅先生曾经不惮其劳地为出版他的译作操持，这当然不只是滴水之恩。而孙伯伯于鲁迅先生，足可当得是涌泉相报。鲁迅先生逝世未久，孙伯伯就着手从事鲁迅作品的校读，这项工作几乎贯穿了他的终身。看看他撰写的《〈鲁迅全集〉校读记》、《〈鲁迅译文集〉校读记》和《〈鲁迅全集〉正误表》三本书，那是需要何等的耐心才能完成的工作啊，收敛起诗人的情怀，埋头于枯燥的校勘工作，这份定力难道不是其来有自么。20 世纪 50 年代出版《鲁迅全集》和《鲁迅译文集》，80 年代出版《鲁迅全集》，孙伯伯都躬逢其事，为校勘和注释工作做出了独到的贡献。

是鲁迅著作的编辑、注释工作，使孙伯伯和爸爸接近起来的。孙伯伯比爸爸年长十九岁，爸爸敬重他的学识，他赞赏爸爸的敬业和正直，他们在共同工作中互相了解，互相支持，形成了亦师亦友的交情。70 年代初爸爸和孙伯伯同时从咸宁五七干校"毕业"回京，同时面临生活的重新安置，孙伯伯送来过几件椅凳之类的家具，物品俱不起眼，显然他毫不见外，只管送出实实在在的关心而不疑给人看轻。孙伯伯是个书生气的人，爸爸是个刻板的人，他们都不能适应那时的政治气氛和人事纷扰，唯其如此，他们都需要在对方的友情中放松自己，获取支持吧。孙伯伯待人接物，总是难脱拘谨，只有在文字中，才会不时地表现出活泼跳脱的一面。1976 年闹地震的时候，孙伯伯舐犊情深，领着外孙女小加避走

237

南方，曾作打油诗《避震歌》，有几句是："北京地震，来势真可怕！慌不择路，马上就南下。"小加是个粉雕玉琢般的小人儿，伶俐可爱，现在也应是为人父母的年龄了吧。同年稍晚，孙伯伯一直期待的退休获准，他给爸爸的信里，竟似有几分豪爽："兄的关注真正使我感激，现在只请兄代我高兴，等这次返京，同早春兄一起，拿酒来！"①。孙伯伯藏书颇丰，不时也捡几册送给爸爸，数量虽无多，品种却遍及古今中西。孙伯伯不只是把藏书的复本送给爸爸，还曾特意买来英文版的《野草》给爸爸，支持爸爸学习英文，那年孙伯伯七十一岁，爸爸五十二岁。在那个书荒的年代，书是非常希罕的赠品，尤其是精装本和线装本，各具豪华或古雅的异彩，在第一时间挤到爸爸身边，观赏孙伯伯的赠书，曾让我那么快乐。

因为爸爸的关系，我也有机会受惠于孙伯伯。1972年夏，生长在北方的我初次南游，孙伯伯曾为我介绍在杭州的投宿之地，又恐一处不遇，特意分别写了两封信交给我。后来在杭州我还是选择了住店，当时那两封信的收信人可能是叶遐修（史莽）叔叔和黄源伯伯，已不能确记，却还记得信尾有"叨扰之处，感同身受"意思的话。孙伯伯才学渊博，爸爸曾不只一次讲到他的勤勉好学，意在对我有所鞭策，也告诉我读书中有问题可以趋教。而我那时（现在亦然）读书，全是信马由缰，毫无方向。只是为了让爸爸知道我读书未辍，就备了一个本子，胡乱记下一些不知所云的问题。记得那上面第一个问题是："'这里是罗德岛，就在这里跳吧'，是个什么典故？"这个本子由爸爸居中传递，请孙伯伯把回复也写在那上面，有点像是形式特别的函授。后来几经搬家，这本子已不知还能不能捡出来了。当时两家都在东城，住得也近，孙伯伯住在米市大街的无量大人胡同，我们住在南河沿大街的磁器库胡同，爸爸遇有急着传递的信或稿件，就着我骑车送给孙伯伯，不用半小时即可打个来回。稍晚我自修日语小成，也翻译过一些小小不言的各种文体的文学作品，孙伯伯听说后很嘉许，垂问过发表时有无困难，并且说过后生可畏的话。孙伯伯于我，有对子侄辈的关心，或许还有一层，就是我当时供职于邮局，而孙伯伯也是做邮局出身，那身绿衣也拉近了彼此的距离吧。而我终不

---

① 孙用时在杭州旅次，陈早春时为人民文学出版社鲁迅著作编辑室编辑。——本书编者注

争气，未几就转向去翻译围棋类书籍了，因为那方面做起来简便轻松得多，是获取"稻粱"的捷径。然而在这种捷径上轻飘飘地走过之后，便很难收心回来去做一些真正有价值的事情了，悟出这一点的时候，青春已经蹉跎过去。

孙伯伯在1983年就驾鹤西去了，爸爸也于今年6月辞世。如今在妈妈的家里，仍有一只当年孙伯伯送来的沉甸甸的方凳，完好地摆在厨房的墙角，牵出物是人非的思绪。孙伯伯和爸爸久别了二十二年，现在已是又晤面了吧。我想，美好如天国，一定不会有工作的负累，不会有谗言的纷扰，他们这一对谦卑自牧的好人，在彼重聚之时，一定可以安静从容地聊天了。

2005年12月

本文原载《美文》2006年第4期，《南方人物周刊》2006年第17期

戈宝权伯伯漫忆

海客甲

　　童年读《渔夫和金鱼的故事》，青少年时读《海燕》和《假如生活欺骗了你》，进入中年，读《阴暗的天空，沉睡的波浪》和《在大路上》；在挑战命运的时候，在为生活所背弃的时候，在痛定思痛的时候，我会感念普希金和高尔基、谢甫琴科和屠格涅夫，也会记得翻译介绍这些作品的戈宝权先生。

　　知道戈宝权先生是在少年时，认识他是在青年时。70 年代父亲（王仰晨）在人民文学出版社负责鲁迅著作编辑出版工作，戈先生是在外国文学研究所工作，同时受聘为《鲁迅全集》编注工作的顾问。碰过几次面，我喊他戈伯伯。

　　1976 年夏天，在唐山地震波及之下，北京的公园里马路边到处搭起了防震棚，多数市民暂时离开家，躲进了临时搭建的棚户栖身。当时父母和我各自要上班，不得不送年逾九旬的奶奶住进父亲办公处的防震棚。那一时期，鲁编室是在虎坊路 15 号一个小院中办公，编辑部的人好像白天晚上都在小楼的办公室里，院子里搭起了用铁管作骨架的帆布大棚，住进来的基本是家属。《鲁迅全集》计划在鲁迅百年诞辰（1981）之际出新版，注释工作非常繁重和紧迫，时为鲁编室主任的父亲因职司所系，很少能兼顾奶奶，所以我也陪奶奶一起住了过来。

　　可能是在我们来的第二天，戈伯伯也由梁阿姨和一双儿女陪着住了过来。后来听说，是参与《鲁迅全集》注释工作的陈琼芝老师去走访他，发现他既不能安居于四层楼上的家中，便置身楼道口处，以瘦长的身躯

240

伏在矮桌矮凳上读写。陈老师转告了这个情况，父亲便提请戈伯伯迁过来，而他住进来以后，也方便了鲁编室同人向他请益某些注释方面的问题。这个院子的东面有一排平房，院门就开在这排平房中间，戈伯伯住进了大门北边的第一间，奶奶住进了第二间，其他人都是住在大棚里。平房与大棚近在咫尺，能看见奶奶是在躺卧或是在枯坐，也能看见戈伯伯是在读书或是写字。

那时我在邮局要上夜班，也就是说，并不是夜里才睡进大棚，差不多有一半时间，白天也是在大棚里过的。白天在大棚里的时候，也不全是睡觉，不睡觉的时候，也不全是陪奶奶。偶尔也和戈伯伯家的妹妹和弟弟一块儿，或在大棚里看些闲书，或是拥到戈伯伯房里打一个转。戈伯伯那时绝对不年轻了，从外形上说，印象深的是他高高的身量和微微的驼背，还有他的高度弱视。也许因为"腹有诗书"，弱视不减他精神的矍铄，他身上蕴藉的学养和精神追求，似是一种感受得到的光华。

那时我在自修日语，又因为贪玩而首鼠两端。父亲曾把鲁编室孙用先生的事讲给我听，孙伯伯是在邮局勤奋自修成为一名学者的，他与鲁迅先生的交往更是一段佳话。无独有偶，戈伯伯也曾把唐弢先生早年勤奋自修的事讲给我听，唐先生也是《鲁迅全集》编注工作的顾问，同样是一位出身于邮局的学者。也许戈伯伯没对我说过，也许我没记住，那以后很久我才知道，戈伯伯虽是读了大学的，可在他翻译生涯中至为重要的俄语，也是靠自修掌握的。

在那些差不多是朝夕相处的日子里，我是亲睹了戈伯伯工作的勤奋，作息的有序。在他休息时，也与我们说些闲话，曾听他说起紫禁城，对各处宫殿和诸般陈设，颇能娓娓道来，可知他对建筑和名物之学也有兴趣。曾有一晚，戈家姊弟约我去打扑克，我说好啊，我安顿了奶奶就来。可是一会儿他们又怏怏地过来说，不玩了，原因是戈伯伯对他们说了玩物丧志的话。后来我想，他们姊弟既然带着扑克，平时戈伯伯大约也是不干涉的，这次的干涉，很可能存在不愿影响我的成分吧。

至今不明白的有一件事，就是戈伯伯为什么如此弱视，却又如此偏爱细小的字体。他的字迹非常细小，这与父亲还有孙用伯伯颇为相似，而他们的视力不好也是相似的。如果在三人里再做排列，字迹小是以戈伯伯为最，父亲次之，孙伯伯再次之；视力弱也是以戈伯伯为最，孙伯伯次之，父亲再次之。考虑到父亲比两位伯伯都要年轻，我怀疑字迹的大小对视力的影响是成正比的；父亲到晚年以后，也是深受目力不济之苦。戈伯伯的妙处是，不只在书写中才用小字，他负责编辑的《普希金文集》(时代书报出版社1947年旧版)，内文的用字就是非常之小，大约是6号铅字，那真是戈伯伯的风格，非常另类。四十多年后出版的《戈宝权译文集·高尔基小说论文集》和《中外文学因缘——戈宝权比较文学论文集》两种书，前者在湖蓝色书脊上采用了极细小的6号铅字印成书名，让我一下子就想到他的手迹，后者书脊上面"北京出版社"几个字，也是用的小5号字。我怀疑这两种书的装帧都是作者参与了意见，采用如此的小字，印上厚度二三公分的书脊，我再没见过第三种这样的书了。

戈伯伯在外国文学研究和翻译方面的贡献，已成丰碑。他的鼓励和关爱，曾使我产生见贤思齐的念头，而孙用伯伯和唐弢先生的榜样，几乎灌输给我一种宿命，那就是要像他们两位那样，在邮局里变身为一名学者。地震很快就闹过去了，接着我从邮局调去了一家图书馆，在那里我继续学习日语，并开始发表一些译作。其中有几篇关于鲁迅的译文，被几种研究刊物采用过，时间最早篇幅最长的是《鲁迅和裴多菲》一文，当时曾兴冲冲地拿到戈伯伯家献宝。回首去想，那是何等的幼稚，何等的轻狂啊，连"孔夫子门前念百家姓"的俗语也记不得了。戈伯伯藏书宏富，我也偶有受惠。记得有种原版的《日本执笔者大事典》，好像是整整二十卷，那时除去北京图书馆，也只在戈伯伯家见过，某次查找一位不起眼的日本作者，还是他亲自代我查的。

后来的事情就说不清楚了。社会变化是如此地让人眼花缭乱，下海、出国、炒股、气功潮起潮落，学界中鲁迅学不再是显学了，读书界是推理、武侠、言情各领风骚。三十岁以后的日子过得飞快，四十岁以后的日子，更是在加速度中飞逝，浑然不觉之中，就过了知天命的年龄，然而并不知道天命是什么，或许无知就是我的天命吧。我今天的样子，完全说明当初要做翻译家的念头，是不知天高地厚的狂想。最初学习的日文，程度是稀松平常，而后所学的德文英文，完全是愧对人言了。迄今不仅没有成器的译作，而且也基本放弃了文学翻译，飘渺的理想早已堕入现实的泥潭，偶涉译事，也是只谋稻粱，不惮芜杂，莫说是做戈伯伯那样的翻译家，连一名普通的翻译也没有做成。

　　中间得到戈伯伯家的消息，都是从父亲处听说的了，他的女儿到美国读比较文学了，他的儿子去巴西了，后来戈伯伯举家迁去南京了。再听说他的消息时，我也远在美国了，而那消息竟然就是讣闻了。重返北京时，戈伯伯已经离去快四年了；再过去一年多，父亲也离去了。在居丧的心情里，在父亲的遗物中捡读到梁阿姨的信，想到未能再见戈伯伯一面，想到一在北美、一在南美的那对姊弟，要说心里没有一丝惆怅是不可能的。

　　虽然没有走上文学翻译的道路，有时还是会想想这上面的事。

　　文学翻译肯定是费力不讨好的，诗歌翻译则要加个"更"字。诗歌真的是能够翻译的么？什么样的译作，能经得起"信、达、雅"这三重检验呢？举个简单的例子，譬如要用现代汉语表现"关关雎鸠，在河之洲"，原味能保持么？同理，要用古代汉语表现"培出慰藉的花儿，结成快乐的果子"，做得到么？本国语言的互译尚且如此，遑论异国语言？这个想搞清楚却不得其解的问题，在与戈伯伯有亲炙之便的时候没有形成，现在生了出来，怕是再没有机会搞清楚了。

2005 年 12 月

本文原载《美文》2006 年第 1 期

李何林与王仰晨

海客甲

年前被外地朋友问到去阜成门怎么走，说明时颇费了口舌。事后想起美谚中有："纽约吗？到耶鲁大学往南就是"——退回去三四十年，或许就可以套用这句话了："阜成门？到鲁迅博物馆往西就是"。现今呢，鲁迅对中国文化的经典意义虽称无可替代，但鲁迅学已不再是显学，鲁迅博物馆只能保留人文意义上的地标作用了。这引发我记起鲁迅的"显赫年代"里一些相关的人事，于是起意作篇短文。

题目写下来，心里又有些没底有些茫然。那时本文题目中这二人，一个是鲁迅研究的领军人物，一个是鲁迅出版的领军人物，我不属于研究或出版的圈子，只属于其中一人的生活圈子，因此对他们怀念的情愫可能多过了对事实的了解，只能想到哪儿写到哪儿了。李何林曾在写给王仰晨的一信中提到："日文《野草》两本，对我无用，送令郎看吧。"这封信没有日期，推算是 1982 年所作。作此信时，李在鲁迅博物馆馆长任上，王在人民文学出版社鲁迅著作编辑室主任任上，句中"令郎"即我，是出版外贸公司的职员。那两本《野草》一时拣不出来，记忆中是淡绿色的封面，是日本研究中国现代文学的学人刊物。

李何林与王仰晨的过从，发生在 20 世纪 70 年代初至 80 年代末的近二十年间，其中前十年，是社会政治翻云覆雨的年代。"文化大革命"将文化和物质都扫荡得空空荡荡以后，是鲁迅著作出版在出版界率先苏复，是鲁迅研究在学术界率先苏复。那是特定的政治环境下的特殊现象，当整个社会像停摆的机器般沉寂的时候，人文社的鲁编室和鲁博的鲁研室像一架人力车的两个轮子，承载着中国文学的薪火前行。

　　李何林 1975 年 12 月被任命为鲁迅博物馆馆长兼鲁迅研究室主任。他早年由大学生物系肄业，先后参加过北伐军和南昌起义，20 年代末期开始从事中国现代文学的研究和评论，他的重要著作《近二十年中国文艺思潮论》(1939 年上海生活书店)，率先提出"鲁迅和瞿秋白是中国现代的两大文艺思想家"之认识。就任鲁博馆长之前，他曾任南开大学中文系主任(1952～1975)，出版过《鲁迅的生平和杂文》、《鲁迅〈野草〉注解》等作品。在鲁迅博物馆馆长兼鲁迅研究室主任任上，负责了编辑鲁迅手稿、编写鲁迅年谱以及创办《鲁迅研究资料》等工作。

　　王仰晨于 1971 年 6 月从湖北咸宁五七干校奉调回京，在鲁迅著作编辑室组建后担任主任。他出身工人，只受过不完整的小学教育，二十岁前后写过短篇小说和散文，并自行编印成集(名不可考)，做过昭平版《广西日报》副刊编辑和大连光华书店出版部主任。就任鲁编室主任之前，他先后担任同社小说组、五四组组长和现代文学编辑部副主任，编发过茅盾和巴金的多卷本《文集》，编发过《平原枪声》和《青春之歌》等众多长篇小说。在鲁迅著作编辑室主任任上，负责了一系列鲁迅著作的编辑注释出版工作，主要包括：从二十四种单行本到二十七种单行本(征求意见本)[①]和十六种单行本、《鲁迅书信集》、《鲁迅日记》，以及 1973 年二十卷本[②]、大字线装十函本[③]、1981 年十六卷本三种《鲁迅全集》。

　　我初闻李何林的名字，是在 70 年代前期。那次偕父亲同去琉璃厂中国书店的内部门市，他选的书中就有《近二十年中国文艺思潮论》，他说与作者接触未久，那书却是抗战时期就读过，历久未忘，于是我也记下了作者的名字。我初会李何林先生，是在一个冬日，应该是他从天津举家迁来北京之初，他来访父亲。那时我们住四合院，在西侧的后罩房(建筑术语好像是这样，不是很有把握)与西厢房间有一通道，迎面看见李先生从那通道间走来。他身着深色呢大衣，面白儒雅气度雍容，听清他的名字，我赶紧引了他到北房见父亲。

245

―――――――――

　　① 除版权页外与正式出版物无区别，后来十六种正式发行的单行本即据此印行。――本书编者注

　　② 内文据 1938 年二十卷本《鲁迅全集》重排，有局部删改。――本书编者注

　　③ 内文据 1958 年十卷本《鲁迅全集》排印，采用二号长宋字体。――本书编者注

　　工作关系促成了李何林与王仰晨的交往，这种交往在 1971 年初李还在南开大学时已经开始，南开方面的雷石榆和李霁野，北京方面的曹靖华和冯雪峰，在此前已是他们共同的老友。另如孙用、林辰、杨霁云、唐弢、钟敬文、戈宝权等一批老专家，于他们也是相知较深甚或私交不错的朋友，在后来多数都成为鲁研室和鲁编室共同的顾问，其实就王这方面说，他对李和这些老专家常是视同师长。老一辈专家以外，在鲁研室与鲁编室工作的其他学者彼此也多有了解，两个部门的人事关系，与李、王的关系是相互增进的。

前排左起：林辰、李何林、许杰、唐弢、王仰晨。1981 年摄于绍兴禹庙。

　　1981 年版《鲁迅全集》出版前的十年，是李何林与王仰晨交往密切的时期。他们在业务方面或偶有分歧（例如李主张在杂文注释之外增加题解），在思想意识方面却颇为契合。《鲁迅全集》竣工时，李何林与王仰晨分别是七十七岁和六十岁。李离休前，曾希望王能接替他的工作。他在一封信中说，"拟调你来我室主任事，我已向国家文物局领导汇报，今天上午局人事处同志用电话告诉我馆人事干部，转告我：局领导同意调你来。因此，今天下午我函周扬同志请他同意，一面又另函文井、君宜同志，希望他们惠允。如你社同意，我再请国家文物局通过正式手续请调（向国家出版局）。关键可能在出版社？（1982年1月5日）"可能出乎他的意外，后来"关键"问题不是在出版社，而是王本人固辞不受，他还是更情愿在编辑位置上做事。李给王的信现存约十封，王给李的信是否还有存世，则未能确知。

后来李何林继续主持了《鲁迅年谱》和《鲁迅大辞典》的工作，继续兼任北京师范大学教授，他逝前总结自己的生平说，培养了一大批中国现代文学和鲁迅研究人才，发扬了鲁迅精神，保卫了鲁迅思想。王仰晨则继续做编辑工作，先后编成瞿秋白、茅盾、巴金等人的文集、全集、译文集共计六十余卷。他在1987年写过一段话："'夕阳'是无法挽留的。当古稀日益向我逼近的时候，'做什么'和'怎样做'对我来说就是念念不忘的一根鞭子。"那时他是六十六岁。他去世前数月也总结过自己的生平："一生也没有做什么事，真是白过。"（王得后《敬悼王仰晨先生》）

李何林去世后，王仰晨作有《纪念李何林同志》一文，文中对故人特别称许的几处，一是早期研究现代文学的成绩，二是"四人帮"时期义无反顾地看望落难的冯雪峰，三是事业精神。王生平著文无多，无多的文章中，悼亡之作占去不少，此即其中之一，初收在《李何林先生纪念集》中，后收入他本人的纪念集（《王仰晨编辑人生》），作为后一书的编者，编书期间我脑际几次闪过这两句诗："世上空惊故人少，集中惟觉祭文多。"相信刘禹锡的诗句断非苦吟出来，必是亲历的述说。

敬业奉献和克己奉公，在李何林与王仰晨身上表现得非常一致。他们都强调不迟到早退，不占用工作时间做私事，不因私使用公家的一个信封一张邮票。在鲁迅著作编辑出版十年间，王仰晨个人蒙受过政治委屈[1]、遭逢过丧亲之痛，克服了疾病缠身。他作风严谨并精通业务，但很难说他具有深厚的学养，他是凭借以勤补拙、以身作则，激励鲁编室的专家团队，也依靠社会力量，艰难地完成了《鲁迅全集》的工作。在1981年4月成立的鲁迅诞生一百周年纪念委员会名单中，没有他的名

247

---

[1] 参见本书《1976年〈鲁迅书信集〉出版风波》一文。——本书编者注

字；同年 9 月，在首都纪念鲁迅诞辰一百周年学术讨论会上，主席台上没有他的席位；在中国鲁迅研究学会中，他也不是理事。到这里又想到一句题外话，事隔十五年以后，王仰晨与巴金二人合作编辑的二十六卷本《巴金全集》，获得了第二届国家图书奖荣誉奖及第二届新闻出版署直属出版社优秀图书奖编辑一等奖，他也是事后才知道，没有人通知他参加颁奖大会。

　　鲁迅学"独尊"的现象，对文化是悲哀，对鲁迅也未必是幸事。这种现象随着思想解放被打破被改变，是自然而然的事。可以肯定的是，当时从事相关工作的那一代学者，是将鲁迅研究与鲁迅出版视为传承民族文化的事业来对待的，而他们的工作也确实有这样的意义。李何林与王仰晨这一对战友先后在 1988 年和 2005 年辞世，这篇小文不足纪念他们，只能聊寄个人的缅怀之情。

2009 年 2 月

本文原载《出版史料》2009 年第 2 期

王仰晨与赵家璧的私交

海客甲

　　日前收到修慧女士的电子邮件，告知 11 月里沪上将为赵家璧先生百年诞辰举办活动。修慧女士是赵先生的长女，年长于我。她在邮件中委我代寻赵先生的一篇旧文，拟用于编纂《赵家璧文集》，同时也问我届时能否到沪。

　　赵先生与父亲(王仰晨)同是献身于中国编辑出版事业的人，虽然人生历程全然不同，虽然相互间相识恨晚，却终因意气相投成为终生挚友。赵先生早年凭借他的学识和卓见，从中学的校刊编辑做到良友图书印刷公司的知名编辑[1]，又与作家老舍共同创立了晨光出版公司，他的编辑和出版成就，主要是在旧时代、在私体经济中完成的；父亲早年只是间断性地做过编辑和出版工作[2]，成为职业编辑的时间是在 1956 年进入人民文学出版社以后，他的成就主要是在新中国、在计划经济及其向市场经济过渡时期完成的。我注意到，在父亲真正厕身文学编辑行列之时，赵先生从事编辑出版事业的高峰已经完成。

　　在赵先生方面，主持编选《中国新文学大系》，主编《良友文学丛书》、《良友文库》、《晨光文学丛书》、《晨光世界文学丛书》，是他对中国新文

249

---

　　[1]　有些文章介绍赵先生曾任良友图书公司总经理和总编辑，可能是误将良友和良友复兴两家公司混同了。赵先生在写给父亲的信中说："只要说我编辑就够了。因当时的良友图书公司由广东人开办，经理(即发行人或称出版人)名余汉生，我没有担任过该公司或某部门的负责人。"(1976 年 4 月 6 日)——本书编者注

　　[2]　1944 年在《广西日报》(昭平版)任副刊编辑，1948 年在大连光华书店从事书籍出版，1951 年编辑中国图书发行公司店刊。——本书编者注

学和出版所做的最大贡献。在父亲方面，编发《茅盾文集》和《巴金文集》，编发《青春之歌》等小说，编辑《天安门诗抄》，主持编辑 1981 年版《鲁迅全集》、参与编辑《茅盾全集》和《瞿秋白文集》(文学编)、编辑《巴金全集》和《巴金译文全集》，是他完成的主要工作。

赵先生比父亲年长十三岁，二人相识于 20 世纪 70 年代，不用说此前他们相互早有慕名，父亲对赵先生尤其敬重有加。眼下无从确知他们初次晤面的时间，但可以确定是在 70 年代的后几年间。赵先生写给父亲的信，现存十五封，父亲写给赵先生的信，现存十二封。赵初次写信给父亲是在 1976 年 4 月 6 日，他对当时正在进行的新版《鲁迅全集》编辑出版工作极为关注，此信长达三千余字，措辞很客气。他在抬头的一段写道：

仰晨同志：久仰大名，恨未识荆。从朱嘉栋同志那里才知道鲁编室现由你负责领导，给我的信就出自你的手笔，因此一直想写封信给您。因为从人文总分社的关系而言，我们也可称得上是京沪同事，虽然现在人文分社已并入上海人民了。上月初，延边大学中文系章新民、陈琼芝两同志由上海鲁迅纪念馆陈友雄同志伴同来舍看望我，章同志对我说的第一句话是您委托他来看我的，还说了一些客气话，这使我更加感激，更下决心与你交个朋友。(信中称谓或不一致，谨保持其原貌。)

信里接下来回复了鲁迅著作编辑室问询的一些工作问题，从中可知此前父亲已经为公事给赵先生写过两封信，但没有用个人的名义。

赵先生从 1977 年开始写编辑生涯的回顾文章，先后完成了五个集子，它们是《编辑生涯忆鲁迅》(1981)、《编辑忆旧》(1984)、《回顾与展望》(1986)、《书比人长寿》(1988) 和《文坛故旧录　编辑忆旧续集》(1991)。这些作品为研究现代文学史和出版史保存了珍贵的史料。舒乙曾在纪念赵先生的文章中说，"他有两个辉煌，一个是良友，一个是晨光"。我认为也可以说，早年的编辑出版和晚年的写作，是赵先生一生的两个辉煌。赵先生在他作品的《后记》及与父亲通信里，一再提到过父亲给他的鼓励，同时又三番五次地现身说法，忠告父亲不要仅仅埋头做编辑工作，一定要自己写一些文章，从中可以看出他们之间的关心是与事业相连的。

1987 年，中国出版工作者协会创办了"中国韬奋出版奖"，据说名单产生的过程艰辛而漫长，其间颇有一些不为人知的故事，也许将来有人会著文讲述其中的曲折吧。我并不知道赵先生当时作为版协的副主席，在这件事上面起过什么作用，我知道的是，曾有位高权重的人试图影响这次评选的进程却未能如意。赵先生在这年9月写给父亲的信中提到："韬奋奖给奖大典已举行，全国各报都已发表得奖者名单，我兄大名高居首位，据我个人私见，你的得奖是受之无愧的，在此向你衷心祝贺！"赵先生强调父亲在入选者中取得了最高票数，有句话他说了不止一次，我想现在披露出来可能也不至于有太多的不妥了，他的意思是十名入选者中，他真正赞成的只有父亲一个人。

赵先生晚年写给父亲的信中有这样的话：

我过退休生活已近二十年，朋友间通讯往来者不多，但屈指计算，像你这样关心我的老友，没有第二人。最近我从《新闻出版报》上看到一篇报导，报导的主要内容是今年第三届韬奋奖的十名得奖人名单，同时附有第一、二届得奖人名单，其中第一届的第一人是你，第二届的第一人是我。看来虽然是无意的巧合，但也说明我们两人在个人事业上是真正的同志。（1993年5月28日）

修慧女士在她的文中说："父亲一直关注着王叔叔的工作，王叔叔也乐意将他在编辑过程中的苦衷向父亲倾诉"，她还注意到两点，一是"王叔叔非常关注社会问题，他默默地观察着周围发生的变化，为之担忧，为之困惑，他的许多想法常会推心置腹地向兄长倾诉。"二是"王叔叔确实把父亲当自己的亲兄长那样关心着。在这些信中，将近一半是岁末、年初写来拜年的。……字里行间流露出他内心的真诚和处事的细腻"。"最后一封信写于父亲逝世前两个月，那时，给父亲写信的人已经很少很少了。……自1994年母亲去世后，爸爸的身体日渐衰弱，反复地住院，收到这封信时，他已经好久没有写过字了，他要我代笔，给王叔叔写他的最后一封回信，一月后，他又住院，再也没有回来。"修慧女士在这里说到的年末通信现象，我也观察到了，而且不限于与赵先生的通信，我知道这是因为父亲日常积压的事务太多，有时会欠下信债，而他又是心细并且心重的人，未偿的债总会压在他心上，所以常在年关时进行清偿。

1997年，父亲去上海参加文汇图书出版社的一个活动，我曾陪同。记得某日有暇，我们到虹口鲁迅纪念馆看过朋友以后，他引领我从甜爱

251

王仲晨与赵家璧(右)1985年4月摄于四川乐山

路漫步下来，不很远便是山阴路。这里的鲁迅故居是早已来过的，却不知道赵家璧先生也住在这条路上，这条路全长只有里许，赵宅与鲁迅故居所在的两条弄堂相隔仅数十个号码。父亲对我说，以往到上海，赵宅总是要去的，可赵先生已在年初故去，赵夫人更先于他过世，这次就不想去了。他语气虽平静，神情却黯然。他此行是为贺巴老九十四寿辰及一本书的出版而来，以他那善感的性情，此刻伫立在亡友门前，内心不知转过了多少念头？我以手轻抚他的后背，沉默地陪着他，心下祈祷他有足够的时间完成他想做的事情。翌年初，父亲为《赵家璧先生纪念集》写了《缅怀赵家璧同志》一文，赞赏赵先生是编辑出版行的通才，推崇他的敬业精神，也忆及在赵宅小客厅里茶话的情景，忆及赵先生两度为自已联系入住医院的热诚，忆及与"家璧兄长"直抒胸臆的通信。

2005年父亲去世后，我与修慧女士取得了联系。知道我有心整理父亲的遗作，修慧女士专程跑去上海鲁迅纪念馆，从该馆赵家璧专库中找到已经捐赠的旧信计十二封，一一复制给我，并写成了《读王仰晨给赵家璧的信》一文，刊在《出版史料》2006年第1期，后来我再将她此文编入了《王仰晨编辑人生》一书。

很期待11月里能实现沪上之行，期待再去走走那些说不上谙熟却十分亲切的洋场街巷，期待去拜会几位父辈的朋友和世交的朋友，当然也期待与修慧女士会面，共同缅怀赵家璧先生。

2008年9月

本文原载《出版史料》2008年第4期

楼适夷伯伯性情印象

海客甲

因为爸爸的关系，我对楼适夷先生称楼伯伯。

日前友人晓凯以他的《七闲堂诗稿》赠我，翻到其中有七言绝句和律诗各一首是怀念楼伯伯的，就念了给妈妈听听。妈妈由此提起了50年代的旧事，也不过是闲谈，并没有很特别的内容。那是在上海参加出版发行会议，妈妈是新华书店的人，楼伯伯是出版社的人。楼伯伯在那个会上有个发言，对于出版社的书籍印数都被"小辫子"掌握——书店发行所的做法是到门市部的营业员中汇总书籍订数——十分不以为然；他的情绪有些激动，嗓门儿老大不小的。听到这里，也引出了我的若干记忆，随之再查看了一些材料，关于楼伯伯这个人的性情，话题实在不少。

先看他与冯雪峰伯伯的故事。冯伯伯1976年去世后，楼伯伯即着手搜集其遗作。这年里他写信给爸爸提到这件事，曾在月余的时间里数达三次之多，可算是非同寻常吧。他也说到了他做这件事的动机，并希望得到爸爸的配合。这里仅引其中一段文字：

> 雪峰同志逝世后，我正设法搜集一些他未发表文字，闻夏熊交鲁编室有他所写材料约十万字，我所搜到的约四五万字，如果不使你为难的话，我想见到未见的材料，抄写下来。我不会外传，只是以此纪念亡友而已。他临终前为我给组织写了详细证明，我一辈子及我的子孙，都将永远不忘记他，听说你送了他的临终及亲视含殓，我对你也极为感谢。（11月15日）

另外的两封相关的信，写于12月6日和12月20日。说到这里，小子妄言一句，他对故友冯雪峰，不止有怀念，不止有感激，肯定还有

254

歉疚。

　　楼伯伯晚年居住在团结湖。迁到这个住处之前，住在北京站前的苏州胡同 21 号平房小院，该处再早是冯雪峰伯伯的居处。1958 年冯伯伯落难后主动要求迁出，并自行归还了所有公家配给的家具。继而，楼伯伯分得了这处房子迁住进去。见过有的文章里说，楼伯伯后来很为此举追悔，然而据我所知，他的追悔并非因为住进了老友的旧居，而是因为他在冯伯伯迁出之前，曾明确表露过催促之意。

　　楼伯伯曾至少有两次因冯伯伯痛哭，惟原因大不一样。一次是 1957 年在作协党组扩大会上，因夏衍以长篇发言举出了冯的"历史罪状"，楼伯伯当众痛哭，指冯伯伯欺骗了他，那年他五十二岁；一次是 1976 年在自己家里，与他的小友董学昌谈到冯被划右派的事情，他捶胸流泪说冯是冤枉的，那年他六十一岁。此外梅志先生也提到过，1949 年第一次文代会期间，因为在工作方面对胡风有些意见，楼伯伯也曾在两人谈话中痛哭起来。

　　楼伯伯对周扬的态度也很能反映出他的性情。周扬一生的很多时候都处在一个相当特殊的位置上，艺术家认为他不是艺术家，政治家认为他不像政治家(王蒙语意，详见《不成样子的怀念》)，笔者在这里也不知称他先生还是同志，只好直呼其名了。像文艺界的很多老人一样，楼伯伯对周扬的意见根深蒂固。这种意见的合理性另当别论，但应该不是个人恩怨能解释的。他对自己的这种意见不仅不加掩饰，有时还会主动出击。在与爸爸的通信中可以看出，《郭沫若全集》、《茅盾全集》的编辑工作，都触发了他对周扬的不满：

255

　　关于《郭集》的事，吴伯箫①硬拉我，我已辞了三次，决定不干。(一)周公②挂帅，不投麾下；(二)郭文芜杂，全集难搞；(三)我想写作，力避杂务。但吴老情谊难却，又不忍绝之过甚，不免作为私人略供刍荛，想问问你年来组织鲁注③经验，借花献佛，乞诸其邻而与之，好吗？当

---

　　① 吴伯箫(1906～1982)，现代散文家、教育家。曾任郭沫若著作编辑委员会主任。——本书编者注

　　② 指周扬。——本书编者注

　　③ 指《鲁迅全集》编辑工作。——本书编者注

然还有别的话。(1981年3月28日)

杭会情况,您已了解,……我是想对历史问题说几句话,让元帅①稍稍头疼一下而已,反正他们会搞些小动作报复,我也无所顾忌。……《茅集》编委,许觉民②来征询过我,我当即明白告之,有那元帅掌旗,我决不参加。至于那位先生已经挂了三面(瞿、鲁、郭)帅旗,再加一面,也不会多,我看您还是不必出力了,如果他们邀您参加编委,您当然可以开会去去,了解了解,犯不着多投入精力了,反正有人会搞。(1982年11月18日)

楼伯伯对于周扬的不以为然,至少有三个因素:一是源于30年代"两个口号"论争,出于对鲁迅的维护;二是源于建国后的政治运动,不满意周扬的作为;第三虽然是稍稍上不了台面的因素,但未必无关紧要,楼伯伯是1926年的党员,比冯雪峰伯伯还早了一年,1931年加入左联,也比周扬早了一年,他在下面的信里,即流露了因为在党内和左翼文坛的资历而自重的情绪:

例如曾见谓周扬是左联成立时重要人物之一,其实那时他还在田汉家作食客,连作家之名还没有,他是为冯夏(经请教朱正先生,认为应指冯雪峰、夏衍二人。)看中,32年左联成立后第三年才作盟员,入党的,下半年才接丁玲《北斗》之班,主编文学月刊的。(1991年8月9日)

这只是说明他对周扬存有看法的一面,但在后来看到周扬不无凄凉的晚境时,他还是表露了同情甚至是不平。在他致王元化③的信中有这样的话:

后来我读了由他署名的《马克思主义的几个问题》,而且从此失宠,还有撤职、辞职的事。我知道文章不是他写的,但能组织这样的文章,公然署名发表,我对他印象大好转,太惨了,在医院变成了植物人,连苏灵扬都几个月不去看他。……追悼会过了好久才开,可惜我没收到讣告,否则一定上八宝山去告别。从此以后,报上不见友人一悼文,家乡

---

① 指周扬。语出鲁迅1935年6月28日信。——本书编者注

② 许觉民(1921~2007),历任人民文学出版社副社长兼副总编辑,中国社会科学院文学研究所副所长、所长。——本书编者注

③ 王元化(1920~2008),文艺理论家。——本书编者注

256

人纪念他，要办一个"起应文化中心"，连周扬的名字也不敢用了，天呀，五十年文坛领袖，"一言而丧名"矣。

　　这段话原文不是很流畅，但语意是贯通的。其中说到周扬的境况，以及自己对周扬的看法有所改变的原因，似乎是兔死狐悲的情感也有一些，物伤其类的情感也有一些。

　　下面的事是听爸爸说起的，当时少问了一句话，所以到现在已不知事情发生在什么时候，估计是"文革"前的旧事。那是在一个早晨，爸爸经过楼伯伯的办公室，见他敞着房门，正在伏案看什么材料，可能是老眼昏花的关系，他的头埋得很深很深。这使

楼适夷（左）和王仲晨

爸爸心生恻隐，敲敲门走过去问道："是不是看得很辛苦啊?"让他意外的是，楼伯伯很快站起了身，并把他推向门外，同时说道："我不要你的温情主义。"爸爸在惊吓的同时也有些自责，以为不该去打断了别人的思路，但是在此之后，楼伯伯还在作协的会上提起了这件事，认为这反映了某种"不健康"的思想。爸爸这才醒悟到面临的是意识形态问题，好在与会者无人附和，事情便也不了了之了。以楼伯伯的年龄和身份，其举动实有些匪夷所思，尤其是不适当的身体接触，闻者唯摇头苦笑。另外1958～1960年，楼伯伯和爸爸都在作家出版社的期间，楼伯伯曾经提出过要批爸爸，原由是爸爸在鸣放中曾经说，社里存在某些浪费公物的现象，缺少解放前的经营者和从业者那种精打细算的作风。楼伯伯这次的提名也是以无人附议不了了之了，这事是早年偶然听大人说到，越是想弄清楚他们就越是守口如瓶了，推论起来与前面所说的并不是同一件事，也不知道有无联系。

现存楼伯伯给爸爸的信有近四十封，时间最早的也在 70 年代中期了，这些信中所反映的二人关系是相当融洽的。楼伯伯对爸爸谈论的内容，最多的是鲁迅著作的编辑，后来也谈到请爸爸为他的作品编辑结集的事，甚至谈到不足与外人道的令他头痛的家事，至少还有两次，在爸爸的工作面临抉择时，爽直地表示了他的看法。

80 年代初，出版社搞改革，要搞经理制，不知什么人出了主意让爸爸去做经理(差不多是在同时，鲁迅博物馆的李何林先生，也曾提请爸爸去继掌鲁博的事务，并且上下进行了多方工作，那件事爸爸很明确地谢绝了)。对于自己服务了二十多年的出版社，爸爸似曾有心尝试推进它的工作。楼伯伯在这中间也写信表明看法，他希望爸爸在家里读书和写作，远离俗务：

听说你要荣任经理了，真怪。《鲁集》结束，您不是想多念些书(么)，您那扬尘的文章写这么好①，多希望您以后多写些，当了经理先生不是更忙了吗？(1981 年 3 月 28 日)

当时家庭里面的意见正好也是与楼伯伯一致的，不太支持爸爸去做他不熟悉的行政工作，上项事最终被否决。稍晚，爸爸主张趁巴金在世时，进行《巴金全集》的编辑工作，并开始亲躬其事，楼伯伯也写信表示不以为然。一方面，他是善意地希望爸爸得到休息，因为爸爸当时也是古稀之年了；另一方面，他是对此事本身也很有看法，不同意作家还在世时就编《全集》，他的用语相当尖刻不留余地，援引只出版过文集的"大作家"强调自己的观点，我猜他指的是瞿秋白先生。

《巴集》谁做你的助手，让年轻的多做些，你不可多费目力了，少作具体工作，保护精力，保护目力。有人未死而出《全集》，有壮烈牺牲、人民喜爱的大作家只能出《文集》，甚至少出其书，这考级不知由谁定的。(1991 年 4 月 2 日)

……眼睛不好身体差，何必为活人编全集，出版方针，真太难理解了。(实在是对作者的侮辱，似乎令他从此封笔了，你还是保养身体，高兴时自己写点要写的东西，何苦老犹为人作嫁衣裳)。(1991 年 8 月 9 日)

但这件事爸爸没有采纳他的意见。

---

① 指《病床前的回忆——怀念雪峰》(《收获》1980 年第 2 期)——本书编者注

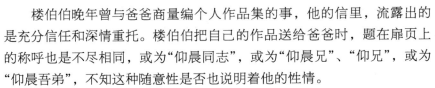

　　楼伯伯晚年曾与爸爸商量编个人作品集的事，他的信里，流露出的是充分信任和深情重托。楼伯伯把自己的作品送给爸爸时，题在扉页上的称呼也是不尽相同，或为"仰晨同志"，或为"仰晨兄"、"仰兄"，或为"仰晨吾弟"，不知这种随意性是否也说明着他的性情。

　　我在 80 年代初曾尝试翻译日本文学作品。楼伯伯是我慕名的翻译家之一，经爸爸介绍，曾带了自己的习作，去楼伯伯家中请益。那时他还没有搬去团结湖，仍住在苏州胡同的平房院里。我带给他看的，是两个短篇小说翻译习作，一篇名为《温柔的女职员》，一篇名为《来客》，后来分别在《青海湖》和《边塞》两个刊物上刊用过。现在只能找到他就前一篇小说写给我的意见："译稿已阅，并无什么误译，个别语气，稍微作了一些修改。原作很不健康，写鬼怪、凶杀，又带些黄色。作为练笔，也须选择一些健康的作品。适夷"。我那时轻狂浮躁，原本就听不进意见，他的字条给我感觉像是个"马列老头儿"，不如其他父辈可亲近，就此便对他敬而远之了。多年后我看到孙绳武伯伯说过这样意思的话：当年的翻译编辑工作担负了"替人民过滤'不良'文学"的责任。可能楼伯伯为我看稿时也保持着这种习惯吧？

　　以后我再没有去看过楼伯伯。他曾送过我一本他的译作《牵牛花》，扉页用毛笔题了"小平小友惠存，1981 年 12 月适夷"，此书是志贺直哉的小品集，是请爸爸捎来给我的。再以后他给爸爸的信中还曾提到，"小平要学日译，请来。"然而，他的书我是"惠存"了，他的家却再没有去"惠顾"，再没有去向他请过益。回想起来，是自己太不成熟，轻易放弃了学习的机会。这是我自己不能容物，于楼伯伯并无损失，他恐怕始终未能明白我不再露面的原因。后来我只在年末寄一张贺卡，也并没有每年做到，这是想到就会自责的一件事。他去世前后我远在北美，未能为他送行，留下了永远的追悔。

　　楼伯伯的思想在晚年好像有了很大的转变。有意思的是，他才不像我一样拖泥带水，他可以因为思想的不合，不惜与昔日朋友反目。杭州的史莽叔叔致爸爸的信中曾说：

　　适夷老看望过吗？他去年来信与我"绝交"了。原因是我在信中对促使苏联党亡国散的戈氏说了几句愤话，又为其坚持马列的女婿（梅林）说了几句好话。他竟如此，使我手足无措。难道思想认识问题，非要势不

259

两立，"二虎同穴，谁死谁生"不成？前不久，他又写信给河清老①，要他"挽救"与我的关系，"恕老头昏悖之罪"。我还没有想好，该如何答复他。（1992年2月8日）——本书编者注

楼伯伯之率性行事，一至于此！舒芜②先生曾说他是个"老天真"，真是一点儿不错，真是个可爱又有些不可捉摸的老头儿。史、楼两位叔伯的交情后事如何，就不得而知了。

这些说明楼伯伯性情的事例，应该各有其产生的背景。在此只是把它们作为趣事罗列，不是对他作出什么评价。我想，无论是对于楼伯伯，或是对于从那个非正常时代生活过来的其他人，都不必用政治是否正确、品行是否高洁的眼光去审视他们，否则就是我们自己存在偏执了。

此文通篇都是说长道短，楼伯伯有知，幸勿怪我。

2006年3月

本文原载《美文》2006年第7期

---

① 即黄源（1906～2003），历任浙江省委宣传部副部长兼文化局长、省文联党组书记。——本书编者注

② 舒芜（1922～2009），学者和作家，曾任人民文学出版社编审。——本书编者注

王仰晨与《天安门诗抄》

李先辉

　　王仰晨，人民文学出版社的资深编辑，最近默默地离开了我们。我为失去了一位良师益友而深感悲痛！

　　人们在阅读《青春之歌》、《鲁迅全集》、《茅盾文集》、《瞿秋白文集》和《巴金全集》的同时，也许记住了这些名著的责任编辑王仰晨。至于王仰晨帮助"童怀周"编辑《天安门诗抄》的事迹，可能鲜为人知。

　　1977年，北京第二外国语学院的"童怀周"在民间出版发行了《天安门革命诗抄》(以下简称《诗抄》)第一集。时任人民文学出版社鲁迅著作编辑室主任的王仰晨从老朋友张炜那里得到了一本。他如获至宝，激动地对张炜说："这是人民的心声，时代的呐喊，应该让它永世流传。"他听说"童怀周"十六名成员都是搞教育的，缺乏编辑工作经验，就想，这些同志正在顶住压力，克服困难，利用业余时间编辑这些血泪诗篇，我是专职编辑，为什么不助他们一臂之力呢？尽管当时天安门事件还没有平反，尽管当时"童怀周"一位主要成员刚被捕入狱，《诗抄》的清样还被有关部门作为"天安门反革命政治事件"翻案的罪证而被查抄，王仰晨还是向"童怀周"毛遂自荐，主动要求参加编辑《诗抄》的工作。他把自己当年在天安门广场抄录并珍藏的四十多首天安门诗词交给我，还建议对已编印的《诗抄》第一集进行修订，并继续广泛征集天安门事件的诗文和照片，力争尽快编印出附有照片的《诗抄》第二集。

　　那时，王仰晨正忙于新版《鲁迅全集》的编辑工作。他体弱多病，我们不忍加重他的负担，劝他只要指导指导就行了。他却说："我们大家都怀念周总理，你们把我也当作'童怀周'的一员好了。"从此，他就成了"童怀周"无名而有实的成员。诗稿，他帮助选；版式，他亲自画；装帧设计，他帮着找人；纸张缺乏，他帮忙设法解决，为了提高印刷质量，他联系新华印刷厂制版排印；校对，他当仁不让，一丝不苟。这一切，他都是利用晚上和节假日休息时间做的，而且没有丝毫报酬，自己还搭上了不少车费。

一个星期天，我去他家取《诗抄》校样，见他倚靠在床头，大腿上放着一块木板，木板上摞着《诗抄》第二集的校样。见他支撑着病体在校对，我很过意不去，要他把未核完的部分给我，让我带回去由"童怀周"的成员分头校对。他说："这是最后一校了，非常关键了。你们缺少校对经验，说实话，我不大放心。"

"好像地球离了你就不转了！"他老伴插话道，"都病成这样了，还不肯撒手。"

"正因为我身体不好，更要争分夺秒抢时间……"他突然一阵咳嗽，随即吐出了血痰。见此情景，我既惊慌又内疚。他却安慰我说："不碍事，这是老毛病了。"看着他那瘦削苍白的脸和厚厚的一摞校样以及痰盂里漂浮的血丝，我的眼睛湿润了。我蓦地想起了鲁迅的一句话："在生活的道路上，将血一滴一滴地滴过去，以饲别人，虽自觉渐渐瘦弱，也以为快活。"

天安门事件平反前夕，先后有几家地方出版社主动与"童怀周"联系，希望公开出版天安门诗词。王仰晨知道后，急切地对我说："天安门诗词最好由国家级的出版社出版，这样影响大一些。"没过几天，人民文学出版社就派人来与"童怀周"商定公开出版《天安门诗抄》的有关事宜。我问王仰晨是不是他促成的这件事？他笑道："我哪有这个本事，只是向有关领导汇报了你提供的情况。其实，人民文学出版社许多编辑早就希望编辑出版天安门诗词了。"

对《天安门诗抄》的"前言"，王仰晨不仅提了中肯的意见，还连夜秉笔修改。他说："能为《天安门诗抄》公开出版出点力，是我莫大的荣幸。"

《天安门诗抄》公开出版后，"童怀周"收到了人民文学出版社寄来的七百元编辑费。"童怀周"想对王仰晨聊表谢忱，被他坚决谢绝了。后来，"童怀周"将编辑费捐献给了中国少年儿童福利基金会，王仰晨知道后非常高兴。可是我在《人民文学》上发表的《丙辰清明采风记》中提及他为《诗抄》所作的贡献，却引起了他的不安和不快。他说："天安门诗词是时代的产物，是人民群众血泪的结晶。你应该写伟大的时代和伟大的人民，不应该写我，我的事不值一提。"

王仰晨离休在家时，仍旧争分夺秒抢时间，拼命地工作。

有一天，我去他家拜访。他在仅仅只有十平方米的卧室兼书房里，伏案看稿，桌上堆着足有一尺高的校样，旁边放着放大镜，双膝用一床小棉被裹着，窗台上放着几个药瓶。他说风湿病和气管炎又犯了。我问他又在拼命忙什么？他说编《巴金译文全集》。我说您已经离休了，身体又不好，人民文学出版社还交给您这么繁重的工作？他告诉我，这是他自己争取来的任务。他说："我对巴老十分崇敬。在职时，编完了《巴金全集》后，就想编《巴金译文全集》，因为诸多原因，未能如愿。退下来后，经过多方努力，才如愿以偿。"我说，我想写写亲历的天安门事件和《天安门诗抄》的出版经过。他说这些历史事件应该如实地记录下来，并说等《巴金译文全集》编完后，愿和我探讨这些问题。

在他的鼓励和支持下，我完成了《"童怀周"与天安门诗抄》初稿。王仰晨看后，认为可以出一本书。我说如果将来出书，就请您写序。他立即连连摆手："不行！不行！我既不是领导，又不是名人，更不是当年的'四五'英雄，哪有资格写序！不过，我愿意帮你看看稿子。"

263

一个月后，他约我去他家谈我那篇稿子。我一进门，他就十分歉疚地说："实在对不起，我对你的大作动得太多了。"我接过稿子一看，上面有不少地方用红笔改过，还有一些用蓝笔写的批语。凡涉及到他的内容，他大都删了，并批注道："删去的部分希望照办！"他淡泊名利的思想品格令我崇敬。他认真负责的工作态度令我感动。

本文原载《文汇报·笔会》2005 年 7 月 30 日

1976 年《鲁迅书信集》出版风波

海客甲

　　《鲁迅书信集》(上下卷)由人民文学出版社出版，是 1976 年 8 月的事。书中收录鲁迅书信 1381 封(其中包括致日本人士的 96 封)，另有收信人姓名未详的 2 封和散见于书刊的片段 16 则；印数 165000 套，其中精装本 60700 套，另有少量特精装本(在此之前，结集出版的鲁迅书信约有 7 种，其中收录鲁迅书信最多的是《鲁迅书简》，由鲁迅全集出版社 1946 年出版，收入书信 867 封；其次是《鲁迅书信》，由人民文学出版社 1959 年出版，收入书信 334 封)①。人民文学出版社在稍早的同年 7 月，还出版了《鲁迅日记》(上下卷)。这两种鲁迅著作的出版，算是给十年动乱中萧条的出版界带来了一线生机，也为荒芜的读书界吹进了一丝清风。但是编辑部门的工作人员，却有过一次惊魂经历。

　　当年的 9 月 16 日，时任人文社鲁迅著作编辑室主任的王仰晨，接到了国家出版局的电话传唤。晋见之时，上司的训示相当严厉，指出了《鲁迅书信集》书中多条"严重的政治错误"：一、《出版说明》中没有提到毛主席对鲁迅的高度评价；二、没有点名批判刘少奇和周扬的罪行；三、没有说明为什么收入了鲁迅给坏人的信；四、在《致中共中央》一信的题解文中，没有提"毛主席和共产党领导的工农红军"，采用的是"资产阶级报纸的语言"。最后的指示是，在印厂的书要停止发送，已经发到书店的书要停止销售并收回，已经寄给一些研究者或有关单位的书要全部追回。《出版说明》要重写重印，成品书要由工厂重新改装。

---

　　① 参见周国伟《鲁迅著译版本研究编目》(上海文艺出版社)。——本书编者注

264

　　事实上，《出版说明》的原稿是曾经送呈出版局诸领导审阅的，并且催询过意见，但是没有获得任何答复，而书籍的出版总不能无限期地等下去。事发之后，没有人出面说明这一情况，王仰晨也是有口难言，如果作一个不十分恰当的比喻，就像后来在2003年，伊拉克人无法用美国人首先拥有大规模杀伤性武器来自辩一样。

　　重写出来的《出版说明》，篇幅比原文整整多出了一页，用它和原文进行对比，可能是对这一问题的最好说明。修订文增加的部分大致如下：

　　伟大领袖毛主席曾多次高度评价鲁迅，指出"鲁迅是中国文化革命的主将，他不但是伟大的文学家，而且是伟大的思想家和伟大的革命家。"（黑体字是修订时特别加的）……作为伟大的文学家、思想家、革命家……这些书信是鲁迅著作的重要组成部分，是我们用以进行阶级斗争的锐利武器，……特别是1935年致中共中央的贺电，热情地表达了鲁迅对伟大领袖毛主席和中国共产党的无限崇敬、依赖和爱戴，表达了他得知毛主席率领的中国工农红军冲破蒋介石的重重包围，胜利到达陕北后的兴奋心情，因此它更是中国革命史上的珍贵文献。

　　在鲁迅书信的出版工作中，存在着两个阶级、两条路线的激烈斗争。

　　伟大领袖毛主席一贯十分重视鲁迅著作的出版工作。……由于周扬等"四条汉子"为推行刘少奇反革命修正主义路线，掩盖他们的反革命罪行，并为王明机会主义路线翻案，竟对这些书信肆意砍削……

　　伟大领袖毛主席亲自发动和领导的无产阶级文化大革命，……扫除了鲁迅书信出版工作的障碍。在毛主席迭次号召学习鲁迅的推动下，在毛主席革命路线的指引下，鲁迅书信的搜集、整理工作又有了进一步的开展。

　　……在这些书信的收信人中，有些是胡风等坏人。由于鲁迅全部书信的内容反映了鲁迅的思想和他鲜明的战斗精神，因此我们未作取舍，都予辑入。

　　除以上部分之外，基本就是个别词句的改动了，写作日期也由1976年5月改成了8月。在这些增加和改动的部分中，正面突出的是毛泽东，反面突出的是王明、刘少奇、周扬，鲁迅本身的价值退居末位，重要的只是对这正反两方面的烘托。

　　书中《致中共中央》一信是一段电文，题解的原文为："此件为鲁迅获

265

悉中国工农红军经过长征胜利到达陕北后发的贺电，是通过美国记者史沫特莱发出的。时间大约在 1935 年 11 月间。电文据 1947 年 7 月 27 日《新华日报》(太行版)载《从红军到人民解放军——英勇斗争二十年》所引抄存。"这被指为是采用了"资产阶级报纸的语言"，可能是改动书中正文的技术难度太大，所以未作改动。

现存若干学者致王仰晨的信中，也有对此事的反映。可以想见，当时北京的鲁编室感冒，远在南方的几位老先生好像也咳嗽了。兹按时间顺序引用上海的赵家璧先生、杭州的黄源先生和正在黄山休养的唐弢先生书信片断如下。

唐弢在 9 月 22 日信中说：

……今天收到社里来信，要我将《鲁迅书信集》寄还，说是《出版说明》有误。这很使我为难。第一，我这次仓促出走，什么书都没带，此间更是无处借书，疗养院只有一部《黄山志》，还有不全的二十四史十几种。得《书信集》后，非常高兴，我想详细读一读，一来为写传①，二来摸一摸思想发展线索，有书可据，有事可做。第二，我阅读注释时，有些事情记不大清，无材料可查，得力于书信不少。现在《且介亭杂文》尚未看完，如将《书信集》寄还，等于缴械。考虑再三，想到一个办法，既然误在《出版说明》，就将《说明》撕下寄还，请您向社里说明一下，这样我可以不中断工作。就我个人而言，我是个爱书的人，不愿撕掉，但为出版社可以统一安排，只得这样做，并请出版社原谅。以后补给我两张《说明》就是。

赵家璧在 9 月 25 日信中说：

……蒙你社寄赠新出《鲁迅书信集》精装一部，不胜感谢。此书装帧印刷，都属上乘，内容较《书简》多半数以上，可见你们花出了极大的劳动。本月上旬，上海市委统战小组通过上海市政协给了我一项任务，为纪念鲁迅逝世四十周年写一篇对台宣传稿。这是党给我的光荣任务，虽然有十多年不写文章，总算花了几天时间写成了一篇题为《纪念鲁迅，学习鲁迅》的四千字文章，于十三日交上去了，是否可用，何时何地用何方式发表都不知道，因文中提到许多书信，为供领导参考核实起见，我把

---

① 指《鲁迅传》。此书唐弢生前未能完成。——本书编者注

《鲁迅书信集》下册，连同一本《鲁迅全集》一起送去了。18日突然接到你社来信，我因一则下册不在手边，二则出版说明印在上册，所以第二天就把上册挂号寄京，谅早收到，如果需要我把下册也寄回，请来示，当照办。

黄源在10月5日、30日信中说：

……犯错误是难免的。你又忙又紧张，容易出错。……新《出版说明》有便掷下。

……上次《书信集》未寄还，我是看透这批鬼①捣乱，但终在四十逝世周年②前夕揪出来了。真是大快人心。《出版说明》已交叶兄③。……

那时鲁迅作品的注释工作正在紧张进行，赵家璧、黄源和唐弢三位先生，各抱老病之身参与了对注释的校订，为新版《鲁迅全集》出力甚多。而在北京和全国各地，像他们一样共襄此项文化工程的专家学者所在多有。

巴金在9月25日信中也宽慰自己的老友说：

知道《书信集》的说明受到批评。我早已得到你们编辑室寄来的信，第二天就把书寄回去了，虽然我已在书上盖了章签了名。你受到批评，不应当灰心。有错就认错，错了就改。对自己要求严一点，也会有好处。水平不高，不要紧，慢慢地提高嘛，而且只有在工作中才能够提高，边做边学，边学边改。心情开朗些，想得远一些，据我看，即使受点委屈，也不要放在心上。我觉得能够为鲁迅先生著作的传播尽一点力，能够为革命做一点工作，这是幸福。工作未做好，不管是谁的责任，既然自己参加了，自己多负点责任有什么不可以？只要能使工作做得更好。不要把一点委屈放在心上，继续愉快地做下去吧，尽自己的力，但要注意身体，不能把身体搞垮，因此必须做到心情舒畅。我想鲁迅先生若在，他对你这样工作一定会满意，一定会鼓励你。……（文汇出版社《巴金书简——致王仰晨》第84页）

原《出版说明》经过修订和重新排印以后，不得不请印刷厂为将近十

267

---

① 指"四人帮"。——本书编者注
② 指鲁迅先生逝世四十周年。——本书编者注
③ 指叶遒修（史莽）。——本书编者注

七万册的书换页，将书中原有的《出版说明》页撕去，粘贴新印的《出版说明》页。修订后的《出版说明》中"胡风等坏人"的写法，显然不是书面用语，不知是审阅者后来加上去的话，还是编辑者受到训斥后写出了如此不像样的文字。这项无益的举措，徒耗了大量的人力物力，而且干扰了出版社的正常工作秩序，伤害了鲁迅著作编辑、注释者的工作热情。据笔者了解，此事造成的经济损失，使王仰晨先生深深自责。而在政治方面的教训，则未闻他提及。回想起来，在往昔的政治气候下，意识形态问题的不可知性，也并非有过教训后便能独善其身的。稍后的 11 月 17 日，当时的国家出版局局长石西民曾有信给他说：

仰晨同志：你的检讨信已读，有关的同志也都看到了。主席教导："错误改了就好"，我希望你遵照主席指示努力去做。你对自己所作的检查，对我也是深刻的教育。鲁编室今后的任务十分艰巨，望你带领同志们努力学习理论，努力工作。具体任务将来再谈。对我有什么意见、批评或建议，今后希望不客气的提出来，帮助我进步。

与这部《鲁迅书信集》相关的，还有一件事值得记录。起初，国家出版局曾将此书的印数限定在二百部，限定为工作用书，这种无视读者需求，无视经济成本的指令，对于"文化大革命"是如何革文化的命，也是一点说明。后来因为周海婴就鲁迅著作出版问题上书，得到毛泽东正面的批复，国家出版局才通知出版社自定印数。

当年 10 月，四凶殄灭。

次年 1 月，《鲁迅书信集》再版印刷了 205000 套。所以存世的《鲁迅书信集》版本有三种：第一种是没有经过换页，采用原《出版说明》的原版本，量极稀少；第二种是经过换页，粘贴了新《出版说明》的版本；第三种是采用新《出版说明》的重印本。

本文原载《出版史料》2006 年第 1 期

268

刘杲致张富堂信

福堂同志：

　　这一期《中国编辑》发表的方厚枢同志的文章《我的编辑启蒙老师——深切悼念王仰晨同志》写得很好，很感人。昨天见到厚枢同志，我向他道谢。厚枢同志说，仰晨同志是首届"韬奋出版奖"的获奖者。编辑出版《鲁迅全集》、《茅盾全集》和《巴金全集》，仰晨同志是有功劳的。仰晨同志的后事不如人意。我向有关部门和媒体反映。回答说，王仰晨同志是编辑室主任，级别不高①，只能这样。厚枢同志接着说，我写了一篇悼念仰晨同志的文章，向《中国编辑》投稿。我从来不向报刊投稿。我插嘴问他，你为什么不让我转？厚枢同志说，吴道弘同志告诉我，直接寄给编辑部就行。我觉得，厚枢同志此举是对《中国编辑》编辑部的一次测试。还好，编辑部没有辜负道弘、厚枢同志的信任。编辑部的同志对仰晨同志是很敬仰的。《中国编辑》2004年第1期发表过仰晨同志谈巴金和《巴金全集》的文章《一个世纪，他把心交给了读者》。当时仰晨同志八十三岁高龄。为了这篇文章，仰晨同志和编辑部同志多次商量，自己反复修改。仰晨同志的这种工作精神使编辑部同志深受感动、深受教育。他们曾一再跟我说起。这回听了厚枢同志的一番话，我很感慨。仰晨同志作为编辑家的历史地位不是行政级别能够规定的。我相信，广大读者和出版界会永远怀念仰晨同志。

刘杲　2005年9月23日

本文原载刘杲《出版笔记》，河北教育出版社 2006 年出版

---

　　①　王仰晨离休前为行政 13 级，局级待遇。——本书编者注

思 忆 王 仰

何启治

人民文学出版社的老同事，多以"王仰"称呼王仰晨同志，我想，这是带着一点亲切意味的称呼吧。

去年(2005年)2月8日，我有点意外地收到他的一封信。其中说"十分抱歉，承寄下的贺卡收到已久，迟未奉复，是很失礼的，乞谅。"关于自己的健康情况，他说："这一两年来，常为病痛所扰，一度住过几个月医院；现在的情况仍欠佳，除频频咯血(但量不多)外，又得了晚期青光眼。如今左目已失明，因而看书写字，行走做事都十分不便，还需慢慢适应。三四月前的一天，摔了两次跤，后来经检查是脑血栓(轻度)所致；自那时起，左侧上下肢都不灵了，如今走路已离不了拐杖，胳臂倒好多了。总之，恢复得还可以，只是慢了些。"

我每年岁末都会给领导过我的老同志寄个贺年卡，表达一点敬意和关切(当然也未必都很周到)。好多年不见面了，王仰也就八十出头吧，想不到健康情况已经这么糟。而尤感意外的是，在这封信里，他最后还很郑重其事地说："几年前我们间曾有过一次不愉快，虽然我不想再提及，但我的歉疚之情至今仍时感耿耿，我也感谢你的大度。这里重提一下，算是彻底埋葬了吧。"

自1981年做完《鲁迅全集》的编注工作，我转做当代文学的编辑，印象中就没有再和王仰打什么交道了，会有什么样的不愉快以致让他"时感耿耿"呢？我也是快七十的人了，记忆力已大不如前，虽苦思冥想仍不得要领，只好赶紧打电话表示慰问。然而，在电话里王仰竟然只字不再提及"不愉快"的事，只是说，你都不记得，那就更不必说了。他连一点暗

270

示都没有。无奈，我只好劝他一定要好好保重身体，争取早日康复。我还按自己的人生感悟强调说："健康而不长寿太可惜，长寿而不健康太痛苦呵！"王仰只是唯唯。

而更意想不到的是，只过了三四个月，在2005年6月就看到了他已不幸病逝的讣告，还说遵照本人遗愿和家属意见，"丧事从简，不举行遗体告别仪式"。我只有黯然长叹！

1962年，我刚从人民文学出版社校对科调到编辑部工作，领导就让我学习编辑加工的范本——由王仰改定的扎拉嘎胡的长篇小说《红路》的发排稿。那上面用红笔批改勾画得密密麻麻的笔迹就是王仰作为责任编辑劳动的印记。（后来我亲自听老扎感慨地说，人民文学出版社的编辑真是"内蒙作家的保姆"，那时脑子里就出现了王仰一笔一画地在《红路》原稿上用红笔写下的像蝌蚪一样的文字。）

我在人民文学出版社编辑的第一本书是配合社会主义教育运动的家史集《仇恨的火花》。从此书的组稿、编选、文字加工，到代表编辑部写的"编辑说明"，以至为此书写的第一篇书评，都是在王仰的指导帮助下完成的。

可以说，王仰就是我编辑生涯中的第一个老师。

271

1976年，我援藏回出版社不久，奉调到鲁迅著作编辑室，参加《鲁迅全集》(1981年版)的编辑、注释工作。此时，王仰是鲁迅著作编辑室主任，是我的直接领导。

那时，参加《鲁迅全集》编注工作的除了本社的同事，还有外单位借调来的秦牧、朱正、陈涌等。我们就像鲁迅所说，真是成了"拼命地作，忘记吃饭，减少睡眠，吃了药来编辑"的人。而作为鲁编室主任的王仰就是这样像负重的牛一样带头忘我地劳作的人。

当时，只有五十多岁的王仰，白发已过早地爬上了他的头。由于长期劳累而且从来不见他参加任何健身活动，而致诸病缠身：严重的关节炎，高血压，慢性支气管扩张……每到冬春，咯血频仍——他身边的痰盂里常漂着淡淡的血丝。他办公桌旁的窗台上，常常堆放着高高矮矮、大大小小形状各异的许多药瓶。可这位"吃了药来编辑"的人，却几乎总是第一个跑来上班。他稍稍伛偻着腰，缓缓地穿过大院，颇吃力地沿着狭窄的楼梯，登上后楼三层他那间不见阳光的小办公室。晚上，往往又加班两三个钟头，到八九点钟才回家。压在他身上的担子实在太沉重了：二十九种单行本，十六卷《全集》的全部注释（包括索引）二百四十万字，发稿前和付型前，他都要先后两次认真地审读；此外，还要完成编辑部庞杂的组织工作。他的时间实在不够用，便只好早来晚走，往往把星期日当成了第七个工作日！

他最担心的就是没有完成新版《全集》的编注自己就病倒了爬不起来。他说："只要能在这个岗位上完成党的嘱托，我心里就踏实一些；我身体不行，干完这件工作就差不多了，得分秒必争！"他确实是在分秒必争。每当诸病同时发作，走路都很困难时，我们劝他在家歇两天，他却说，拼命也要把《全集》搞出来，不然就无法交代！有一回，他连续拔了三颗牙，不能说话，不能吃饭，却仍然到办公室来伏案看稿。我们有事找他，他只好打着手势，像聋哑人似的；内容复杂一点的，便只好改用笔谈。

王仰的父亲在大革命时期担任过上海总工会的委员长，早已去世，母亲也是为革命受过苦、出过力的老人。王仰把所有的孝心敬奉给母亲。母亲病重时，已近花甲的他每天中午还赶回去给老人喂饭、洗涤。他明白母亲在这个世界上的日子不多了，趁老母亲的脑子还清醒，他多想陪老妈妈多说几句心里话。但是，当时正是《鲁迅全集》一卷接一卷发稿的关键时刻，"真是忠孝不能两全呐"！我知道王仰心里的难受。他只能在公与私、理智与感情的冲突中，选择公，选择理智。

就是在王仰母亲住进协和医院那几天，他也没能陪侍在母亲的病榻旁。一个星期六的下午，终于把母亲从设在走廊的临时"急诊室"转到了病房，王仰稍感安心，便又回到出版社来上班。岂料，母亲竟然就在这个夜晚溘然长逝！王仰终究没能在母亲撒手人寰的时候握住她那双操劳了一辈子的手！让大家感到意外的是，第二天，星期日一早，王仰臂戴黑纱，竟然又到办公室来加班了——也许只有这样才能稍减他心头的悲痛吧！

后来，因为长期不在一个部门工作，加上性格方面的差异，我和王仰并没有作过深入的长谈。尽管如此，今天回想起来，还是有两件事情让我铭记在心。

其一，是说他早在三四十年代就开始喜欢写作，发表过小说《海年先生》，散文《寻觅》、《保人》等。后来没有机会出版，自己还利用做排字工人的方便偷偷地自印过一本小册子。王仰是不苟言笑的人，但说到这件事时却少见地露出了谦和的微笑。写到这里，我禁不住想起王仰在给我的信里还有这样的话："这些年来，你做了不少，也写了不少，令我十分钦羡，你还年轻，当仍能大有作为……"那么，当年他似乎有点不好意思地对我说他偷偷地自印过散文小册子的话，是不是也包含着一个深爱文学而没有得到发挥机会的人的失落情绪呢？

其二，是说 40 年代初，他在重庆担任南方印书馆印刷厂的工务主任，意外地接触到了由陶希圣"搜集资料及整理文稿"后，经蒋介石"二十次的修订"而成的《中国之命运》。该书宣扬"一个主义，一个政党，一个领袖"，强调中国之命运寄托于国民党，"惟有中国国民党，他是领导革命创造民国的总枢纽，他是中华民族复兴和国家建设的大动脉"。王仰自然知道这部文稿的重要性，立即多印了一份校样，通过曾家岩八路军驻重庆办事处转送到了延安。这是发生在 1943 年的事，因为该书在印制的过程中就已将校样送到中共中央，所以，中央就能及时指定由刘少奇召集延安的理论干部会议，部署了批驳和反击。打头的是 1943 年 7 月刊于中共中央机关报《解放日报》头版头条的陈伯达的文章《评〈中国之命运〉》，其后又陆续发表了范文澜、艾思奇、齐燕铭等人的文章。而陈伯达的长文是经由毛泽东亲自修改过的。它激烈地斥责蒋介石"抹煞了各种主要的历史事实"，对于忠勇为国的中国共产党做了极其"忍心害理"的诬蔑。

我至今不知道做这件事情的时候，王仰是不是我党的地下党员，但我永远记得他在讲这件事时两眼是灼灼闪亮的。这位敬业、勤奋、严谨细致得一丝不苟的老编辑人，原来也是勇敢热情的革命者。

在王仰晨同志逝世将近一周年的时候，谨以此文表达我的敬意和真诚的思念。

2006 年 3 月 28 日

273

仰 别 晨 星

倪既新

　　获知王仰晨先生去世的消息，一阵深沉的悲痛涌上我的心头。我捡出他给我的四封信重新一一展读，那个穿着涤卡中山装的文弱面影便又清晰地浮现在细密的字里行间。

　　第一封信，是他收到了我寄去的电视片录像带，没看之前怕我牵挂而特地先来告诉一声的。

　　我与王仰晨的相识，缘于1999年仲秋，受中国文联的委托，我编导电视片《真话 真诚 真情 巴金晚年身影》。把王仰晨选为采访拍摄对象，除了因为他是《巴金全集》和《巴金译文全集》责任编辑的身份，更是因为我在做案头工作时，读了一本《巴金书简——致王仰晨》的书。那是巴金从1963年到1995年间写给王仰晨的百余封信函。其中第三封的开首，巴金说，"信收到。你可以想象到我这时的心情。很感谢你的关心。"这信写于1972年8月21日，那正是"文革"疯狂的岁月，巴金被以"黑老K"之名打倒在地，正是很多人避之犹恐不及的落难时期，他的爱人萧珊正因此得不到应有的治疗，刚在八天前去世。我推想，一定是王仰晨在北京听到消息以后立刻打破了被迫中断了六年的书信阻隔，及时用友谊来慰藉"谈到蕴珍(即萧珊)就容易流泪"的巴金，所以巴金平静的语气中，潜伏着汹涌的情感波涛。

　　当时，我的感受，用影视中的行话来说，就是觉得这些书页文字的背后，全都叠印着一个清晰的善良灵魂，他在嘘寒问温的同时，全心体察着巴金的种种需要和托付，然后勉力而行，儒雅细致而又坚强有力，勇敢镇定更忠诚不二，始终用为巴金觅书、买书、寄书和填款资助这样

274

的细碎常事，传递着真挚的友情温暖；而后又以韧性的坚持和满腔的热情，以"消耗自己生命为代价"(巴金语)的一丝不苟的编校劳动，使巴金能在生前出版了他的全集和译文全集。由此，在片子开拍前，我的心里已经激起了对王仰晨的非常敬意。

通过上海作家协会的北京中国作家协会朋友的帮助，我才联系和找到了他在朝阳门外十里堡的家，当他穿着一件当时已经很少见的蓝色涤卡中山装，谦和地笑着把我们摄制组让进家门的时候，我蓦然停住了脚步，我惊讶于印象中那么沉重的历史分量，竟是这位文弱的老人不动声色地承载着！情不自禁，我朝他深深地鞠了一躬。对一个采访对象初见就这样难抑激动，在我二十年的拍片生涯中是绝无仅有的一次。

没有任何多余的说明的预演，我们就开始了采访拍摄。说到巴金，王仰晨既烂熟于心又十分动情，所以拍摄进行得顺利完满。

在小小的卧室兼书房里，我注意到王仰晨书桌一角堆叠着的旧报纸整齐得四片像用刀切过一样，显然，这是他看过以后将它们一一重新折叠而堆放成的。我估计这是他平素做编辑时将阅读过的稿纸整齐叠放，长年养成的一个职业习惯。我觉得这堆报纸很显示他认真严肃的个性，就要摄像师特别拍了一个镜头。虽然我心里明白，因为与《巴金》整片的主题没有有机联系，这个素材镜头在剪接中多数是用不上的。

第二封信，是他将片子仔细地看过两遍后表达的观感意见。

他称赞电视片"相当不错"，是"一项极有意义和有益的工作"，同时又希望我能再强调一下巴金作为翻译家和出版家方面的成就，增加和鲁迅的关系以及抗美援朝时期的内容，他为我列出了详细的参考书目，标明的文章的出处和从谁那里可以找到这些文本以及照片资料等等线索。显然，他希望电视片能尽量表现出他心目中的那个巴金。字迹细小，他写了整整三页信纸。而我知道，他的视力已经相当微弱了。

末了，他询问："录像带是否璧奉，请示及，当遵办。"拍摄人物电视片，我送出过无数征求意见的拷贝，这样专门来信问及要否归还的，他是唯一一位。

后来，汇集各方意见，其中当然包括王仰晨的意见，我对初编进行了修改，片子由此而更见完善。

第三封信，是在片子完成将近一年以后的 2000 年的岁末，王仰晨先

275

来向我祝贺新年。但是信一开头，他却提起了一件我早已忘却了的小事，并望"谅解"，使我大为意外。

原来，在后期制作过程中，我为了向他求证和核实电视片中关于巴金的一些细节，给他打过几次电话。所以打电话，一是为了快捷，二是为让有问必答的他可以免于以微弱的视力再写回信。因为那天在他家拍摄后的闲聊中，他曾感叹时下出版社的工作作风与他们那时有很大的不同，"譬如现在有的人习惯于为一丁点小事就打长途电话说上半天，那要费多少钱啊！我们那时是寄8分钱邮票的信都要考虑一下有没有必要的"。所以，我给他打电话都很简短。

只是有一次，为了决定取舍一段内容和斟酌几句解说词，我和他的通话时间超过了一刻钟，他就在那边提醒我了，我正说到兴头上也就没有理会，谁知不一会儿电话就断了。我猜想可能是他顾惜我的电话费，见我虽然意犹未尽但大致也已述说清楚，就在那边果断采取了节约措施。于是，一笑之后也就过去了。而后，片子完成，也出于这方面的谨慎自律，我就再没有给他打过长途电话。想不到的是，整整一年以后，他却还提这件事情：

276

"记得当时电话长了一些，我担心将多付出话费，便提醒了您一下；不料刚说过不一会儿，电话却断了线，我想也许您会接着打来，却没有再等到。这使我很不安，我想，如果您以为是我挂断的，那显得我多么不礼貌，又该多抱歉。后来常想去信解释一下，却一拖再拖。至今虽事过将近一年，这事我犹未能释然，为了向你祝贺新年，就在此说一下，那是电话的自然中断，望您给以谅解。"信尾他还说，"说了一堆空话，但也放下了历时一年的思想包袱，可稍稍感到轻松了。"

托着这两张信纸，我默想了很久。我忽而觉得这好像不是出自于这位负责过鲁迅、茅盾、巴金等中国文豪的编辑出版工作，敢在"文革"最黑暗的时期冒险抄录天安门革命诗词，而后又推动它们出版，为中国的文学出版事业做出过许多大事情的著名编辑之手；忽而又觉得正是因为他有这样的情怀，才能做成前面那样的大事情……骤然间，我好像加深领悟了什么叫道德人品，什么是长者人格。

记得还有一次，电话中我即兴和王仰晨说到，在编导这部片子的过程中，我真切地领略了巴金的意义，所以打算退休以后也来研究巴金。

话刚落音，他紧接了上来："为什么要等到退休以后？现在就可以开始了！"这语气与他惯常的谦恭是那么截然不同，完全是严厉的责问和果断的命令。这是我在与他近十次对话交谈中所唯一听到的一次。后来我想，似乎只有这句话的语调，才真正符合他所承担过的那些责任。

第四封信，写于 2001 年 5 月 4 日，是他对我一封问候信的回信。

那时，我在《中华读书报》上看到有文提到他对人民文学出版社的贡献，就以短函告诉他并附寄问候。但他的来信却又是满满两张纸，而其中主要的意思却是向我"致歉"。

事情是这样的：那次采访拍摄从他家告辞的时候，我对王仰晨说，很希望在他南下上海的时候再有机会与他见面。当时我确实是出于一片真诚，不过在时下的社交语言中，这话也完全可以理解为礼仪用语，实质意义是能够忽略不计的。万万想不到一年半后的这封来信中，他却为未能践约而"深表歉意"：

"三月下旬我去桐乡参加了茅盾同志逝世二十周年的学术讨论会，返京途中为了想看望一下巴老而在沪逗留了几天，当时我真的曾想到过和你相见一次，但以时间匆匆几经犹豫而作罢。"他又说，"相信这样的机会还会有的。"

那以后，为不打扰他的晚年安宁，我自己工作又忙，所以就再没有与他联系。因为在我印象中，与王仰晨之间的关系是不需要什么去维持的，只要凭一颗真诚的心，彼此就能随时呼应。

可惜的是，这样的机会再不会有了。

人与人之间，有相处十几年一朝分开就印象渺然的，也有仅见一面就难以忘怀的。我想，所以难忘，是因为有触动心灵的东西在里面；而这种触动，值得我永久寻悟和珍藏。

晨星隐退，我仍仰望之。

277

只知低头拉车的人

——怀念王仰晨先生

周立民

　　得到王仰晨先生去世的消息是在 13 日的早晨，拿着电话听到小林老师略带哽咽的声音，我语无伦次地说："怎么会呢，怎么会呢?!"我知道他体弱多病，去年还曾住过七个月的医院，或许老人晚年的工作毅力和非凡的工作成绩迷惑了我们，我们总觉得有病对于这位善良的老人来说不算大事，近二十年来，他不就是带着病完成了一千多万字的《巴金全集》、《巴金译文全集》的编校工作吗? 就在十多天前，我还给他写过信，还在跟他谈工作的事情。在两个月前，今年的 4 月 11 日，我还在北京他的寓所拜见过他，谈话中，他非常惦念躺在病床上的巴老，说已经有好几年没有去上海看过巴老了。眼神中飘过的是一丝伤感。就在他的咳咳嗽嗽中，我们还是谈到了为《巴金全集》编补遗卷的问题，这是近几年来我们通信、谈话中说得最多的事情。他希望上海巴金文学研究会能够协助他来完成这个心愿，并表示待身体好一点，他会清理相关资料，而以前编全集所留下的资料也愿意捐给研究会。

　　话题扯开去，我们又聊到了目前出版界的状况，这也是他非常关注的问题。他所深深忧虑的是当今出版中工作不认真和对作者不尊重的作风。编辑跟作者连个招呼都不打就肆意删改稿件，也根本不会考虑作者的语言习惯，仅凭着什么混账机构下发的一些文件，将那些"不合语言习惯""不是首选词"的地方随手就改过;作者有时候连看校样的机会都没有，至于书的封面和版式设计等等也都与作者绝对无关了……这些问题令王老困惑不已，因为在他的编辑生涯中从来也没有做过这等胆大妄为的事情。

278

这一段时间，我在整理王仰晨先生与巴金先生的通信，王老给巴金的信绝对是编辑的好教材，他事无巨细地与巴老商量出版中的每一个环节，而绝不是滥用编辑的权力随意决定任何事情，这并非是编辑的无能，而是一个优秀编辑最基本的素质。在这些通信中，王老看稿中发现的一些错误，哪怕有的是明显的错字，但他照样一个一个记下来，请巴老最后确认。《巴金全集》封面的设计从用纸、用布（精装）、书名题字、色彩颜色等等，他无不细心把关，并及时征求巴老意见。我印象非常深的是十多年前，第一次见到王老谈起《巴金全集》时，他首先就说："照片印得太差了，我的工作没有做好！"正是他的这种认真，正是他的这种对作者的足够尊重，在六十多年来与巴金等一批老作家建立起不同寻常的友谊。巴金与他之间的交往是足以写进中国编辑史的一段佳话。1986 年，六十五岁的王仰晨先生离休，而正是从这一年，《巴金全集》开始陆续出版，用了八年时间，两位老人、病人在北京与上海之间书信不断，讨论着全集编纂过程中每一个细节，1992 年 11 月，全集编辑工作进入尾声的时候，巴老写道：

写到这里，我收到你病后的来信，你为我的书带病工作了这些年，一个字一个字认真地、仔细地编写、校读，忍住腰痛，坚持坐在书桌前，或者腿架在凳子上，为了我的《全集》你花费了多少时间，多少心血，多少精力，现在最后一卷就要发稿，……（二十二卷）

而在全集《最后的话》中，巴老再次对他表达了谢意：

你向我组稿，要编印我的《全集》。你说你打算把我这部书作为你最后的工作。你的话里流露出深的感情。你的确应该休息了，却又忘不了我的书。为了出版我的《全集》，你找我谈过几次。你的热情和决心打动了我，你的编辑、出版计划说服了我，一年后我终于同意了。我起初抱着消极的态度，以为每年看到一册，等书出齐，我已不在人世，不必为这些文字操心了。我的确不曾把这件事放在心上。可是后来看见书一本一本地印出来，经过书市转到读者手中，又仿佛心上压着什么，开始感到坐立不安了。究竟是我写的东西，不管好坏，总不能把责任完全推给你，好像跟我自己毫无关系。

大概谁都没有想到在 90 年代初，这两位多病的老人又编辑出版了《巴金译文全集》。为了这两个全集，巴老以"致树基"（王仰晨先生曾用

279

名)的形式写下了二十多篇序跋，这批序跋是巴老继《随想录》之后又一个创作的高峰，他回顾自己早年的创作，梳理思想发展，畅谈友情，不但是重要的研究资料，也是熔铸着人格光辉的散文精品。有时我在想，倘若没有王老这样一位了解巴老、尊重巴老的编辑在与巴老配合，晚年多病、写字困难的巴老会不会敞开心扉畅谈思想呢？但十多年来，尽管每次见面，我们必谈这两个全集和巴老，可是王老从来没有借此自炫过，他是一个低调的、谦虚的人，他只有对老友的关心，直到 1997 年 12 月《巴金书简——致王仰晨》出版时，他才在后记中朴实地回顾了与巴老的交往，但也写得那么简单。而巴老却动情地写道：

我生活，我写作，总离不开朋友，树基就是其中的一位。可以说，我的不少书都有他的心血，特别是我的两个《全集》，他更是花费了大量的精力。我没有感谢他，但是我记住了他为我做的一切。现在，我把这本书献给他。

这是一本友情的书。半个多世纪以来，我们相互关心，相互勉励，友情始终温暖着我们的心。如今我已九十三岁，他也七十六了，尽管我衰老病残，可我想，我们仍然有勇气跨入下一个世纪。

280　　　这是一个编辑所得到的最真诚的理解和最高的评价，但王老从未因此而洋洋自得，他谈的总是什么地方没有做好。十一年前，我第一次见他，是北京的一个春天，"巴金与二十世纪"国际学术研讨会邀请王老来介绍刚刚出齐的《巴金全集》的编辑情况，会场上他讲得很少，说话声音也很低，似乎还有点怯场，看得出是一个不善言谈的老人。在会议结束后，我们在人民文学出版社的一间破旧的办公室谈了一个上午，主要是谈他与巴老的交往和他的编辑工作经历。他是 40 年代在重庆结识巴老的，在 1957 年调入人民文学出版社的时候，接手了十四卷本的《巴金文集》的编辑工作，从此以后与巴老的联系就越来越密切了。从留存的书信来看，他是少数几位在"文革"后期，巴老还没有完全获得解放就与巴老通信联系的朋友之一，当时他也帮助巴老买了很多内部发行的或者在市面上不大好买的书。80 年代初，在编辑出版《鲁迅全集》、《茅盾全集》的过程中，他感觉到要是作者健在就编辑出版他的全集，有很多不易解决的问题都将迎刃而解，遂建议巴老编辑《巴金全集》，起初巴老没有同意，但拗不过他再三劝说，终于答应下来。

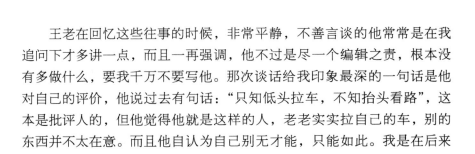

　　王老在回忆这些往事的时候，非常平静，不善言谈的他常常是在我追问下才多讲一点，而且一再强调，他不过是尽一个编辑之责，根本没有多做什么，要我千万不要写他。那次谈话给我印象最深的一句话是他对自己的评价，他说过去有句话："只知低头拉车，不知抬头看路"，这本是批评人的，但他觉得他就是这样的人，老老实实拉自己的车，别的东西并不太在意。而且他自认为自己别无才能，只能如此。我是在后来才逐渐体会到这句话的分量。

　　自那以后，我与王老便开始了交往，时常我有问题向他请教，他写信来答复。到北京的时候，我总会到位于十里堡的他家中去看他，随便聊一聊出版界的情况。我曾提到买到过 70 年代初重印的二十卷本《鲁迅全集》，感觉印制讲究，版式疏朗，装订也好，现在的很多精装书也比不上它。他用一贯平静的语气说："这套书也是我做编辑工作中做得最满意的一套书。"为了印它，当时他在上海几乎工作了一年，还大病一场。他顺便讲起了两个颇为辛酸的小插曲：一个是这套书本是周恩来总理建议重印的，因为当时赠送外宾的礼品，经常是连套像样的《鲁迅全集》都拿不出。但是书印出来后，他们居然没有想到给总理送一套，后来每想到这里，王老就懊悔不已。另外一件是，书出来后，社里连他都没有给样书，他自己有一套烫金的豪华本，还是掏自己腰包买的，而且连折扣都不给他打，那套书 80 元，而当时他的月工资仅仅是 118 元。

　　关于 1981 年版《鲁迅全集》的出版情况，他谈的也不多，其实从 70 年代中期开始，王老作为人民文学出版社鲁迅著作编辑室的主任，是这个全集出版的实际主持者和组织者，很长一段时间这个全集简直成为大型文集编辑的样板工程，但王老却没有表白他在其中的功劳。

　　后来，我也陆续知道，四十卷本的《茅盾全集》，他主持编辑了其中的二十五卷，经他手编辑的文集还有《瞿秋白文集》的文学编。可以说他是中国当代最优秀的作家大型文集的编辑。

　　前两年，我一直动员他像赵家璧一样写一本《编辑忆旧》，他总是推脱。在这样一个喧嚣的时代中，这样低调的人其实际的成就常常会为世俗所忽略。我是后来才知道，他其实很早就参加了革命，十四岁即到印刷厂当学徒，先后在上海、昆明、重庆、桂林、烟台、大连等地的印刷厂和出版发行部门，当过排字工人、校对编辑等。1943 年参加新知书店工作，1945 年在广西昭平《广西日报》当工务主任兼副刊编辑，1947 年至 1956 年在大连和北京三联书店做出版、发行和内部刊物的编辑工作，其间曾陆续发表散文等文学作品。也是最近才知道 1976 年 4 月，他曾冒着风险抄录了一部分天安门广场上的革命诗词，1977 年，追查抄录革命诗文的余威还较重的时候，他却利用业余时间悄悄地协助"童怀周"编选、出版了《革命诗抄》和《天安门革命诗文选》，随后又建议人民文学出版社予以出版。至于他与周振甫等人是首届"韬奋出版奖"获得者，这样的事情他更是绝口不提。但我想这些事情，我们后人是不该不提，不该忘记的。

去年夏天，我曾经去看过他一次，那时候正是他大病初愈，我也不敢多谈，坐了一个多小时就告辞了，临走的时候，他拉着我的手不放，他的腿不好，拄着拐杖站起来都很费力气，但还是执意要送我到门口。到了门口我挥手赶紧下楼，走了一半发现他还没有回去，再次冲他挥挥手告别，老人不知为何突然动了感情，我见他一边挥手一边在抹着眼泪，我不敢多看，硬了硬心，跑下楼去。今年春天这次跟他告别的时候，同样的情景又重演了一遍，我的心中很不是滋味。突然想到这样的情景永远不会有了，想到不知王老的心愿究竟能不能实现，在这静寂的夜晚，我不禁热泪盈眶。

本文原载《文汇读书周报》2005 年 6 月 24 日

爸爸是扇门

海客甲

这扇门颓然倒了。时间是 2005 年 6 月 12 日 23 点 15 分。

"父亲去世，我才知道父亲像一扇屏风把死亡和我隔开；父亲去世，我才看见了自己前途上死亡的海面。"

十九年前，我翻译过井上靖写的《怀亡父》一文，里面的这段话我一直记得，只是把他说的屏风记成了是门。

爸爸是在 5 月 30 日下午住进医院的，当时天上下着小阵雨。120 救护车开到了家里，把他像粽子一样地捆在担架上，哥哥和我送他住进离家最近的民航总医院。一去就住进了监护病房，那时谁也没想到，爸爸此去就再没有回来。

爸爸的毛病是在肺上。他的肺年轻时就不好，经年地咯血，老年后似乎反而好些，好多年没有犯。前两年虽然又犯了这毛病，我们还是以为他能够好起来。记得十五年前，妈妈也曾因为肺病住进医院，手术后一度情况不好，在监护室躺了近三个月之后，又奇迹般地回到了家人身边。我们期待爸爸也同样地创造奇迹，不，不是创造奇迹，因为谁也没有意识到他的情况有多么凶险，只想到他是积劳成疾，以为现代医学完全能够为他调理康复。

但是，爸爸的体能在快速地衰竭，每一天都明显地比前一天更弱，我们对幸运之神的期待，也一点一点地被粉碎。

守在病床边，眼看到生命的活力正在从他的身体中流去，不只一次，我感到自己生命的活力也在随之逝去。从他身上，我那么真切，那么频繁地看到了自己的未来；是真切地"看到"，而不是"想到"。爸爸真的就是那扇门，无论他和我是否清楚地意识到。

入院的第十三天，爸爸去世了。还有五天，就是父亲节。还有一个月零两天，就是他的生日。还有三年，他期待的奥运会就要在北京举行了。可是这些他一概不等了，他说走就走了。连他捐献遗体的愿望，也不及去办理和实现。

爸爸的双眼是完全睁开的，表情平静。我对他的身体相当陌生，他从来不打赤膊，不去公共浴池。也许就是这个原因，我现在仍然不能从容地面对他的身体。在为爸爸擦身的时候，我仍然担心冒犯他的尊严。看着护士把棉球塞进他的鼻孔，我感到自己的呼吸一下子被窒住了，我张开了嘴巴。虽然随即意识到了自己的错觉，呼吸仍然是持续地不能自由。

有人说当编辑有三个境界：编辑匠、编辑、编辑家。我试将爸爸对号入座，却觉得意外地困难。可以说他是编辑匠，因为他做事举轻若重，连一两个字词、标点，都不敢轻易定夺，甚至有时下问于我；可以说他是编辑，因为他恪守本分，对作者、作品、读者毕恭毕敬，成绩也得到了认同；可以说他是编辑家，毕竟他经手编辑出版了中国现代文学中几位重要作家的作品，《鲁迅全集》而外，从《茅盾文集》到《茅盾全集》，从《巴金文集》到《巴金全集》、《巴金译文全集》等，恐怕不是机缘巧合所能解释。叠现在他身上的，还不止这些，编务、校对、出版等所有与出版业务相关的方面，都有他的影子。他为借调人员安排食宿，为作者购寄样书和催领稿费，为书籍画版式和设计装帧，联系印厂和纸张等，许多在我眼里是不该他做的事，他都踏实地去做，他就是这样去实现一个编辑的价值。

爸爸有个久已有之的心愿，就是把自己写过的东西也编成一本小书。因为各种原因，这个愿望到他去世也没有实现。也许是他太习惯了编辑的角色，转换这个角色在他竟成为难以逾越的障碍。也许是他内心对读者的尊重已经形成敬畏，很怕自己的作品虚耗了读者的时间和金钱。只有家人知道，他还是有小小的而又执拗的不甘心，他就带着这种不甘心离开了世界，终身只是一名编辑。

上世纪末，我有过短期出国的安排。行前曾把自己的若干小文留给他，当时以为是一举两得的事：爸爸惦记我的时候，看看这些稿子也算见字如面；稿子经他看过，再要结集出版也会略增光彩。五年后回来问起，他答说还没有看过。这多少也在意料中：他的事多，想看的书报也多，年老多病，又为青光眼和白内障所苦。但是我知道，他在这样的境况里并没有停止看稿，并没有停止为人作嫁，只是这些"嫁衣"件件都另有去处了。这次整理他的遗物，赫然见到一只牛皮纸口袋，熟悉的笔迹注明是我的文稿，里面一页也没有动过。

爸爸自律甚严。他极力避免把工作关系扩展到人情关系。有这样一件小事，是爸爸去世后哥哥说起来的。爸爸前后做过编辑《茅盾文集》和《茅盾全集》的工作，与沈雁冰先生有二十余年的交往。某次沈先生在谈话中提起了商务印书馆的王景云，他是大革命时代的上海工人领袖，上世纪 20 年代，他与沈先生同在商务工作。但是沈先生并不知道，爸爸正是王景云的长子。当时爸爸只是听着，并没有接过话题。不用问他为什么不说明这层关系，答案也许就是，他想不出为什么要去进行说明。

上世纪 80 年代初，他曾被推荐去接任负责一家司局级的研究单位，推荐人是在任的负责人，组织和人事关系已经进行到相当程度，但被他本人固辞了。他说自己不是那方面的专家，不胜任那项工作。至于眼见可以提高的政治待遇和物质待遇，并不在他的考虑范围内。后来爸爸虽然是以"局级待遇"离休，但是因为没有补过"实缺"，其间的差别不言而喻。

爸爸对哥哥和我的教育，就是简单地让我们知道他的期待。爸爸性情平和，但对他认定的事非常坚持。他对人的要求，很少是正颜厉色，但足够让人忌惮，他在我们眼中"不怒而威"。因为他要求别人的事，自身都做得无可挑剔。一些与爸爸共同工作过的人，也向我们说起过相似的感受。

我们成人以后，爸爸就很少再提对我们的期望。他常用的做法，是不时地拿一角剪报给我们看，其内容可能是谈励志和修养，可能是谈节俭和保健，他对我们的要求或者是批评，就都在里面。后来他对两个孙女也差不多是这样做，当她们长大到不再纠缠他戏耍的年龄以后，他就

285

王仰晨父子（1997 年摄于上海博物馆）

开始借剪报向她们说他要说的话。

爸爸的晚年，没有停止过做事。编辑《巴金全集》和《巴金译文全集》，都是在他离休后完成的，统共是四十三卷，此外还有《茅盾全集》和《瞿秋白文集·文学编》，也有二十余卷。他只能挤出时间看书看报，也看我从网上打印下来的一些文章。他心重，无论家事国事，看到不如意者就丢不开，总是藏在心里；有些老友在他前面辞世，也总是带给他无法痊愈的伤痛。加上不紧不慢地缠住他的疾病，他显得精神不振和心情郁闷的时候相当多。但爸爸在忧郁中仍不失和善，是个和善的小老头儿。他穿着一成不变的蓝制服，衣服虽然干净，裤脚却经常显得不够长，他简朴得有些窝囊，是个窝囊的小老头儿。

最难和爸爸沟通的，在于对节俭的理解。我自认为是个相当节俭的人，大到反对住房装修，小至排斥使用手机之类。但是爸爸的节俭和我不是在同一层面上，他是小到一张纸、一段塑料绳也不肯废弃的。他平常服药，都会把说明书留下，放进旧信封保存起来，开始我以为他要记清自己都在吃些什么药，后来才发现，他是把这些说明书裁成一样大小，用铁夹子一夹，利用这些小纸头的背面，做成了便笺本。他书桌的一只抽屉里全塞满了绳头，他不时要捆扎书报，就把这些绳头接起来用。

我拒绝完全继承爸爸的价值观，但是我无法拒绝他给我的影响。这种影响，毕竟是开始最早、历时最长的，即使是在否定它，其中也自有继承。在爸爸身上我也领悟到，别指望儿女继承自己的价值观，承认这一点也许是痛苦的，但是不承认就会有更多的痛苦。

民航总医院。空干病区。这是爸爸住过的最好的病房。

我不知道爸爸的生命已经临近尽头，但是我开始担心爸爸难以从这里走出去了。我不想把爸爸交给护工，我尽可能多地陪他；非常不巧的是，正有一部限时完成的译稿压在手里。

那天，我在他额头正中吻下去，然后看着他的眼睛说："快点儿好啊，爸。"

这平常吗？是的，父子天性而已。这特别吗？是的，简直是有些震撼。一家人的性情都比较内敛，当然我也是。我从没有亲吻过爸爸，至少在自己的印象里是没有过。在我五十二岁、爸爸八十四岁的时候，这也算填补了父子关系的一项空白。

就是在今年，在他生病的期间，我第一次帮他洗脸和洗脚、剪指甲和趾甲，当我意识到所做的每一项都具有填补空白的意义的时候，我才明白我为他做过的事是何等的少。

去世前一月，爸爸基本失去了自理生活的能力。去世前几天，爸爸已经无力自行翻身，说话也气若游丝。但是在去世的前一天，他讲话忽然清楚了起来，从中午到晚上，从晚上到早晨，平素少言寡语的爸爸在不停地说话，我从没有见过他与任何人这样长时间地说话。医生、护士和我，都频频地去看监护器的屏幕，他的脉搏持续地高达 150／分钟，但是头脑非常清楚，我们没有办法劝止他说话。

中间有过一次，他抬起右手，在空中顿了一下，说道："和世界说再见了。"

爸爸走得安静，他的后事也同样办理得安静。他说了不留骨灰，不开追悼会，不设灵堂，我们都照做了。他真的从这世上无声地消失了，他身后的安静和冷清，一如他的生前。这在爸爸，或许是求仁得仁，而在家人，却是在伤痛中添了酸楚。

今后，无论是喜怒哀乐哪一种感受，都少了一个与我分享的人。我自身的世界会从此变得不一样，我眼里的世界也会从此变得不一样了。从这一层意思说，我永远也无法从这个变故中恢复过来，这就是丧亲之痛。

爸爸不在了，却好像离我更近了。我没想到，爸爸走了以后，我反而更觉得他与我如此靠近。我清清楚楚地觉得他还在，正如我清清楚楚地知道他已经不在了。暂存他骨灰的那只盒子和那个厅堂，像图片一样印在我的脑海里，只要默想片刻，这张图片就会变成他本人，表情生动，宛如生前。而看到了他，就会想到他对我做人和做事的期望，虽然我不是完全接受他的价值观，还是会下意识地按他的想法，去检点自己的行为。

从这个意义上说，对我来说，爸爸从一扇门变成了神。

小麻雀在他窗前啾啾地喊。家里爸爸住的房间窗外，空调的室外机上，放着一只大大的铝盘。爸爸平日做的一件事，是定时地撒些小米在盘子里，有时撒过就去看书了，也有的时候，他会看着麻雀们来啄食。他走了以后，我老是不记得做这件事，老是听见小麻雀喊得急了，才想起来去做。小麻雀一定也能够感到，这世界不一样了……

2005 年 7 月 29 日写在爸爸的房间

本文原载《出版史料》2005 年第 3 期，后在《美文》、《作家文摘》刊出，收入辽宁人民出版社《2005 年中国最佳散文》。

《王仰晨编辑人生》序和后记

海客甲

序

纪念父亲的这个集子要有一篇小序，不意竟落在了自己身上。

本书的编选，原本是以"述而不作"为基调。为此，初时采用了两篇"代序"，分别是中国出版工作者协会和中国作家协会对父亲所作的人物介绍，用意也是保持充分的客观性。但是责任编辑海波女士有不同意见，她认为那两篇文字写作时期过早，而且是辞典条目，作为序言不是很合适。她的话言之成理，于是作序的事成了问题。与父亲同时期的同事和朋友多已谢世，思来想去，熟悉其为人、了解其工作，而健康状况还允许属文的人，竟一个也想不出来。最终还是接受海波女士的提议，由我来勉为其难地做这件事了。

做法变了，原则仍应坚守。因而在这里，最多涉及个人感受，不涉及品评。

父亲八十四年的人生道路，有七十年服务于印刷、新闻、发行和出版行业，其中不下五十年的时间是在做编辑工作。他的生平和他所做的事，大致是反映在这本书里了；他的生活态度和处事态度，大致也反映在这本书里了。

父亲这一生，就是在不停地做事，做他认为有意义的事。他所做最多的，是文学编辑方面的事，其中包括了鲁迅、茅盾、巴金三位大作家的全集。用父亲自己的话说，他平生所做的"只是技术性的工作"；据我所知，他还围绕编辑工作做过一些其他工作，姑且就他的语意，称之为

"事务性的工作"吧。父亲所做过的事情，有些因为没有文字材料，已经无法在本书中反映出来，不过我相信所有他做过的事，无论是否留有个人的痕迹，都是有意义的，都是他留给社会的回馈。

此书选取材料的范围，包括父亲的文章、工作或私人通信，以及他人的评价和怀念文章，另外也收入了部分能够说明他身世的材料。这些内容对父亲与作家和作品的联系有所反映，对社会政治和文化的变迁也有所反映。在美国，有人将编辑帕金斯与海明威历时二十余年的友情，视为"文学出版史中的光辉一页"（董鼎山《纽约客书林漫步》），那么父亲与巴金历时六十年的友情，更是编辑与作家友谊的罕有之例了。他与曹禺、沙汀、杨沫等作家的工作关系和私人友情，在书中也有所反映。

在父亲去世一年有半的时候，感谢人民文学出版社能够出版这个集子，作为对这位老出版人的纪念。

2006 年 11 月 16 日

后记

290

经历了编这本书的过程，终于接受了爸爸已经远行的事实。

编书中间，遇到有待查明的问题，或是拿不准的字词，还是那么习惯地想拨通电话去问问他，有时伸出的手就停在那里，人也默然良久。作为编者，在为此书的结构和技术细节折磨得苦恼的时候，我意识到自己只是个很不称职的编辑。作为儿子，编书的过程充实了我对爸爸的了解，循着他的经历体会他的情感，循着他的事迹体会他思想，就像延续了与他共同生活的时间。

爸爸生命里没有辉煌，只有勤恳做事。曹苏玲阿姨几次提醒我，对于爸爸早年在上海追随革命的事，在重庆为八路军办事处做的事，应该写文章记述下来，但是我没能从命。我认为那些事要么是由别人讲述，要么是由爸爸本人讲述才好，譬如爸爸为延安发表《评〈中国之命运〉》一文所做的事，即是有赖何启治先生在怀念文中作了记述。而且我又认为，就爸爸的生平而言，还是他所完成的编辑工作最体现他的人生价值。

他是献身给了编辑工作的人。他总是在忙，他的编辑角色总是与家庭角色碰撞，记忆犹新的是：事亲至孝的爸爸，在奶奶病重到病故的期间，是在忙于《鲁迅全集》的编辑工作；给我至爱的爸爸，在我成婚的时候，是远在上海监印《鲁迅全集》，累倒了躺在医院里；还有妈妈做肺癌手术的时候，术后发生了意外，在监护室里救治了三四十天，爸爸是在忙《巴金全集》的编辑工作。他总是在抱怨没有时间看书，连报纸也时常是积压着看不完。这种忙碌曾被我讥为庸碌，是的，耽于事务可能会减少对生活的感受和思考，可是面对他所完成的工作，现在我有些为那种清议抱愧了。

这本小书记录的工作和人生，是属于过去的时代。我推测爸爸也未必会喜欢这本书，同时，我也意识到今后做事做人的得失，都不能再得到他的臧否了，诸如熬夜、驼背等不良习惯，也许会就此伴随我终身了。更糟糕的是，已经是过了知天命的年龄了，对于安身立命的根本问题，也还时有困惑呢。下周即到清明了，我想整理心情去看爸爸。除了告诉他我的思念，也想让他告诉我未来的方向。

2007 年 3 月 27 日

王仰晨生平(1921~2005)简表

1921 年　6 月 17 日在上海出生。名树基。

1934 年　失学，入印刷所做学徒。

1939 年　从上海到昆明。

1940 年　从昆明到重庆。就职南方印书馆印刷厂工务主任。此后还利用工作掩护，在蒋介石《中国之命运》出版之前，取得清样转送延安。

1943 年　从重庆到桂林，10 月参加新知书店工作。

1944 年　在《广西日报》(昭平版)任校对、工务主任兼副刊编辑。

1946 年　年初回到上海，仍就职新知书店。

1947 年　经烟台到大连。就职光华书店。与吴圣湖结婚。

1948 年　加入中国共产党。得长子王小颖。

1949 年　到北京。在三联书店总管理处工作。

1951 年　在中国图书发行公司总管理处任人事处秘书兼教育科主任，主编《发行工作》。加入中国民主同盟。

1952 年　父亲王景云去世。

1953 年　得次子王小平。

1956 年　调入人民文学出版社。任小说组组长。

1957 年　接手十四卷本《巴金文集》和十卷本《茅盾文集》的编辑工作。编发小说《青春之歌》。

1958 年　作家出版社分出人民文学出版社，随同调出。编发小说《平原枪声》。

1960 年　作家出版社重新与人民文学出版社合并，随同调回。任现

293

代部副主任。

1964 年　去湖南湘潭参加"四清"。

1969 年　去湖北咸宁五七干校。

1971 年　从干校回京。主持并参与编辑《鲁迅创作选》和《鲁迅杂文书信选》。后为鲁迅著作编辑室主任。

1973 年　建议并主持 1938 年版《鲁迅全集》(二十卷本)的重版工作。

1977 年　协助"童怀周"编选出版了《革命诗抄》和《天安门革命诗文选》,力荐到人民文学出版社出版。

1978 年　入选中国出版工作者协会理事。

1979 年　加入中国作家协会。

1980 年　母亲王淑清去世。

1981 年　新版《鲁迅全集》出版(十六卷本,1993 年获首届国家图书奖荣誉奖)。

1983 年　投入《茅盾全集》的编辑出版工作,任编委并担任编辑室副主任。编辑《巴金全集》的提案获得出版社同意,但与作者多次商议未果。参加中国出版工作者协会首届出版研究年会(广西阳朔)。

294

1984 年　负责《瞿秋白文集》(文学编一至六卷)编辑和终审工作。秋季,编辑出版《巴金全集》的建议获作者同意,开始着手分卷编目工作。

1985 年　投入编辑《巴金全集》。

1986 年　6 月,六十五周岁办理离休。

1987 年　完成《茅盾全集》前十八卷(一至十八)的编辑工作。赴西班牙参加中国文化周,在格拉纳达大学作有关鲁迅的发言。9 月,以最高票数获首届"中国韬奋出版奖"。

1991 年　获国务院颁发的政府特殊津贴。

1993 年　《巴金全集》二十六卷全部出齐(1994 年获第二届国家图书奖荣誉奖,第二届新闻出版署直属出版社优秀图书奖编辑一等奖)。

1994 年　再度接手编辑《茅盾全集》的后七卷(三十四至四十,不含附卷)。年尾开始《巴金译文全集》的编辑工作

1997 年　应文汇出版社邀请到上海参加巴金九十四诞辰纪念活动,《巴金书简——致王仰晨》由同社同时出版。《巴金译文全集》十卷全部出齐。

1999 年　参加鲁迅研究会年会(云南昆明)。

2001 年　参加茅盾逝世二十周年学术讨论会(浙江桐乡)。继续做《巴金全集》补编的工作。

2005 年　中风。6 月 12 日因肺功能衰竭在北京民航总医院去世,享年八十四岁。

2007 年　11 月,《王仰晨编辑人生》由人民文学出版社出版。

编 后 记

　　文学编辑工作是王仰晨的终身事业。从1956年进入人民文学出版社开始，延续到1986年离休以后，迄于2005年辞世，历时近五十年。在此之前，他在新知书店和老三联书店做发行和出版业务以外，也先后在《广西日报(昭平版)》副刊、中国图书发行公司《发行工作》做过编辑工作，通算在编辑行工作逾半个世纪。

　　对于文学的兴趣，在他少年失学前已经产生。做学徒工的艰难日子里，他还是不辍搜求和阅读文学作品，到十九岁那年发表了处女作《海年先生》。与当时的许多文学青年一样，鲁迅、茅盾、巴金是他仰慕的作家。追溯起来，1925年他年龄尚幼时，他的父亲王景云与沈雁冰(茅盾)同在商务印书馆服务，又曾同为工方代表与资方谈判。1942年他与巴金相识于重庆，此前他已经通读了能够入手的全部巴金作品。1944年他在报纸副刊做编辑时，曾撰写《忘不掉的逝者——纪念鲁迅先生逝世八周年》一文，那是一篇以鲁迅"韧"的精神，激励民族抗战的文章。

　　王仰晨在人民文学出版社历任小说组组长、现代部主任和鲁迅著作编辑室主任。他经手编辑的众多文学作品，已经难于进行准确的统计。比较有代表性的如《青春之歌》、《平原枪声》、《海岛女民兵》、《静静的群山》等，另有意义不同寻常的《天安门诗抄》；多卷本的作家文集如《茅盾文集》、《巴金文集》和《瞿秋白文集》(文学编)，作家全集如《鲁迅全集》(1973年版、1981年版)、《茅盾全集》、《巴金全集》、《巴金译文全集》等，一身而能操持编辑这些重要作品，既得益于机缘，也得益于人脉和工作热情，他的热情来自于对文学的热爱，以及对作者和读者的责任感。

巴金曾经对他说，"我写书有我的需要，每一篇都是如此。读者读书也有自己的需要。我认为你懂得两方面的需要，容易帮助读者接触作者的心灵"（《最后的话》）。王仰晨自己曾经说过以下意思的话：鲁迅、茅盾、巴金这三位大作家各自都有做编辑工作的经历，为他们的作品做编辑工作，唯有临深履薄，庶几能做到差强人意。就这样，他的文学梦始于创作而成于编辑。

中国出版工作者协会学术委员会与首都师范大学策划出版的《书林守望丛书》，将王仰晨《文学编辑纪事》列入了选题，并委托笔者完成这项工作。选入本书的文章多在不同书刊发表过，写作年代跨越几十年，体例不尽一致，编入时仅对非常必要部分有所改动，大部分仍维持原貌。

最后，感谢委托单位的信任，感谢来晓宇、张巍两位编辑所做的工作。

海客甲

2010 年 12 月 1 日